講義

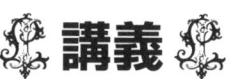

国際法入門

［新　版］

月川倉夫・家　正治・戸田五郎
岩本誠吾・末吉洋文

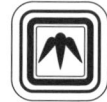

嵯峨野書院

はしがき

　私たち人類は21世紀という大きな節目を迎えた。20世紀には第1次世界大戦，第2次世界大戦という2つの大きな戦争が戦われた。また，第2次世界大戦後も，「力の対決」としての冷戦が続いた。1989年11月，冷戦の象徴ともいうべき「ベルリンの壁」が開放され，世界はポスト冷戦時代を迎えた。しかし，その後も地域紛争や民族紛争が続いている。また，第2次世界大戦後の非植民地化の結果，国際社会は地球的規模にまで拡大した。しかし，戦後独立した途上国と先進国の経済的格差はその後ますます拡大し，世界は「分裂した」様相を示している。

　このような戦争の問題や「南北問題」以外にも，この地球上には人権問題，難民問題，環境問題など早急に解決しなければならない全人類的問題が山積している。これらの問題に関する国際法規の存在と位置はどのようなものであり，国際社会において「力の支配」に対置される「法の支配」がどのように貫徹しているのか（されるべきなのか），また21世紀において国際法の果たすべき課題はどのようなものでなければならないか検討されなければならない。

　また，20世紀の科学技術の発展にともなって，人類の活動領域は通信衛星の利用にも示されるように宇宙から海底資源の開発に見られるように深海底に及んでいる。このような人類の活動領域の拡大にともなって，国際法の規律の対象は大きく拡大している。また，20世紀は「国際組織の世紀」と呼ばれるように，国際社会の組織化が進んだ時代でもあった。同時に，国際連盟や国際連合の活動や機能と並んでNGO（民間団体）などの非国家アクターの国際社会での活躍が注目されるにいたっている。これらの諸現象に対応して，国際法はどのように変化しまた変容しているかについても考察されなければならないであろう。さらに，国際社会の「国際化」「グローバル化」という国際関係の緊密化の中で，海外渡航をはじめ私たちの日常生活は以前に比して一層国際社会と関連

i

をもつようになっている。私たちは国際法とどのように直接係わっているかということはとりわけ今日において留意すべき視点である。

　本書は，現代国際法の全体の体系を視野に入れながら，とりわけ重要と考えられる26項目を選んで解説を行った。本書は基本的には大学の講義のための教科書として刊行されたものであり，これらの項目は「国際法Ⅰ」(平時国際法)および「国際法Ⅱ」(紛争処理法)の双方の教科書として使用できるものとして選択した。それぞれの各項目においては，とりわけ20世紀における展開・発展を視野に入れながら執筆し，また当面する課題についても触れるよう努めた。共著者3人は同じ関西の国際法研究会に所属し，田畑茂二郎先生をはじめ同研究会の会員の皆様に多くの学恩を受けている。その意味で本書の刊行はその学恩の成果であると思っている。しかし，共著者の未熟さから，学恩に十分お応えしているかどうか憂慮もしている。なお，本書の刊行過程において，共著者で検討会を重ねて一定の技術的な調整とともに意見交換も行った。しかし，各執筆者の意見・立場を尊重し，基本的に各分担項目について執筆者の論稿に依拠して構成されている。共著者一同，今後の研鑽のために，読者の皆様からの御意見，御批判をぜひ賜わりたいものと思っている。

　なお，出版事情が芳しくない状況の中で，本書を御刊行下さった嵯峨野書院社長，中村忠義氏に感謝しお礼を申し上げるとともに，索引の作成を担当して下さった神戸市外国語大学大学院生の末吉洋文さんに厚く御礼を申し上げるものである。

　2001年1月

著　者　一　同

新版への序

　本書の第1版を出版したのは2001年4月のことであった。その後，若干の補正を行って第2版（2004年4月）を刊行した。

　誠に有り難いことに多くの方々に御活用頂き，今回再び新しい版を重ねることとなった。しかし，最初の出版から5年が経過し，とりわけ2001年9月11日に米国で発生した「同時多発テロ」に見られるように，国際社会は激動を続けている。そのため，新たに春秋に富む2人の学徒の参加を得て，その後の国際法現象と国際法学の発展を踏まえた新版を上梓することにした。

　なお，新版の刊行では，旧版の出版で御世話になった嵯峨野書院社長の御子息，中村義博氏に大変御支援を受けた。深く感謝するとともに厚く御礼を思し上げるものである。

2006年2月

著者一同

目　次

はしがき ――――――――――――――――――――――― i
新版への序 ―――――――――――――――――――――― iii

第1講　国際法の歴史 ――――――――――――――――― 1
　1　国際法概念 ―――――――――――――――――――― 1
　2　近代国際法の形成 ―――――――――――――――――― 4
　3　近代国際法の発展 ―――――――――――――――――― 7
　4　現代国際法への変容 ――――――――――――――――― 9

第2講　国際法の特質 ――――――――――――――――― 11
　1　国際法の基本構造 ―――――――――――――――――― 11
　2　慣習国際法 ――――――――――――――――――――― 14
　3　法の一般原則および関連事項 ―――――――――――――― 17

第3講　条約その1　条約の概念と成立要件 ―――――――――― 21
　1　総　説 ―――――――――――――――――――――― 21
　2　条約の無効 ―――――――――――――――――――― 26

第4講　条約その2　条約の成立手続と留保 ――――――――― 31
　1　条約の成立手続き ――――――――――――――――――― 31
　2　条約の普遍性と一体性 ――――――――――――――――― 37

第5講　条約その3　条約の解釈・運用と終了 ――――――――― 42
　1　条約の遵守 ―――――――――――――――――――― 42
　2　条約の適用 ―――――――――――――――――――― 44
　3　条約の解釈 ―――――――――――――――――――― 45
　4　条約の第三国に対する効力 ――――――――――――――― 47
　5　条約の改正 ―――――――――――――――――――― 48
　6　条約の終了および運用停止 ――――――――――――――― 49

	7	条約法条約から生じる紛争の解決 ———————————— 52

第6講　国際法と国内法 ———————————————————— 54

1 国際法と国内法の妥当性連関——学説の対立 ———— 55
2 国際法の国内的効力 ————————————————— 58
3 国内法秩序における国際法の位置づけ ———————— 61
4 EU（EC）法と国内法 ———————————————— 65

第7講　国際法の主体 —————————————————————— 67

1 国際法の主体の概念 ————————————————— 67
2 国際組織の法主体性 ————————————————— 68
3 個人の法主体性 ——————————————————— 72
4 民間団体（NGO）の法主体性 ———————————— 76
5 民族（人民）の法主体性 —————————————— 78

第8講　国家の基本的権利・義務と国家結合 ———————————— 80

1 国家の基本的権利・義務の意味 —————————— 80
2 国家主権の位置と役割 ——————————————— 81
3 主　権　免　除 ——————————————————— 84
4 平　　等　　権 ——————————————————— 85
5 不干渉の義務 ——————————————————— 87
6 普 遍 的 義 務 ——————————————————— 89
7 国　家　結　合 ——————————————————— 91

第9講　国家承認・政府承認・交戦団体承認 ———————————— 93

1 国家の誕生と国家承認 ——————————————— 93
2 国家承認の要件と方式 ——————————————— 95
3 国家承認の法的効果 ———————————————— 98
4 政府承認とその要件・効果 ————————————— 99
5 政府承認をめぐる最近の動向 ———————————— 101
6 交 戦 団 体 承 認 —————————————————— 103

第10講　国　家　の　領　域 ———————————————————— 106

1　国家領域とその法的性質─────────────106
　　　2　領域取得の権原─────────────────108
　　　3　国家領域の範囲────────────────109
　　　4　領域権の内容──国際運河・国際河川────────114
　　　5　領域権の内容──領海の無害通航権─────────116
　　　6　空の国際化──────────────────119

第11講　公海と排他的経済水域────────────────121
　　　1　海と公海，公海自由の原則────────────121
　　　2　排他的経済水域の設定────────────────123
　　　3　排他的経済水域の法的地位───────────────124
　　　4　公海と船舶────────────────────126
　　　5　公海上の警察権────────────────────128
　　　6　海洋環境の保護・保全──────────────131
　　　7　公海漁業の規制────────────────────132

第12講　大陸棚と深海底──────────────────134
　　　1　大陸棚と大陸棚条約────────────────134
　　　2　国連海洋法条約と大陸棚───────────────136
　　　3　大陸棚の境界───────────────────138
　　　4　深海底制度の創設────────────────────140
　　　5　国際海底機構と開発方式────────────────141
　　　6　深海底制度実施協定────────────────142

第13講　宇宙空間と南極大陸────────────────145
　　　1　宇宙活動と宇宙条約────────────────145
　　　2　宇宙条約の内容────────────────────146
　　　3　宇宙条約体制の発展────────────────148
　　　4　宇宙空間の実用化と課題────────────────150
　　　5　南極大陸と南極条約────────────────153

第14講　国家機関────────────────────156

1	国家元首・政府の首長・外務大臣	156
2	外 交 使 節 団	158
3	領 事 機 関	161
4	軍事的国家機関	163

第15講　外国人の地位と庇護権　166

1	領域主権と外国人	166
2	在留外国人の法的地位	167
3	犯罪人引渡し	169
4	難 民 の 保 護	172
5	移住労働者の保護	174
6	庇　護　権	175
7	ノン・ルフールマン（送還禁止）の原則	176

第16講　人権その1　国際標準の設定作業　178

1	国際関係における人権	178
2	人権の国際的保障の黎明	180
3	国連の標準設定作業	182
4	人権の国際的保障と不干渉原則	186

第17講　人権その2　国際標準の実現　190

1	人権条約の国際的実施	190
2	人権条約の国内的実施	194
3	国連人権委員会の活動①―国別手続	196
4	国連人権委員会の活動②―テーマ別手続	198
5	その他の国連機関の人道的活動―人権高等弁務官と国連安保理の行動	199

第18講　人権その3　地域的人権保障制度　202

1	ヨーロッパの人権保障体制	202
2	ヨーロッパ人権条約の実施	204
3	米州の人権保障体制	207
4	アフリカの人権保障体制	209

5　アジアの人権保障体制の可能性──────────210
第19講　南北問題に関する国際法規──────────────212
　　　1　非植民地化と南北問題の登場──────────212
　　　2　天然資源に対する永久的主権──────────213
　　　3　新国際経済秩序（NIEO）─────────────215
　　　4　南南問題の登場と実態────────────217
　　　5　発展の権利と持続可能な発展──────────218
　　　6　市場経済と世界貿易機関──────────221
第20講　環境保護のための国際法規──────────────223
　　　1　大　気　汚　染─────────────────223
　　　2　河川水の利用──────────────227
　　　3　海　洋　汚　染─────────────────230
　　　4　最近の動きと課題────────────236
第21講　国際違法行為と国際責任──────────────239
　　　1　国家責任に関する議論の推移──────────239
　　　2　国家責任の成立要件────────────240
　　　3　違法性阻却事由─────────────245
　　　4　国際違法行為と過失────────────246
　　　5　無過失責任原則─────────────247
　　　6　国　際　犯　罪─────────────────248
　　　7　国家責任の追及と解除────────────249
第22講　紛争の平和的解決──────────────────252
　　　1　国際紛争の平和的解決義務──────────252
　　　2　法律的紛争と非法律的紛争──────────253
　　　3　非　裁　判　手　続──────────────255
　　　4　国　際　裁　判───────────────259
　　　5　国際司法裁判所の勧告的意見──────────264
第23講　国際安全保障──────────────────265

	1 戦争観念の変遷	265
	2 自 衛 権	268
	3 勢力均衡と集団安全保障	271
	4 国連の集団安全保障（冷戦期）	273
	5 国連の集団安全保障（冷戦後）	276

第24講　平和維持活動（PKO） —— 278

	1 平和維持活動の発展	278
	2 平和維持活動の合憲性	281
	3 冷戦後の平和維持活動	282
	4 日本の平和維持活動への参加	287

第25講　軍縮・軍備規制 —— 288

	1 国連憲章と軍縮	288
	2 冷戦時代と核軍縮	290
	3 国連軍縮特別総会	291
	4 ポスト冷戦時代と核軍縮	293
	5 軍縮をはばむ阻害要因と非核兵器地帯	295
	6 核兵器以外の軍縮	297

第26講　交戦法規と中立法 —— 299

	1 戦争の違法化と戦争法	299
	2 交戦法規の発展	300
	3 内戦と交戦法規	302
	4 戦闘手段・方法の規制	303
	5 捕　　虜	307
	6 交戦法規の履行確保	308
	7 中　立　法	309

参　考　文　献 —— 313
索　　　引 —— 324

　　　　　　　　　　執筆者一覧

月 川 倉 夫　　（京都産業大学名誉教授）　　第20講

家　　正 治　　（姫路獨協大学法学部教授）　　第7講〜第13講・第19講
　　　　　　　　　　　　　　　　　　　　　　・第25講

戸 田 五 郎　　（京都産業大学法学部教授）　　第6講・第15講〜第18講
　　　　　　　　　　　　　　　　　　　　　　・第21講〜第24講・第26講

岩 本 誠 吾　　（京都産業大学法学部教授）　　第1講〜第2講・第14講

未 吉 洋 文　　（帝塚山大学法政策学部助教授）　第3講〜第5講

第1講

国際法の歴史

POINT　現在，地球上には，単一の世界政府や世界連邦は存在せず，64億もの人類が200近い国家に帰属し，国家を通じて国際社会を構成している。そこには，国際法規範が適用されている。第1講では，国際法概念，近代国際法の成立過程，その地理的適用範囲の拡大および事項的内容の充実，並びに構造転換した現代国際法までの歴史を振り返ることとする。

1　国際法概念

　現在，地球上には，単一の世界政府も世界連邦も存在せず，64億もの人類が，200近くの国家に帰属して，その国家を通じて経済的および文化的分野において相互交流をし，自国および自国民の物質的・精神的生活の向上を図っている。そのような相互交流を促進し発展させるには，交流の基盤である世界秩序が安定し維持されていることが必要であり，そのためにも政治的・軍事的分野での協力関係が国家間で図られる。このように，諸国家は，相互協力して国家および国民の存続と繁栄という共通目的を実現するために，「社会」を形成しているといえる。すなわち，世界にも「国際社会 (international society)」が存在しているのである。その国際社会は多数の諸国家から構成されており，その構成国の行動を規律して安定した世界秩序を維持するために，法規範を含む社会規範が当然必要となってくる。20世紀は「戦争の世紀」といわれ，さらに21世紀に入っても，武力紛争が多発している状況から，国際社会は，弱肉強食の自然状態のままであり，権力政治（パワー・ポリティックス）のみに依存し，法規範が

存在していないかまたは機能していないように見られがちである。しかし，現実の国際社会は，日々膨大な人的交流や国際貿易等が行われていることからも理解できるように，むしろ法規範は極めて良好に機能し遵守されているといえる。国内で殺人事件が発生しても，国内の刑法が機能し通常はよく遵守されているのと同様である。国際社会の秩序維持を支えている法規範が，国際法である。

言葉に関して，国際法は，創成期の16・17世紀頃は，ローマ法上の概念である jus gentium（万民法もしくは諸民族の法）または jus inter gentes（諸民族間の法）というラテン語が使われていた。前者の文言を近代化した用語が，law of nations（英），droit des gens（仏），Völkerrecht（独）であり，後者の文言を近代化した用語が，international law（英），droit international（仏），internationales Recht（独）である。日本では，幕末の頃，国際法は「万国公法」と呼ばれていた。1853年のペリー来航で初めて国際法と遭遇した日本（江戸幕府）は国際法を認識する必要性を痛感し，米国宣教師マーチン（William Martin）がホイートン（Henry Wheaton）の Elements of International Law（1836年）を漢訳し中国で1864年に出版したものを，開成所に翌1865年に覆刻出版させた。その書籍が『万国公法』全6巻であり，体系的な国際法の本邦初の導入となった。オランダ留学後に西周助（後に周に改名）が日本語で出版した本邦初の国際法教科書である『西周助訳　和蘭畢洒林（ヒッセリン）氏万国公法』（1868年）も，同様に「万国公法」の名称が使用された。その後，1873（明治6）年に箕作麟祥がアメリカの法学者ウールジー（Theodore Woolsey）の Introduction to the Study of International Law（1860年）を『国際法――一名万国公法全書』として翻訳し出版して以降，「国際法」という呼称が一般的に定着するようになった。

一般的に，国際法は，「国際社会を基盤として妥当する法であって，主として国家相互の関係を規律し，諸国家間の合意によって形成された法である」と定義される。国際法の主たる規律対象は国家相互の関係であるけれども，第7講で述べているように，国家以外にも，政府間の国際組織，個人，NGOまたは民族（人民）などが，国家と比較して限定的範囲ではあるが，法主体として国際社

会において行動している。そのため，現在では，国際法はそれらの関係をも規律対象に含めている。また，国際法は，国際社会の「法」規範として存在しているのであって，他の社会規範である国際道徳や国際礼譲（international comity, courtoisie internaitonale）と違い，拘束力のある強制規範である。もっとも，国際法は，第2講で見るように，法の定立，適用および執行において国内法とは異なった法構造を有している。

　前述したように，国際社会は現在でも国家を中心とした社会であり，国際法を，諸国家の妥当範囲を基準として，区分することがある。すなわち，特定の国家に対してのみ妥当する「特別国際法（particular international law）」，大多数の国家に妥当する「一般国際法（general international law）」，さらにすべての国家に妥当する「普遍国際法（universal international law）」である。特別国際法は，一般的に条約の形式で成立し，条約締約国のみを拘束するのである。一般国際法は，通常，慣習法の形式で成立する。また，条約の形式でも，国際社会のほとんどの国家が当事国となっている条約の規定内容は，特別国際法であるとともに，一般国際法でもあるといえる。たとえば，国際連合憲章（2005年12月現在191加盟国）や1949年のジュネーヴ諸条約（192加盟国）は，条約の形式をとっているけれども，締約国数から，一般国際法であり，むしろ普遍国際法に近いと思われる。ちなみに，そこでは国家の定義や条約加盟の資格要件が重要な法的検討課題であるけれども，概観すれば，非自治地域を除いて，双方とも加盟は190，国連に加盟しているがジュネーヴ諸条約に加入していないのはナウル，国連未加盟であるがジュネーヴ諸条約に加入しているのはクック諸島とバチカン，両方とも未加入はニウエと中華民国（台湾）である。

　それ以外に，「地域的国際法（regional international law）」が主張されることがある。たとえば，アメリカ大陸でのみ行われてきた特殊な慣習から発達したアメリカ国際法(1950年の庇護事件において，国際司法裁判所はコロンビアの主張する外交的庇護に関する地域的な慣習国際法の存在を否定したが，地域的な慣習国際法自体を否定したわけではなかった)や欧州連合内の構成国において個人に直接適用される特殊な法体系である欧州連合法（European Union Law）がそれに該当

するとの指摘もある。もっとも，条約の形式であれば，それはある地域に締約国が限定されている特別国際法であり，地域的国際法を主張する意味があるとすれば，地域的に特殊な主張や慣習が存在する場合であろう。

2　近代国際法の形成

国際法は，国家から構成される国際社会において諸国家の行動を規律することを目的としていることから，中世ヨーロッパの統一的なキリスト教世界が崩壊し，行為主体である主権国家およびその主権国家を単位として構成されるヨーロッパ国家体系（Western State System）が成立する過程に，その法体系の直接的起源を求めることができる。

① 近代国際法以前

それ以前においても，現代の国際法が取り扱っている事項と類似または同一の内容を規定した規則が，原初的でしかも断片的な形態ではあったが，存在していた。それを「古代国際法」と分類することがある。たとえば，紀元前3100年頃のメソポタミアの都市国家ラガシュとウンマが国境画定条約を締結していたことが発見され，紀元前1000年頃には古代エジプトなどが条約を多数締結していたという。また，古代ギリシャの都市国家間では，人種，文化，言語，宗教の共通性から，多数の条約が締結され，外国人の保護，外交使節の特権および派遣接受の方式，戦争方法（たとえば，オリンピック競技中の交戦禁止）などの法規則が成立していた。

紀元前3世紀以後の古代ローマでも，ローマ市民相互間の「市民法（jus civile）」とともに，ローマ人と異民族との関係および異民族相互の関係を扱う万民法（jus gentium）が制定された。万民法は，ローマの国内法ではあるが，諸民族に共通の法，諸民族の法と考えられた。ずっと後の近世になって次第に，「諸民族の法（jus gentium）」よりも，むしろ「諸民族の間の法（jus inter gentes）」という側面が強調されてきた。いずれにせよ，万民法は異民族間の戦時関係や平時関係を規律する法であり，民族＝国家とみなせば，諸民族間の法＝諸国家間の法となる。万民法は，同一の法構造を有するがゆえに，国際法の成立過程

でそのモデルとして活用されたのであり，国際法の原型であるといえる。その内容は，神官法（jus fetiale，たとえば大使規則，条約締結規則，仲裁裁判規則，戦争関連規則など）と使節法（jus legatorum）であった。

　古代国際法は，存在していたとしても，より実利的な性格を示している近代国際法と違って，宗教的色彩を濃厚に反映していた。また，特定事項に関して必要に応じて断片的に作成された規定を，全体として1つの法秩序の中で位置づけるという意識は存在していなかったようである。国際法が1つの法秩序として認識されるようになるのは，中世の封建的秩序が解体し，16・17世紀のヨーロッパ社会に主権国家が成立してからである。

　中世ヨーロッパの国家は，対内的には国王と封建領主の主従関係がそのまま国家組織となっていることから，国家の公的権限は分解され，領主が荘園において政治的・司法的・財政的・軍事的支配権を行使した。対外的には，国王は世俗的には神聖ローマ皇帝，精神的にはローマ法王という普遍的な権威に従属していた。中世ヨーロッパは，全体として位階的な封建世界であり，1つの統一的なキリスト教世界を構成していた。それゆえ，国際法という法規範を必要とする権力構造になっていなかった。

2　近代国際法の成立

　ヨーロッパで，封建社会に取って代り中央集権的国家（絶対王政国家）が誕生した要因として，ルネッサンス（文芸復興）運動，ルター（1483-1546年）による宗教改革および近代資本主義の発生などが挙げられる。個人の解放や人間性の自覚を促すルネッサンス運動は，14世紀後半にイタリア都市国家で発生し，16世紀のヨーロッパ全域に拡大した。それは，世襲的な主従関係に基づく不平等な封建制を内部から崩壊させる機能を有していた。宗教的精神面でも，ルターが，キリスト教の旧教・カトリック派（ローマ法王）に対抗する形で新教・プロテスタント派を主張し，都市の新興中産階級がそれを強く支持したことから，ローマ法王の普遍的権威は徐々に失墜していった。また，この時期はアメリカ大陸発見（1492年）や東インド航路の発見（1498年）を契機に海外進出および貿易が拡大しつつあった時期で，新興中産階級が一層広くて安全な市場とそれを保証する政治権力を要求し

た。他方，国王は，重商主義政策（Mercantilism）によって彼らと連携することで，封建体制を清算しようとした。こうして，封建的で分割的な閉鎖経済から開放的な近代資本主義に移行し始めたことが，中央集権的国家を支える社会経済的基盤となったのである。

　さらに，ジャン・ボーダン（1530-96年）のように，国内において他のいかなる権力（封建諸侯）にも服しない最高の政治権力を意味し，外部（ローマ法王および神聖ローマ皇帝）による干渉を排除する対抗概念として「主権（sovereignty）」概念が主張されたのであった。16世紀の西ヨーロッパでは，主権的絶対王政国家が一応成立したが，最終的に主権国家を単位とするヨーロッパ国家体系を条約上明確に確立したのは，中世最後の宗教戦争であった30年戦争（1618-48年）を終結させたウエストファリア条約（オスナブリュックとミュンスターで開催）である。その条約でオランダとスイスの神聖ローマ帝国からの分離と新教国家の国際的地位が承認されたことは，正式に神聖ローマ皇帝とローマ法王といった中世的な普遍的権威からの解放を意味した。主権国家の成立は国家間の権力闘争の展開をも意味し，その権力闘争をルール化するために，近代（伝統的）国際法が徐々に形成されるのであった。

3　国際法学の英雄時代

　主権国家の形成過程である16世紀から17世紀を経て18世紀に至る時期は，諸国家の行動を限界づけその法的関係を理論づける国際法学者が多数輩出された。当時の国際法学者の関心は，とくに戦争問題と新大陸・新航路の発見に伴う植民地獲得・通商問題であった。「国際法の父」と呼ばれるフーゴ・グロチウス（1583-1645年）は，30年戦争を念頭に，『戦争と平和の法』（1625年）の中で，正戦論並びに戦時に守るべき交戦法規を取り上げた。また，『自由海論』（1609年）において，ポルトガル・スペインの主張する「発見優先原則」および「海洋領有」の主張に対抗するために，「先占の法理」および「海洋自由の原則」を主張した。その主張は，東インドとの通商で競合関係にあったオランダを法的に擁護するものであり，イギリスをはじめ新しい市場の開拓を求める諸国の支持を得ていった。

　グロチウスの主張は，世俗化された自然法と「書かれた理性」であるローマ

法を法的根拠としていた。人間関係に適用される自然法は，君主すなわち国家という家産国家的な考え方から，容易に国家関係に適用することができた。また，ローマ法は，単なる実定法ではなく，普遍人類法たる自然法であるとヨーロッパでは一般的に認識されていて，さらに私人相互の関係を規律するローマ法が国家間の諸問題に類推適用が可能であったことから，しばしば具体的に援用された。

グロチウス以前のヴィトリア（1480-1546年）やスアレス（1548-1617年）は，神を最高の権威とする神学的要素を色濃く残した自然法思想に基づいていたけれども，グロチウスは神学的要素を否定し，正しき理性の命令としての世俗的な自然法に基づくとともに，他方で，人間の意思による実定法としての国際法の存在を認めていた。グロチウス以後のプーフェンドルフ（1632-94年），バインケルスフーク（1673-1743年），ヴォルフ（1676-1756年），ヴァッテル（1714-67年）は，自然法たる国際法（必要的国際法）のほかに，国家の合意に基づく国際法（意思国際法，協定国際法，慣習国際法）を強調することで，国家主権概念に基づく国際法の体系化が図られた。18・19世紀になると，主権国家からなるヨーロッパ国家体系が明確となり，自然法的思考が消失し，国家慣行を重視する実証主義国際法理論に基づく実定国際法が一般的に承認されるようになった。

3　近代国際法の発展

当初「ヨーロッパ公法（public law of Europe）」と呼ばれていたように，ヨーロッパのキリスト教国に限定されていた近代（伝統的）国際法は，ヨーロッパ以外の独立した米国（1776年）や中米諸国（1810～25年）にも地理的な適用範囲を拡大したけれども，なおキリスト教国に限られていた。19世紀半ばには，非キリスト教国のトルコがクリミア戦争後のパリ条約（1856年）で，中国がアヘン戦争後の南京条約（1842年）で，日本が日米和親条約（1854年）で国際法主体として取り扱われた。もっとも，領事裁判制度や関税自主権の否定などの不平等条約の締結を余儀なくされた当該諸国は，ヨーロッパ諸国に共通の法体系をもつ

「文明国」ではなく，あくまで半「文明国」の法主体として認められたに過ぎなかった。他方，それ以外のアジア・アフリカ地域は，法主体ではなく，「無主地」として植民地支配の対象とされた。このように，ヨーロッパ公法から国際法へと変貌していった。

　18世紀後半から19世紀前半に発生した産業革命による近代産業の発達および交通・通信技術の発達によりヒト・モノ・カネの移動が急増したことから，国際法の内容も飛躍的な発展を遂げた。まず，条約の締結数が顕著に増大し，国際法の中での条約の比重が高まった。とくに通商，領事職務，犯罪人引渡し，通航，電信など非政治的・商業的・行政的な条約がそうであった。また，二国間の契約的な条約だけでなく多数国間条約や立法条約が多数締結されるようになって，国家が共通の国際法規定に規律されるようになった。

　さらに，19世紀後半には，国際社会の緊密化により，非政治的・行政的・技術的な国際機構（国際行政連合）が設立された。万国電信連合（1865年，後の国際電気通信連合 ITU），一般郵便連合（1874年，後の万国郵便連合 UPU），国際度量衡局 BIPM（1875年），工業所有権保護国際同盟（1883年）などである。これら国際機構は，初歩的とはいえ，諸国家の相互依存関係の深化を如実に表現するとともに，国際社会の組織化の端緒を示すものであった。

　近代国際法の特徴として，「先占の法理」による植民地支配の合法化とともに，平時国際法と戦時国際法の二元論に見られるように，紛争解決の強制的手段である戦争の自由・戦争の合法化が指摘できる。グロチウスの時代までは，戦争の正当原因により戦争を正・不正に区別する「正戦論」が一般的に主張されていた。しかし，18世紀半ば以降，主権国家の並存状況から，正当原因を問わずに交戦者の双方を平等に取り扱い，戦争遂行の形式的手続きだけを問題にする「無差別戦争観」が正戦論に取って代わった。それに基づき，1899年と1907年のハーグ平和会議では，戦時国際法関連の条約が多数成立した。

4 現代国際法への変容

　第一次世界大戦まで継続する上記の近代(伝統的)国際法と比較して、その後の現代国際法は幾つかの面で大きな構造転換が見られた。第1に、戦争の違法化である。国際連盟規約(1919年)が戦争の自由を制限(戦争モラトリアム)し、不戦条約(1928年)が戦争の放棄を規定し、最終的に国際連合憲章(1945年)が、集団安全保障体制の中で、戦争だけでなく武力による干渉や復仇をも禁止する武力不行使原則を確立した。これは、国際紛争の平和的解決義務をも意味し、紛争解決の強制的手段を否定した。さらに、武力行使による領域の取得(征服、多くの併合や割譲)や条約の締結は当然に無効となる。

　第2に、植民地体制の否定である。国連憲章に規定された自決原則が人民自決権という法的権利として認識されるにつれて、文明国と非文明国の二分法が否定され、アジア・アフリカの植民地地域は、第二次世界大戦後に民族解放戦争を経て独立し、国際法の客体から主体となっていった。新興独立諸国家は、政治的独立のために、植民地支配を支えた先占の法理を否認し、民族解放団体の交戦者資格を是認する。また、経済的な独立および発展並びに南北対立の解消のために、天然の富と資源に対する永久的主権原則、新国際経済秩序、海洋法での排他的経済水域および人類の共同財産としての深海底制度を主張してきた。今や国際社会の多数派を構成しているアジア・アフリカ諸国は、多分野にわたり西欧諸国にとって有利であった近代国際法の変革を迫っている。

　第3に、人権の国際保障化である。人権問題は、国家間関係を規律する近代国際法では国内管轄事項として正面から取り上げられなかった。しかし、第二次世界大戦の経験から、人権の否定が世界平和の破壊につながるという認識が定着した。国連の目的の1つに、人権および基本的自由の尊重が国連憲章に明記されている。現代国際法は、人権問題を国際関心事項として位置付けることによって、主権国家概念を突き破り、国内政治に介入していくのである。

　第4に、国際社会の一般的利益の出現である。従来の近代国際法は、個別国

家の国益を保護法益としてとらえ，国際違法行為は私法上の不法行為と類似したものとみなされていた。しかし，国際連盟や国際連合のように，国際社会の組織化が急速に進展するに伴って，平和，人権，環境という諸国家の共通利益に対する義務（対世的義務，普遍的義務）の存在が認識されるようになった。また，前述の武力不行使原則は「強行規範（jus cogens）」であると指摘される。これは国際法の階層構造を意味し，今まで無制約であった主権国家による立法意思（条約の締結）を限定することとなる。そして，国際社会全体の法益に対する国際違法行為は，公法上の犯罪に相当するものとみなされる。国際犯罪を処罰する国際刑事裁判所の成立（ローマ条約1998年採択，2002年発効）は，国際社会にも国際公序（international public order）が存在することの証左である。近年発展している国際環境法分野は，国益を越える地球益（global interest）に配慮している。

第2講 国際法の特質

> **POINT** ここでは，国際法は法であるのか，その成立形式はどのようなものなのか，という国際法の基本問題を考える。まず，国内法との比較により，国際法の基本構造の特徴を明確にし，国際法の拘束性や相互関係に言及する。つぎに，国際法の成立形式（法源）である慣習法と法の一般原則，さらに関連事項（判例や国連総会決議など）を取上げる。

1 国際法の基本構造

1 国内法との相違

　　国際社会は，主権国家から構成されており，それに優越する権力（世界政府や世界連邦）を有しない主権国家の並存状況にある。近年，国際連合やヨーロッパ連合といった国際機構のように，国際社会の組織化が急速に進展している。しかし，それは，国家の同意に基づいて国家主権の一部を国際機構に移譲することで，国家主権の自主的制限が行われているのであって，国際社会の基本構造は現在もなお維持されている。そのため，国内社会で国内法を制定する統一した立法機関（議会）に相当するものが国際社会には存在せず，個々の国家が国際法の立法主体となり，諸国家の明示的合意（条約）または黙示的合意（慣習法）によって国際法を形成している。立法機関のように思われがちな国連総会は，法的拘束力のある決定権（内部関連規則を除く）が付与されておらず，条約案の採択決議をしても，それは勧告的意義しか有せず，改めて国家による受諾行為（批准）がなければ，国家はその条約に拘束されない。国際法の解釈・適用も国家自身が行うことから，国際法の統

一性および内容の明確性は，国内法と比較すれば，低いといえる。

　法の執行に関しても，国内では，司法機関（裁判所）が強制的管轄権を有し，判決の強制執行メカニズムが整備されている。他方，国際裁判は，国家が主権を有するがゆえに，自ら同意しない限り，その国家に対して裁判管轄権を行使できない。国際司法裁判所（ICJ）も，国際紛争の事前であれ（選択条項受諾宣言）事後であれ（付託合意），紛争当事国の合意を前提として機能する。たとえ，関係諸国が国際紛争を ICJ に付託し判決を得たとしても，国際社会には強制執行機関が存在しない（勝訴国が判決の履行を求めて訴える安全保障理事会は，法の執行としてではなく安全保障上の観点から，必要と認める時に措置を決定することができるだけで，拒否権によって決定が不可能な場合も考えられる）。第二次世界大戦まで，国家は国際違法行為に対する強制措置として自力救済（復仇や戦争行為）を実施してきたし，国連憲章によって集団安全保障制度が精緻化されたとはいえ，国家が主観的判断に基づき強制的執行措置を行う余地は完全に解消されたとはいえない。国際法は，分権的ではあるが強制的執行措置の存在から，法の定立・適用・執行機能が集権化された国内法と比べて，「原始法（primitive law）」と称される。もっとも，国内法との比較は国際法の基本構造を理解する上で有益であるが，それを発展過程の基準とすることが適切かは疑問である。むしろ，緊密な国際関係の中でも領域的性格を有する国家主権の枠組みが維持される限り，国際法は，原始法としてではなく，独自の法体系として見るべきである。

　では，国際法が法である限り，その拘束性はどこに由来するのか。第1に，国家が国際法の成立過程に直接または間接に参加し，完全ではないとしても自らの意思をそれに反映させているので，国家の自発的な遵守意識は必然的に高くなる。第2に，相互主義による。たとえば，通商航海条約における最恵国待遇や交戦法規の捕虜待遇のように，自国による相手国国民に対する権利保障（侵害）が相手国による自国民への権利保障（侵害）に直結する。相互主義には，国際法の遵守を促進し，違反行為を抑止する効果が含まれている。第3に，政治，経済，社会，文化等あらゆる面で相互依存関係が緊密化・複雑化している国際社会において，予測可能な範囲内で国際交流が安定的に実施されるためには，

共通基盤を構成する国際法の遵守が不可欠であるとの認識が諸国家間で共有されている。

2 国際法の複合的構造と相互関係　　国際法は，国益の相互調整という側面（共存の国際法）と個別の国益とは別の共通利益・一般利益（平和，人権，環境）の実現という側面（協力の国際法）の双方を併せ持っている。前者は，近代国際法の水平的な法関係（私法的関係）に現れ，後者は現代国際法の垂直的な法関係（公法的関係）に現れている。そのような複合構造の中で，国際法の相互関係はどのようになっているのか。

　第1講で分類したように，国際法は，適用範囲から一般国際法と特別国際法とに区分される。国内法は憲法・法律・条例といった階層構造になっているが，国家の「合意の自由」を基礎とする国際法（とくに近代国際法）は，同等の効力を有し，階層構造になっていない。その場合に，「特別法は一般法を破る」という原則が適用される。通常，一般国際法は慣習法の形式で，特別国際法は条約の形式で成立することから，同原則は，一般的には「条約法が慣習法に優先する」という形態となる（公海自由の慣習法原則と1924年の英米間アルコール条約との関係）。また，慣習法相互間（特別慣習法が一般慣習法を破る）でも条約相互間（特別条約が一般条約を破る）でも，同様に適用される。

　また，同一事項について旧条約と新条約の内容が異なる場合に，新条約の当事国間では旧条約の適用が排除される。いわゆる「後法は前法を破る」という原則が適用される（ウィーン条約法条約第30条）。問題は，前法の特別国際法と後法の一般国際法が抵触する場合にどちらの原則を優先するかである。ある事項についての2国間条約の締約国が，後の一般的な多数国間条約の締約国になった場合，後法（一般条約）が前法（特別条約）を廃止することになる。後法が慣習法の場合には，特別法（条約）の締約国の意思を確認し尊重することが重要となる。国際機関の後の実行により，条約規定の意味内容が特定化される場合もある（国連憲章第27条3項の非手続き事項の決定における常任理事国の棄権の効力）。

　「特別法は一般法を破る」に対する例外として，一般条約の中にそれと矛盾する特別条約の締結を禁止し（国際連盟規約第20条1項「……今後本規約ノ条項ト両立

セサル一切ノ約定ヲ締結セサルヘキコトヲ誓約ス。」)，または一般条約の優先性を規定する（国連憲章第103条「国際連合加盟国のこの憲章に基く義務と他のいずれかの国際協定に基く義務とが抵触するときは，この憲章に基く義務が優先する」）場合がある。もう1つ重要な例外は，強行規範との抵触の場合である。従来，任意法規と認識されていた一般（慣習）国際法の中でも，たとえば，武力不行使原則は強行規範であると認識され，それに抵触する国際法は，特別（条約）法であれ，無効であるとされる（条約法条約第53条）。現代国際法は，国際公序および国際社会の共通利益という側面から，国家の「合意の自由」を制約し，階層構造「上位規範は下位規範を破る」（公法関係）を構築しようとしている。

2　慣習国際法

[1]　国際法の法源

　法源（sources of law）は，多義的用語であるが，一般的には，法の存在形式または成立形式を指し，とくに形式的法源（formal sources）と称される。それに関連して，形式的法源での法規範が成立に至った要因または証拠や具体的内容を形成する実質的要素を実質的法源（material sources）という。国際司法裁判所（ICJ）規程第38条1項（常設国際司法裁判所規程をそのまま承継）によれば，「国際法に従って」裁判する場合の裁判準則として，(a)一般又は特別の国際条約，(b)法として認められた一般慣行の証拠としての国際慣習，(c)文明国が認めた法の一般原則，(d)法則決定の補助手段としての裁判上の判決および諸国の最も優秀な国際法学者の学説，が列挙されている。

　本規定が示すように，条約，国際慣習および法の一般原則が形式的法源に，法則決定の補助手段としての国際裁判の判決と学説が実質的法源に該当する。実質的法源は，判決と学説に限定されるわけでなく，国際機構の決議，未発効条約や条約草案，国際会議や国際委員会での準備作業文書・決議・宣言・報告書等も考えられる。比較的安定した国際関係であれば，形式的法源だけに注目して国際法の解釈・適用をすれば法的安定性は確保できた。しかし，激しく変

動する現代の国際社会の中では,既存の国際法の妥当性が問われ,新たな国際法が取って代わろうとしていることから,実質的法源にも注目することは国際法の解釈および適用上不可欠となっている。形式的法源と実質的法源の密接な関係から,それらを区別することが困難な場合もある。リビア・マルタ大陸棚事件判決(1985年)は,紛争当事国が慣習国際法によって規律されることの合意が,未発効の海洋法条約(1982年)と無関係であるとみなしていることを意味せず,圧倒的多数で採択された同条約の重要性は否定できないと述べ,未発効条約の関連規定を慣習法の表明として捉えている。

② 慣習国際法の概要

国際法の主要な法源のうち,条約に関する部分は第3講以下に委ねるとして,ここではもう1つの主要な法源である慣習国際法(customary international law)を取り上げる。慣習国際法は,地域的な慣習法を別にして,国際社会全体に適用される一般国際法である。その成立要件は,ICJ規程第38条1項bに規定されているように,①「一般慣行(a general practice)」という事実的・客観的要素,言い換えれば国家実行と,②「法として認められた」という心理的・主観的要素,言い換えれば法的信念(opinio juris)の2要件が必要である。北海大陸棚事件(1969年)では,大陸棚条約以後の境界画定に関する国家実行とともに,法的信念の存在が検討されている。

①の一般慣行は,多数の諸国家が一定の行為(作為・不作為)を長期にわたり継続的に反復することで成立する。「一定の」行為とは,完全な統一性・一貫性を要求するものではなく,一般性があり,一致しない行動事例が新しい規則の承認の表示としてではなく,規則違反として取り扱われれば充分である(ニカラグア事件判決,1986年)。また,いかなる行為が慣行を構成する実行とみなされるかについて,具体的な措置を伴う国家(立法・行政・司法機関)行為に限定する解釈と国家行為以外にも法典化条約,多数国間条約,国連決議等も慣行の構成要素に含む解釈(北海大陸棚事件その他の判例)とがある。時間的要素は,事例ごとに異なり,一定していないが,短時間の経過が必ずしも新しい慣習国際法の成立の障害とはならず,慣習法が成立する場合も見受けられる(北海大陸棚事

件)。たとえば、排他的経済水域制度は、1970年代後半から主張され、1982年の国連海洋法条約に取り入れられ、1985年ではすでに慣習法の一部となっていた（リビア・マルタ大陸棚事件）。実行主体である国家は、必ずしもすべての国家である必要はないが、利害関係国を含む多数でなければならない。もっとも、宇宙活動といった特定国家しか実施し得ない活動分野では、少数の関係国家のみで慣習法が形成されることになる。

②の法的信念は、法的義務に従って履行しているとの信念を指し、この主観的要件が慣習国際法と事実上の慣行（国際礼譲）と峻別する基準となる。正確に言えば、法的信念とは、慣習法の成立以前に法的義務を履行しているという法的認識ではなく、慣行の集積の中で醸成されるものであろう。その認定は、具体的な国家実行の状況（一貫性の程度、実施国数、利害関係国の参加状況など）から認定しなければならず、必ずしも容易ではない。その証拠をどの範囲の国家実行に求めるかについて、通常、一般慣行の形成に関与した国の対応を想定しているが、さらに一般慣行の形成に関与していない国の対応も見る必要がある。関与していない国家は、慣行の形成に否定的な対応を示さなければ、慣行に対する黙示の合意が推定され、当該慣習法に拘束されるとする説と、その慣行に従って対応する等黙示の合意を示さない限り、当該慣習法に拘束されないとする説がある。前者は慣習法の成立を重視し、後者は個別国家の意思を重視している。国家慣行以外に、ニカラグア事件本案判決は、武力不行使原則に関する慣習法の認定において、国連総会決議「友好関係宣言（1970年）」に関する当事国の態度を法的信念の表明とみなし、柔軟な解釈を示した。

3　新たな慣習法理論

上記の慣習法理論（2要素説）に対して、単一要素説（慣行一元説と法的信念一元説）が主張される。慣行一元説は、法的義務の認識が慣習法成立前に必要であるとの矛盾および法的信念の認定の困難性から、法的信念を不要であると指摘するけれども、この説には慣習法と国際礼譲の区別が不可能となる欠点がある。法的信念一元説は、宇宙法分野で、宇宙活動法原則宣言（1963年）と宇宙条約（1966年）の採択により、即座に慣習法が成立したこと（インスタント国際法）から、法的信念の表明である

国連総会決議によって慣習法がただちに成立すると主張する。しかし，国連総会決議は法的拘束力がないとの前提で採択されたものであるとの批判や，慣行の集積により法的安定性や予測可能性が保障されるという慣行の重要性から，本説は，宇宙法という特殊な分野で主張できたとしても，他の法分野にまで一般化することには問題があろう。

原則として一般的に適用される慣習法にその成立以前から一貫して反対してきた国は，その適用が免除される，と主張する見解（「一貫した反対国」理論）がある。その場合，慣習法は，明示的または黙示的合意を示す国だけでなく，合意の推定が働く沈黙している国にも適用されるのである。ノルウェー漁業事件判決（1951年）は，その傍論で，英国の主張する10海里規則はつねに反対してきたノルウェーには適用できないと述べている。本理論は，有力説ではあるが，判例や国家実行に支持されていない。

不文法である慣習法には，内容および効力の発生時期が明確でなく，現実的な対応に時間がかかるという問題点がある。その克服のために，国連の国際法委員会（ILC）を中心に，成文化する法典化作業（法典化条約の作成）が行われている（国連憲章第13条ａ）。もっとも，法典化条約は，既存の慣習国際法を成文化する場合（狭義の法典化）と未発達な国家実行を条文化することで慣習法化を促進する場合（漸進的発達）を含んでいる。

3　法の一般原則および関連事項

[1]　**法の一般原則**　ICJ 規程には，主要な法源である条約および国際慣習以外に，「法の一般原則（general principles of law）」が挿入されている。ICJ の前身である常設国際司法裁判所（PCIJ）規程にそれが挿入されたのは，提訴された国際紛争に適用すべき条約も慣習法も存在しない場合（法の欠缺）に，裁判不能（non liquet）を防止するためであった。ICJ は，当事者の合意がある場合には，「衡平と善」といった実定法規範以外の基準で裁判することが可能であると規定している（第38条２項）ことから，法の一般原則は，衡

平と善を指すのではなく，条約と慣習法以外の実定法規範，すなわち各国共通の一般的な法原則を意味することになる。この挿入は，19世紀以降の仲裁裁判が，適用すべき国際法が存在しない時に当事国双方の国内私法に共通の法規則に基づき判決した事例にならったものである。

具体的にPCIJやICJの判決で準拠されたものとして，信義誠実原則，権利濫用の禁止，エストッペル（禁反言），違法行為に対する責任発生の諸原則，訴えの利益，挙証責任，既判力，証拠能力の諸原則等があり，法格言の場合もある。なお，法の一般原則を修飾する「文明国が認めた」という語句は，ヨーロッパ国家体系に根ざした近代国際法では意味があったかもしれないが，多様な法体系を前提とする現代国際法では意味を持たない。

条約や慣習法に対して補充的性格を有する法の一般原則を独自の第3の法源と見るかについて，議論が対立している。否定説によれば，それは裁判規範ではあるが，行為規範ではなく，PCIJ規程またはICJ規程という条約に編入されたから国際法的拘束力を有するのであって，独自の法源とはいえないという。他方，肯定説は，一般的に裁判規範が行為規範であることは国際法においても妥当し，その内容の成立形式は各国の立法行為であって条約形式とは異なるゆえに，独自の法源であると主張する。実際，国際裁判所は，これらの法原則を準用することで，裁判不能を回避するだけでなく，裁判官の主観に基かずに実証可能な法規範による裁判を可能にし，不明瞭な国際法を明確化し発展させ，国際裁判の円滑化に役立っている。

2　判例　ICJ規程第38条1項(d)に規定されているように，判例は，学説とともに，独自の法源（形式的法源）ではなく，「法則決定の補助手段」（実質的法源）と位置づけられている。ICJの判決は，「当事者間において且つその特定の事件に関してのみ拘束力を有する」（第59条，先例拘束性の否定）。しかし，そこで示された国際法は他の事例においても適用可能であることから，爾後の判決は，意図せずとも，先例に強い影響を受ける。さらに，事実上，判決・勧告的意見は国際法の法認定機能および法形成機能も有している。たとえば，法認定機能に関して，国連加盟承認条件事件の勧告的意見（1948年）は，国連憲

章第4条1項の承認条件は網羅的で新たな条件を追加できないと解釈した。また，国連経費事件の勧告的意見（1962年）は，国連憲章第17条2項の「この機構の経費」とは国連の目的を実現するためのすべての経費を意味すると示した。法形成機能に関して，ノルウェー漁業事件判決（1951年）における領海の直線基線方式が領海条約（1958年）に，ジェノサイド条約留保事件の勧告的意見（1951年）で認定された留保の趣旨・目的との両立性原則が条約法条約（1969年）に規定された。ただし，以上のことは，その判決や勧告的意見の内容が国際社会に受容された場合に該当することであって，公海上の刑事管轄権に関するロチュース号事件判決（1927年）のように，後の実行や法典化（公海条約，1958年）が判決内容を覆すこともある。

3　ソフト・ローと非法律的合意　　1960年代以降，国連での多数派となったアジア・アフリカ諸国は，既存の慣習法に対する不信感の裏返しとして，自ら参加して新しい国際法を制定するために国連総会を準立法機関とみなし，多数の総会決議（法原則宣言）を採択した。たとえば，植民地独立付与宣言（1960年），宇宙活動法原則宣言（1963年），深海底原則宣言（1970年），経済権利義務憲章（1974年）等である。総会決議ではないが，類似のものとして国連主催の国際会議での決議，人間環境宣言（1970年）もある。その後に宇宙法，海洋法，環境法での条約が成立したことから，当該決議を単なる道徳的・政治的勧告に過ぎないと位置付けるのではなく，前述のインスタント国際法として法的拘束力を認めるか，または法的拘束力のある法（hard law，ハード・ロー）に至る形成途上の法，いわゆるソフト・ロー（soft law）であると捉える考え方がある。すなわち，後者のソフト・ローとは，法と非法の中間に位置し，何らかの法的意義を有すると主張される。これら決議は，内部規則事項を除いて，法的拘束力のない勧告として採択されたものであって，法的拘束力を有しないことは明白であるが，条約や慣習法の定立に至る一要素としての法的意義は充分認められる。また，たとえば，第三世界が，経済権利義務憲章のような開発・発展分野においてソフト・ローを主張することで，先進国の発展途上国への協力支援（法的ではなく，道義的・政治的）義務を強化しよう

とする政治的意図は充分理解できるけれども、ソフト・ローが法概念として成立するかは、疑問が残る。

同様に、国際会議での採択文書の中で、たんなる政治声明ではなく、法的拘束力を持たないとの留保付きで諸国家の行動準則を規定している合意文書がある。それを「非法律的合意 (non legal agreement)」または「紳士協定 (gentlemen's agreement)」と称される。たとえば、全欧安全保障協力会議 (CSCE) の最終合意書 (ヘルシンキ宣言, 1975年) は、国連憲章第102条の登録すべき条約ではないと位置づけられた政治的合意文書であり、その後、安全保障や人権の分野において東西諸国間の行動準則として重要な政治的役割を果たした。

また、1950年に成立した「対共産圏輸出統制委員会 (COCOM)」や COCOM 解消後の1996年に成立した「ワッセナー・アレンジメント (WA)」も法的拘束力のある国際協定ではなく、あくまで紳士協定に基づく国際輸出管理体制である。WA が政治文書であるとはいえ、参加国は WA での申合せ事項を自国の国内法に移し代えて実施していることから、極めて厳格に申合せ事項を遵守・履行している。上記の政治文書は、条約と同等以上の事実上の拘束性を有するけれども、ヘルシンキ宣言のように当事国の多数参加を促すために、または COCOM や WA のように軍事機密事項の非公開性を保持するため、条約形式よりも非法律的合意形式を採用することに便宜的利益が見出せるのであろう。

第3講

条約その1　条約の概念と成立要件

POINT　条約は，国際社会に「法の支配」をもたらす重要な国家どうしの「約束事」である。本講では，条約の概念や条約が有効に成立する要件について説明する。これらについて詳細なルールを取り決めているのが1969年に採択された条約法条約であり，これは以下の条約法を説明する際における中心的な国際文書である。

1　総　　説

　立法機関の存在しない国際社会では，主権国家が締結してきた条約を中心として国際社会における規範としての国際法が作られ，それらを国家が遵守することによって国際社会の秩序が保たれてきた。こうした事実は，グローバリゼーションといった国家どうしの相互依存関係が深まる近年においてはなおさら重要であり，条約を中心とした法的関係を安定的に維持することは，良好な国家間関係の構築のために必要不可欠な要素である。したがって国際関係はその時代の条約関係に反映されているといってもよく，条約は歴史の証人であるとともにこれを形成する源である。

　わが国との関係においては，近代に入ってからヨーロッパを発祥の地とする国際法の範囲が日本を始めとするアジア諸国に対してまで広がってくるとともに，条約が締結されるようになった。黒船来航によって1854年に日米和親条約が締結された事実はその一例である。近年においては，他国と同様にわが国が積極的に締結している自由貿易協定（FTA）や経済連携協定（EPA）などは，世界貿易機関（WTO：World Trade Organization）の自由貿易体制を基調としな

がらも，二国間関係における経済・貿易関係の強化のために多く締結されている。こうした条約は，締約国相互の権利義務関係を設定するがゆえに，どちらかといえば契約的な性質を持つ条約として理解される。

このように，かつては二国間条約にせよ，多数国間条約にせよ，どちらかといえば契約的性質の条約が多くみられたが，近年においては広く国際社会の一般的利益を考慮する立法的性質を持つ多数国間条約も多数見られるようになっている。こうした条約にかかわる法規範の形成とその展開は，国際社会における「法の支配」の確立にとって大切な意味を持つ。したがって，条約に関する国際法（条約法）を理解することは国際法学の学習にとって基本中の基本といえる。

締約国と当事国

条約法条約第2条によれば，「締約国」とは，条約（効力を生じているかいないかを問わない）に拘束されることに同意した国をいう(f)。これに対し，「当事国」とは，条約に拘束されることに同意し，かつ，自国について条約の効力が生じている国をいう(g)。

1 条約の概念

条約（treaty）とは，国の間において文書の形式により締結され，国際法によって規律される国際的な合意である（条約法条約第2条1項(a)）。単一の文書によるものであるか関連する2つ以上の文書によるものであるかを問わず，また，名称のいかんを問わない。後者については，条約の成立形式が必ずしも○○条約という名称でのみ存在するのではない，ということである。たとえば，協約（Convention），協定（Agreement, Accord），取極（Arrangement），規約（Pact, Covenant），憲章（Charter），規程（Statute），議定書（Protocol），決定書（Act），交換公文（Exchange of Notes），交換書簡（Exchange of Letters），合意書，そして暫定協定などがある。これらはすべて条約の一形態であり，法的拘束力を有する（宣言（Declaration）については，一部法的拘束力を有するものも存在する）。また，国家の一方的宣言や口頭による約束（東部グリーンランド事件）についても実行上その拘束力が承認されている。

たとえば前者について国際司法裁判所は、「法律上、または事実上の事態に関して、一方的行為としてなされる宣言が、法的義務を創設する効果を持ちうることは、十分に承認されている」との判決を下した（1974年の核実験事件判決）。

　法的拘束力を有する条約が成立し、国家が国際法規範を遵守することによって、国際社会における「法の支配」が確立することになる。この点、条約法条約は、「効力を有するすべての条約は、当事国を拘束し、当事国は、これらの条約を誠実に履行しなければならない」と規定し（第26条）、「合意は守られなければならない」(pacta sunt servanda) とする条約法の基本原則を確認している。

　条約に関する国際法は、1969年に採択され、1980年に発効した条約法条約が存在する。条約の成立・解釈・発効・効力・終了に関する条約法は、これまで国際慣習法として存在してきたが、国家慣行の蓄積として法典化され、その集大成としての条約法条約は85の条文と附属書によって構成される。条約法条約は、条約の起草、締結、効力発生、留保、適用、解釈、改正、無効、終了などに関する国際法上の規則を統一し、条約を基礎とする国際法の安定的な運用をその目的とする。このことは、条約法条約前文において、「条約法の法典化及び漸進的発達が図られたことにより、国際連合憲章に定める国際連合の目的、すなわち、国際の平和及び安全の維持、諸国間の友好関係の発展並びに国際協力の達成が推進されることを確信し（以下略）」と具体的に述べられている。

　条約は、形式的に二国間条約と多数国間条約に分類される。また、条約の性質を図る目安として、多数の国家が参加する一般条約と、当事国間の法関係を形成する特別条約に分類されたり、一般的行動原則を定める立法条約と、当事国相互の権利義務関係を設定する契約条約に分類されたりする。その他、当事国以外の第三国の加入を認めるか否かによって開放条約と閉鎖条約に分類される場合もある。開放条約で無条件に加入を認めるものとしては、スエズ運河の国際化に関するコンスタンチノープル条約や、1928年の戦争放棄に関する条約（不戦条約)が存在する。また、開放条約で一定の条件を要求する条約としては、国際連盟規約や国際連合憲章が存在する。たとえば、国際連合憲章の締約国（＝国連加盟国)になろうとする場合、国連憲章第4条に規定されるように、国連憲

章に掲げる義務を受託し，かつ，国連によってこの義務を履行する能力および意思があると認められる他のすべての平和愛好国でなければならない。

なお，条約法条約が規定していない条約関係は，(i)国際機構が当事者となって締結される条約関係，(ii)承継と条約の関係，そして(iii)武力紛争が条約関係に及ぼす影響，についてである。

現代国際法の特徴としては，国際組織の展開が非常に活発なものになってきている点が挙げられる。1986年には，条約法条約を基礎とする「国家と国際組織又は国際組織相互間の条約法に関するウィーン条約（国際機構条約法条約）」が採択された。「国際組織の条約法に関するウィーン条約」第6条は，「国際組織の条約締結能力はその組織の規則によって規定される」と規定する。ここで「国際機構」とは，「政府間組織」(intergovernmental organization)を意味し，共存の法から協力の法へという国際社会の環境変化を反映したものといえる。

[2] **国際法の法典化**　国際法の法源としては，条約のほかに慣習法なども認められている。法の安定性をはかり，国際社会の秩序を維持する観点からすれば，国際法規範は明文化された文書として存在していることが望ましい。そのため，国際社会においては慣習法のように不文法として存在してきた規範を明確化する試みがされてきた。

1945年に採択された国連憲章は，憲章第13条1項(a)において「国際法の漸進的発達と法典化を奨励すること」を規定し，その趣旨を実現する形で国連総会の下部機関として国際法委員会（ILC：International Law Commission）が組織された。国際法に有能な34名の個人（当初15名）が，5年の任期（当初3年）で選出され，国際法委員会委員として国際法の法典化作業の中心的役割を担っている。なお，各国の法文化を代表し，不公平がないように，地域的割当てがアフリカ8名，アジア7名，東欧3名，ラテンアメリカ6名，西欧その他8名，そしてアフリカと東欧の間およびアジアとラテンアメリカの間で1名ずつのスウィングシート（これらの地域間において交代で選出される委員のための議席）が付与されている。

国際法の法典化作業について，ILCは，メンバーの中から特別報告者(special

rapporteur）を任命し，作業計画を策定し，条約草案を作成する。その作業においては，各国政府に対して質問書を送付したりするなど，関連するデータおよび情報を提出するよう要請するという作業も含まれる。そして最終的には，ILCが，事務総長を通じ，総会に対して条約草案を提出することになっている。

　これまで国際法委員会によって法典化作業が完了したものとして，後に海洋法条約として集約された領海条約（1958年），公海条約（1958年），大陸棚条約（1958年）等のほかに，外交関係を規律する外交関係条約（1961年），領事関係条約（1963年），条約に関する条約法条約（1969年），国際機構条約法条約（1986年），そして国家責任条文草案（2001年）などが存在する。

　2004年の第56会期におけるILCの審議事項は，①国際機関の責任，②外交的保護，③国際法によって禁じられていない有害な影響から生ずる国際的なライアビリティ，④国家の一方的行為，⑤条約の留保，⑥共有天然資源，そして⑦国際法のフラグメンテーション（国際法の多様化および拡大から生ずる困難）である。

　こうした審議の内容は，国際法委員会のホームページ（http://www.un.org/law/ilc/）で閲覧することができる他，国際法学会が発行している『国際法外交雑誌』においても日本の山田中正国際法委員会委員による紹介がなされている。

3 **条約の成立要件**　　条約の成立要件は，当事者の条約締結「能力」と条約締結「権限」があるかどうかが問題の焦点となる。主権国家が条約締結能力を持っているのに対し，国際組織も一定の範囲内において条約締結能力を有する。

　条約締結権限は国内法によって規定されている。日本の場合，日本国憲法第73条において，内閣が行う事務のひとつとして条約を締結することが挙げられている（3項）。

　内容上違憲の条約に関しては，正規の手続きを経ているかぎり，条約は国際法上有効であり，国家が憲法規定を理由として条約の効力を争うことはできない。また，手続上違憲の条約に関しては，学説上議論のあるところであったが，

条約法条約は原則として有効であるとし，国内法の規定に反して表明された国家の同意は無効原因として援用できない。

条約法条約は，国家の条約遵守を確保するために，第27条において「当事国は，条約の不履行を正当化する根拠として自国の国内法を援用することができない。この規則は，第四十六条の規定の適用を妨げるものではない」と規定した。ここで言及されている第46条の規定とは，違反が明白―条約の締結に関し通常の慣行に従いかつ誠実に行動するいずれの国にとっても客観的に明らかであるような場合―でありかつ基本的な重要性を有する国内法の規則に係るものである場合は，「この限りでない」と規定するものである（1項）。

ところで日本国憲法第98条2項は，「日本国が締結した条約及び確立された国際法規は，これを誠実に遵守することを必要とする」と規定する。したがって，国家がいくら条約の当事国となろうとも，かかる条約が遵守されなければ意味がない。そこで条約の成立手続きについては国際的な側面からだけではなく，国内法との整合性といった国内的な条約遵守への意思が要求されるのである。

2 条約の無効

条約はすべてが有効なものとして締結されるのではない。条約の無効について条約法条約は網羅主義の立場をとっている。すなわち，列挙主義のように，条約に明文化されている要件以外のものについての無効原因の可能性を残すのではなく，網羅主義は，無効となる条件をすべて規定している。したがって，以下にみる8つの要件のうちのどれかひとつさえ充たしていなければ，条約は有効なものとして成立することになる。

条約の無効の主張とその成立について，無効を主張する締約国は，他の締約国に無効の主張を通告し，一定の期間に異議申し立てがなければ措置を実施できる。しかし他の当事国の異議があれば，交渉を中心とした国連憲章第33条の下での一般的な紛争の平和的解決義務によって解決されることとなる(第65条)。異議申し立ての後12ヵ月以内に解決を見ない場合，強行規範の場合を除いて，

条約附属書が規定する調停に付されることが予定されている（第66条）。

　無効は，相対的無効と絶対的無効に分類される。相対的無効は，無効の根拠として当事者による条約法条約の規定の援用がなされることを必要とするが，絶対的無効は，無効の主張がなされなくともかかる条約は当然のごとく無効となる。

1　相対的無効

　(1) 国内法規定の違反　いずれの国も，条約に拘束されることについての同意が，条約を締結する権能に関する国内法の規定に違反して表明されたという事実を，当該同意を無効にする根拠として援用することができない。ただし，違反が明白でありかつ基本的な重要性を有する国内法の規則に係るものである場合は，この限りでない（第46条）。明白な違反とは，条約の締結に関し通常の慣行に従いかつ誠実に行動するいずれの国にとつても客観的に明らかであるような場合であるとされる。（同条2項）

　(2) 国の同意を表明する権限に対する特別の制限（第47条）　特定の条約に拘束されることについての国の同意を表明する代表者の権限が特別の制限を付して与えられている場合に代表者が当該制限に従わなかったという事実は，当該制限が代表者による同意の表明に先立って他の交渉国に通告されていない限り，代表者によって表明された同意を無効にする根拠として援用することができない。

　(3) 錯誤（error）　国家の代表者の錯誤によって条約が締結された場合，国家は「自国の同意を無効にする根拠として」かかる条約を無効にできると規定した。ただし，「条約の締結の時に存在すると自国が考えていた事実又は事態であつて条約に拘束されることについての自国の同意の不可欠の基礎を成していた事実又は事態に係る錯誤」であることが必要である（第48条1項）。また，「国が自らの行為を通じて当該錯誤の発生に寄与した場合又は国が何らかの錯誤の発生の可能性を予見することができる状況に置かれていた場合」には，その錯誤を無効原因として援用することはできない（同条2項）。さらに，条約文の字句のみに係る錯誤は，条約の有効性に影響を及ぼすものではない（同条3項）。

　1962年のタイとカンボジアの国境に位置する寺院とその周辺地域の帰属が争

われたプレア・ビヘア事件では，紛争の主題にかかわる地図に関する紛争当事国タイの錯誤が裁判の争点となった。国際司法裁判所は，「当事者が自らの行為を通じて当該錯誤の発生に寄与した場合または当該錯誤の発生の可能性を予見することができる状況に置かれていた場合には，同意を無効にする要素としての錯誤の抗弁は認められないというのが，確立された法規則である」との判決を出した。

(4) 詐欺 (fraud)　　詐欺の場合は，他の交渉国の詐欺行為によって条約を締結することとなった場合には，当該詐欺を条約に拘束されることについての自国の同意を無効にする根拠として援用することができる。

(5) 国の代表者の買収 (corruption)　　いずれの国も，条約に拘束されることについての自国の同意が，他の交渉国が直接または間接に自国の代表者を買収した結果表明されることとなった場合には，その買収を条約に拘束されることについての自国の同意を無効にする根拠として援用することができる（第50条）。条約の締結に対する民主的統制が必要とされるのも，こうした買収に対する腐敗を防止するという意味合いがある。

2　絶対的無効　　(1) 国の代表者に対する強制 (coercion)　　条約に拘束されることについての国の同意の表明は，国の代表者に対する強制の結果行われたものである場合には，いかなる法的効果も有しない（第51条）。1939年3月にナチス・ドイツがベルリンに呼びつけたチェコスロバキアのハーハ大統領とシュバルコウスキー外務大臣の署名を行わせ，ボヘミアとモラビアに対するドイツの保護権を設定する条約への署名を強制した例がある。この事例においては，条約への署名が行われないならば，プラハに対する空爆を行うとの脅迫が行われた。より具体的には，ピストルを突きつけたことが個人に対する脅迫，プラハ爆撃の予告が次に見る武力による威嚇による国家に対する強制に相当する。後にこの条約について，国連国際法委員会は条約締結当時の慣習法を考慮し，無効と認定した。

(2) 武力による威嚇または武力の行使による国に対する強制　　条約法条約第52条では，「国際連合憲章に規定する国際法の諸原則に違反する武力による威

嚇又は武力の行使の結果締結された条約は，無効である」と規定する。ただし，強制による条約は，平和条約との関連で問題となる。戦争の結果として締結される平和条約が無効になるならば，戦争状態が終結しない事態になるからである。

　また，強制といえども多義的であるため，とくに"force"の解釈をめぐって条約法条約の起草段階において問題となった。その結果，1969年5月23日に「条約の締結における軍事的，政治的又は経済的強制の禁止に関する宣言」(forceに関する宣言) が条約法条約の最終議定書の一部を構成する文書として採択され，「国家の主権平等と同意の自由の原則に反して他国に条約の締結に関する何らかの行為を強制することを目的とする，軍事的であれ政治的であれ経済的であれ，いかなる形態の圧力による威嚇または圧力の行使も，厳粛に非難する」と宣言した。

　近年わが国との関係で論争となっているのは，1910年に韓国との間で締結された日韓併合条約についてである。同条約は，強制による条約であると考えられるが，当時の国際法には反していないと考えられている。すなわち，条約が締結された当時は武力による威嚇は国際法に反するものではなく，これを禁止する実定法や慣習法は存在していなかった。したがってかかる行為によって締結された条約は，無効であるとは考えられてはいない。条約締結当時，無効であると認識されていた国家代表に対する強制と国家全体に対する強制との区別の困難さや，歴史認識の問題が加味されるなどの問題も存在しているが，純粋な法的評価と歴史理解の問題は別であることを冷静に認識したうえで，将来的な日韓両国の関係が建設的に構築されるべき問題であろう。

　(3)　一般国際法の強行規範に抵触する条約　　国内法においては契約自由の原則が一般的には認められているが，公序良俗に反する契約は無効となる。それと同様に，国際社会においても，主権国家は条約締結の自由を享受できるが，国際社会の法益を侵すような内容の条約の締結を防止するため，強行規範が設けられている。強行規範の反対概念として対置される任意法規は，いわば逸脱することが可能な規範であるが，強行規範はその規範の性質ゆえに逸脱できな

い。

　条約法条約は，第53条において，「締結の時に一般国際法の強行規範に抵触する条約は，無効である。この条約の適用上，一般国際法の強行規範とは，いかなる逸脱も許されない規範として，また，後に成立する同一の性質を有する一般国際法の規範によってのみ変更することのできる規範として，国により構成されている国際社会全体が受け入れ，かつ，認める規範をいう」と規定し，条約の無効原因として強行規範に抵触する条約を挙げている。さらに，第64条において「一般国際法の新たな強行規範が成立した場合には，当該強行規範に抵触する既存の条約は，効力を失い，終了する」と規定し，任意規範に対する強行規範の上位性を規定する。もっとも，何が強行規範であるのかに関しては条約法条約のコメンタリーには武力不行使，奴隷取引の禁止，海賊の禁止，ジェノサイドの禁止等があげられている。国家責任条文にも強行規範それ自体についての言及はあるが，具体例は挙げられていない。

　強行規範に違反する条約の無効が主張できるのは，当事国のみであるため，国際社会の一般的利益の保護にとっては不十分であると指摘されるが，これをフォローする形で条約法条約第71条では，一般国際法の強行規範に抵触する条約の無効の効果として，条約が第53条の規定により無効であるとされた場合には，当事国は，(a)一般国際法の強行規範に抵触する規定に依拠して行った行為によりもたらされた結果をできる限り除去するとともに，(b)当事国の相互の関係を一般国際法の強行規範に適合したものとすることが要求される（1項）。

第4講 条約その2　条約の成立手続と留保

POINT　条約は通常，交渉，採択，署名，批准，登録，そして発効という順序によって有効に成立する。本講では，これらに関して条約法条約がどのようなルールを設けているのかについて説明する。つぎに，条約が実効的なものとして成立するためには，その一体性と普遍性をバランスよく兼ね備えていることが重要であるが，条約法において大きな論点となっている留保の問題を説明する。

1　条約の成立手続き

　条約は，通常，交渉，採択，署名，批准，登録，そして発効という順序によって成立手続きが行われる。国際社会に「法の支配」を及ぼすためには，条約は採択されただけでは意味を成さず，発効し，法的拘束力が生じてはじめて意味を持つ。したがって，せっかく多くの時間と労力をかけて条約が採択されたのに，これが発効しないという事態を招かないようにしなければならない。「仏作って魂入れず」という事態にならないためにも，条約の成立手続きに関する手順やルールが守られなければならないのである。

　成立手続きに関する一般的規則は存在せず，国家間慣行として実施されてきた部分が大きい。要は国家の合意さえ確認できれば良いのであって，交換公文や簡略形式による条約，そして宣言を行うといった形式で取り決めがなされる場合も存在する。以下，一般的な手続きについて説明する。

1　交渉（negotiation）　条約を作成し，締結するためには，まず関係国間において意見の一致を得るための交渉が必要となる。交

渉を行うためには，国家代表者は，条約締結権限を有していることの証明として全権委任状 (full powers) を示すことが必要である。もっとも，一見して締結権限が明らかである場合には，全権委任状は必ずしも必要ではない。条約法条約は，第 7 条 1 項(b)において「当該者につきこの 1 に規定する目的のために国を代表するものと認めかつ全権委任状の提示を要求しないことを関係国が意図していたことが関係国の慣行又はその他の状況から明らかである場合」のほか，第 2 項において，(a)条約の締結に関するあらゆる行為について，元首，政府の長及び外務大臣，(b)派遣国と接受国との間の条約の条約文の採択については，外交使節団の長，(c)国際会議又は国際機関若しくはその内部機関における条約文に関しては，職務の性質により，全権委任状の提示を要求されることなく自国を代表するものと認められる，と規定した。

2 採択 (adoption) 　交渉の結果，条約が採択される。すなわち，採択とは，条約文の確定を意味する。国際会議においては，条約文は，出席しかつ投票する国の 3 分の 2 以上の多数による議決で採択される場合（第 9 条 2 項）を除くほか，その作成に参加したすべての国の同意により採択される（第 9 条 1 項）。ただし，出席しかつ投票する国が 3 分の 2 以上の多数による議決で異なる規則を適用することを決定した場合は，この限りでない（第 9 条 2 項）。

　近年では，とくに多数国間条約について，国連が主催する会議において交渉が行われ，条約が採択される場合が増加しているため，こうした法創造現象は「国連立法」と呼ばれる場合がある。

3 署名 (signature) 　条約文が採択されると，当事国の代表によって署名が行われる。署名には 2 つの場合，すなわち，条約文が正式に確定されたことを認証 (authentication) する場合と，確定された条約により拘束されることへの国家の同意の意思を表明する場合があるとされる。

　条約法条約第12条が規定しているように，署名のみによって条約の拘束力が認められる場合がある。この点，条約法条約は，(a)署名が同意の表明の効果を有することを条約が定めている場合，(b)署名が同意の表明の効果を有することを交渉国が合意したことが他の方法により認められる場合，そして(c)署名に同

意の表明の効果を付与することを国が意図していることが当該国の代表者の全権委任状から明らかであるかまたは交渉の過程において表明されたかのいずれかの場合に署名だけで有効に成立する（第12条1項）。

なお，条約に拘束されることについての国の同意は，批准により表明される場合の条件と同様の条件で，受諾又は承認により表明される。二国間あるいは少数の国家間の条約である場合には，条約の採択と同時に署名がなされるのが普通であるが，多数の国家が参加する多数国間条約の場合には，一定期間を設け，その期間内において国家による署名のために開放するという手続きがとられる場合が多い。

追認を要する署名（signature ad referendum）は，関係国の特別の合意がない限り，追認がなされれば完全な署名となり，追認によって署名の日にさかのぼって正式な署名としての効果を発生させる。仮署名（initialing）は，代表者の名前の頭文字だけを記入する略式の署名である。後に正式の署名が行われるが，関係者の合意により仮署名によって正式の署名とすることも可能である（第10条(b)）。

[4] **批准**（ratification）　当事国の代表が作成し署名した条約の内容に対して，国家において憲法上条約締結権限を与えられたものが検討を行い，最終的に同意の意思を確定することを意味する。民主的な憲法を採用する国家にあっては，国会の同意を必要とする場合が多い。批准制度の機能としては，署名を行った国家代表が，権限の範囲内において行動したかどうかを審査し，条約内容全体について検討する機会を持つとともに，憲法上条約の締結に国会などの同意が必要とされている場合において，その同意を得る機会を持つためという2つの理由に基づいている。行政府である内閣が締結した条約に対して立法府の民主的コントロールを及ぼす必要性があり，そのための手続きが批准である。

批准することのみによって条約が正式に成立するのではない。条約が正式に成立するためには，二国間条約の場合には批准書の交換が，そして多数国間条約の場合には寄託が行われなければならない。

簡略形式の国際合意なども増加しているため、条約法条約は、批准によって国家が条約に拘束される場合を明記している。(a)同意が批准により表明されることを条約が定めている場合、(b)批准を要することを交渉国が合意したことが他の方法により認められる場合、(c)国の代表者が批准を条件として条約に署名した場合、そして(d)批准を条件として条約に署名することを国が意図していることが当該国の代表者の全権委任状から明らかであるかまたは交渉の過程において表明されたかのいずれかの場合には、署名だけではなく、さらに批准の手続きをとらなければならない(第14条1項)。批准と同じ条件で、受諾または認証の場合による同意の表明がなされる場合もある。

　条約の発効の時点については、条約法条約は、条約に定める態様または交渉国が合意する態様により、条約に定める日または交渉国が合意する日に効力を生ずると規定する。この場合以外には、条約に拘束されることについての同意がすべての交渉国につき確定的なものとされたとき（条約成立の日）に、効力を生ずる。

　二国間条約の場合には、批准書の交換が行われた場合に効力が発生するが、多数国間条約の場合には、一部の国家の批准がなされていなくても、ある一定数の批准があれば、条約の効力が発生する場合が多い(たとえば、国連憲章第110条3項)。

　すべての国家の批准を条約の発効要件としないのは、一部の国家の批准を待つことになると、せっかく採択した条約の発効が遅れてしまうことや、場合によっては条約の効力発生に対する国家の拒否権を容認してしまうことになるからである。そこで条約法条約第18条は、条約の効力発生前に条約の趣旨および目的を失わせてはならない義務として、いずれの国も、(a)批准、受諾若しくは承認を条件として条約に署名し又は条約を構成する文書を交換した場合には、その署名又は交換の時から条約の当事国とならない意図を明らかにする時までの間、(b)条約に拘束されることについての同意を表明した場合には、その表明の時から条約が効力を生ずる時までの間(ただし、効力発生が不当に遅延する場合は、この限りでない)のような場合において、それぞれに定める期間、条約の趣

旨及び目的を失わせることとなるような行為を行わないようにする義務があると規定している。もちろん，未批准の国家に対して条約の効力は及ばない。

〈補足〉簡略形式による条約
　近年においては，技術的内容の条約が増加していることに鑑み，条約締結手続きを効率化する，簡略形式の条約が増加している。ただし，条約締結手続きは，民主的統制の立場から，ある程度のコントロールを受けなければならない。そこで，国会の承認が必要とされる条約――国会承認条約――に関する日本政府の統一見解として，1974年2月20日の衆議院外務委員会における大平外務大臣答弁がその指針として存在する。同答弁によれば，国会の承認が必要である条約とは，第1に，条約の締結によって新たな国内立法措置の必要が生じるか，あるいは既存の国内法を維持する必要があるという意味で，国会の審議が要求される法律事項を含む国際約束。第2に，財政国会中心主義の原則に基づき，すでに予算または法律で認められている以上に財政支出を負う財政事項を含む国際約束。そして第3に，わが国と相手国との間あるいは国家間一般の基本的関係を法的に規定するという意味で，政治的に重要な国際約束，である。

5　登録（registration）　発効した条約は，国連事務局に登録される。秘密外交を防止するために国際連盟規約によって導入された制度であった。また，インターネットが発達した今日において登録制度には，条約文を利用可能なものとするための意義も認められる。

　国連憲章第102条1項は，「この憲章が効力を生じた後に国際連合加盟国が締結するすべての条約及びすべての国際協定は，なるべくすみやかに事務局に登録され，且つ，事務局によって公表されなければならない」と規定する。加盟国間の条約だけではなく，加盟国と非加盟国間の条約についても登録をする必要がある。すなわち，「すべての条約及びすべての国際協定」は広い意味での国際合意を意味するとされ，国家の一方的宣言などもこれに含まれる。もっとも，登録は加盟国が国際連合の機関の前において条約を援用しうるために必要な手続きであって，条約の成立あるいは効力発生のための手続きではない。

　登録された条約は，国連事務局によって速やかに公表しなければならないこ

とになっており，United Nations Treaty Series に掲載されることによって公表されたものとみなされる。

6　条約の国内における発効

わが国の場合，条約は独立行政法人国立印刷局が発行し，全国48箇所の官報販売所および全国11ヵ所の政府刊行物サービス・センターで販売される『官報』において公布される。『官報』は，最近一週間に発行されたものに関しては財務省印刷局のHPで見ることができ，1947年5月3日の日本国憲法施行日以降から当日発行分までの官報が検索できるようになっている（有料）。また，条約の電子化も進められており，新しい条約については外務省HPで条約文とともに条約の解説書を見ることができるようになっている。国会承認条約（憲法第73条3号）の国会での審議過程については，国立国会図書館の「日本法令索引」で検索することができ，大正11年11月23日公布の「失業ニ関スル条約」（大正11年条約第6号）からは条約の外国語の条文も併載されるようになっている。ただし，国際ルールなどを定める条約の付属書は，官報では公布されないため，これについては個別に刊行されている冊子を見なければならない。また，行政上の取極は外務省告示の形式で公示される。

7　加入（accession）

加入とは，条約が発効した後に，第三国が条約の当事国となるために行う意思表示である。条約法条約は第15条において，(a)当該国が加入により同意を表明することができることを条約が定めている場合，(b)当該国が加入により同意を表明することができることを交渉国が合意したことが他の方法により認められる場合，(c)当該国が加入により同意を表明することができることをすべての当事国が後に合意した場合，と規定する。なお，近年では，受諾（acceptance）や承認（approval）は加入（accession）を意味するものとして理解されている。

2　条約の普遍性と一体性

1　留保

留保 (reservation) とは，国が，条約の特定の規定の自国への適用上その法的効果を排除または変更することを意図して，条約への署名，条約の批准，受諾もしくは承認または条約への加入の際に単独に行う声明をいう（第2条1項(d)）。用いられる文言および名称のいかんを問わない。近年においては，国連海洋法条約のように条約自体が留保を禁止している場合もあれば，国際組織の設立文書も一般的に留保が禁止されている類型の条約と考えられている。

留保は，いわば条約の普遍性を確保するための法技術であり，異なる政治的・経済的・文化的背景をもつ各国家の条約への参加を促進し，条約の当事国数をできるだけ多くするための制度である。ただし，無制限に留保を認めてしまえば，条約の実効性を根底から揺るがしかねず，また本来締約国が果たすべき条約上の義務に対する尊重を軽んじる傾向を招きかねない。ここに，条約の普遍性 (universality) と一体性 (integrity) の相克という問題が発生する。すなわち，条約には，できるだけ多くの参加国が署名し，批准して欲しい一方で，かかる条約の内容の充実度，すなわち一体性をも兼ね備えなければいけない。普遍性を増やそうと思えば，国家が譲歩しあうことで，条約は中身のないものになってしまう。だからといって条約の内容，すなわち一体性を追求しすぎると，条約に参加する国が少なくなり，普遍性は確保できなくなってしまう。その意味において，条約の普遍性と一体性はある程度の反比例の関係にあるともいってよい。条約の採択は，こうした普遍性と一体性という2つの要請をバランスをとりながら同時に追求することによって条約の実効性が高められるのである。

また，解釈宣言 (interpretative declaration) についても事実上は留保と同様のものも存在することがあり，かかる「解釈宣言」が，留保となるのかまたは解釈的宣言となるのかについての決定ならびにその許容性および効力の判断等の問題も提起される。解釈宣言とは，特定の条約規定について複数の解釈が可

能であるとき，自国が採用する解釈に従って条約規定の運用を行うと宣言するものである。留保との相違点は，法的効果を排除しないことであるが，なかには実質的に留保であるとみなされる解釈宣言も見られる。わが国の場合，国際人権規約の批准に際し，「公の休日についての報酬」（A規約第7条(d)）に拘束されない権利や中等教育および高等教育における無償教育の漸進的導入などに関する留保を行い，「警察の構成員」（A規約第8条2項およびB規約第22条2項）には日本国の消防職員が含まれると解釈することを宣言した。

　留保に関しては，過去の実行上および学説上さまざまな議論を呼んできた。国際連盟時代に確立された全員同意原則（unanimity rule）は，留保に関して，他のすべての締約国が同意しない限り，当該留保は認められないというものであった。汎米慣行においては，留保国とそれを受諾する国の関係において留保は有効となる。したがって，留保を受諾しない国との関係においては，留保国は条約の当事国にはならないとされた。1948年には「集団殺害犯罪の防止及び処罰に関する条約」（ジェノサイド条約）が採択されたが，ソ連，ウクライナ，白ロシア，チェコ・スロバキアなど留保を付す国が出現し反対する国が多かったため，条約の性質に鑑みて留保が許容できるのかどうかが議論された。結局，この問題は1950年の国連総会決議478(V)によって国際司法裁判所の勧告的意見が要請された。すなわち，「(1)もし留保が条約当事国の一または二以上によって反対され，他の条約当事国によって反対されないならば，留保を行う国は，なおその留保を維持したままで，同条約の当事国とみなされうるか，(2)もし第一問に対する回答が肯定的であるならば，留保を行う国と，(a)留保に反対する当事国との間において，(b)留保を受諾する当事国との間において，その留保の効果はどのようなものであるか」。

　これに対して1951年の国際司法裁判所の勧告的意見では，「(1)留保が一またはそれ以上の国によって反対され，他の国によって反対されないときは，その留保が条約の目的と両立するものであるならば，留保した国も条約の当事国たることが認められるとし，(2)(a)条約の当事国が，留保を条約の目的と両立しないとして，留保に反対する場合は，留保を行う国を条約の当事国でないとみなす

ことができる。(b)両立すると見る場合には，留保を行う国を条約の当事国であるとみなすことができる」とされた。すなわち，裁判所は，条約の目的と両立するかどうかという「両立性の基準」(compatibility test) を新たに生み出し，結局この見解が条約法条約草案を修正し，条約法条約において採用されるにいたった。両立性の基準は，条約の一体性を損なう性質を持つ法技術であるとも考えられるが，条約の普遍性を高めるとともに，留保に関する一般的な目安を設けたという点で肯定的に評価できる。ただし学説上は，留保の有効性は，条約の趣旨および目的から判断される留保の許容性 (permissibility) によって決定されるのか，それとも他の締約国によって留保が受託されるかどうかという対抗性 (opposability) によって決定されるのか，といった争いを生んだ。

こうした実行を踏まえたうえで採択された条約法条約は，本質的に留保はこれを行っている締約国とその他の締約国の間において，留保された規定の効力を除外するものであり これに対する異議は，留保を行っている締約国と異議を唱えている締約国の間において 異議のない限度においてのみその留保は効力を有するという結果を導くものとした。また，留保が認められる場合と時期については，(a)条約が当該留保を付することを禁止している場合，(b)条約が，当該留保を含まない特定の留保のみを付することができる旨を定めている場合，(c)(a)および(b)の場合以外の場合において，当該留保が条約の趣旨および目的と両立しないものであるときの場合を除くほか，条約への署名，条約の批准，受諾もしくは承認または条約への加入に際し，留保を付することができる，と規定した（第19条）。

もっとも，かかる留保が条約の目的および趣旨に合致しているかどうかの判断は難しく，一般的な規則が存在しているわけではない。その意味では，人種差別撤廃条約の場合，留保の許容性の判断を締約国の3分の2が行うとし，条約において明文規定を置いている。すなわち，「この条約の趣旨及び目的と両立しない留保は，認められない」と述べるとともに，「この条約により設置する機関の活動を抑制するような効果を有する留保は，認められない。留保は，締約国の少なくとも3分の2が異議を申し立てる場合には，両立しないもの又は抑

制的なものとみなされる」と規定した（第20条2項）。

　また，留保は必ずしも留保を付した国だけが援用しうるのではない。相互主義の原則に基づき，他の当事国は，留保を付していなくとも，留保国との関係において，相手国の留保をみずから援用できる。この点，国際司法裁判所の選択条項を受諾する際に付される自動的留保に関しては，かえって留保国に対して不利に作用する「諸刃の刃」となる可能性もある。

2　人権条約に対する留保

　国家の間で締結される多くの二国間条約または多数国間条約は，双務的な権利義務関係を規律する性質を持つ。すなわち，国家どうしが条約の規律する事項について直接的な影響力を及ぼし，あるいは受けるという「打てば響く」関係にあり，権利義務関係の相互性が存在する。その一方で，多数国間条約の形式で締結されることの多い人権条約は，国際基準を設定し，その履行を締約国に求め，最終的には個人の人権保障を実現するという性質を有する。したがって，条約締約国どうしの間では，たとえ条約違反が発生したとしても，締約国どうしの間に直接的な権利義務関係が薄いために，他の締約国との関係においては何ら直接的な不利益を与えたり被ったりすることはない。

　こうした条約の性質の相違は，締約国となる国が留保を付す際にも大きく影響してくる。二国間条約や多数国間条約の場合は，他の締約国の同意の有無が，付される留保の効果が直接的にそれらの国家の権利義務にも影響するため，付される留保を含めた条約体制の運営が入念に検討される。ところが，人権条約の場合には，他国の条約遵守が自国には直接的には関係しないため，もっぱら留保に対する自国の裁量が過度に働く余地が大きく，他国による留保の両立性ないし有効性の判断が機能することは期待できない。この点，自由権規約人権委員会の一般的意見24（52）（1994年）は，「人権条約の特殊な性格のために，規約の趣旨及び目的と一定の留保との両立性は　法的原理に鑑み，客観的に確定されなければならず，委員会はとりわけかかる任務を果たすのに適した位置にある」と述べたが，これに反対する諸国家との間で論争となっている。こうした人権条約に対する留保をめぐる複雑な問題に関する規則を設けるためもあっ

て，国連国際法委員会（ILC：International Law Commission）は1994年から「条約の留保」を新しいテーマとして取り上げている。

第 5 講

条約その3　条約の解釈・運用と終了

POINT　条約法条約は，先の第3講もしくは第4講で説明した論点のほかにもさまざまな規定を設けている。本講では，条約の遵守，適用，解釈，第三国に対する効力，改正，終了および運用停止，条約法条約から生じる紛争の解決について説明する。

1　条約の遵守

　効力を有するすべての条約は，当事国を拘束し，当事国は，これらのすべての条約を遵守しなければならない（条約法条約第26条）。これは「合意は守られなければならない（Pacta sunt servanda）」原則として知られている。また，当事国は条約の不履行を正当化する根拠として自国の国内法を援用することができない（第27条）。このように条約の遵守について厳格に規定されているのは，国際社会に法的安定性をもたらすためである。

　条約を遵守するためには，条約の実効性すなわち一体性と普遍性を兼ね備えることに加え，条約の各々の規定が当事国によって遵守され，条約目的が実現されるべく国内的努力とともに国際協力が実施されなければならない。そのため，近年においては，枠組み条約・議定書（附属書）や締約国会議といった新たな工夫が発展している。

1　枠組み条約と議定書―普遍性の確保と条約遵守のための工夫

　枠組み条約（framework convention）とは条約の基本的な目的，原則と一般的な防止義務や協力義務のみを規定し，具体的な環境基準の設定，活動の規制内容，そして数値の設

定といった詳細を，のちに採択される予定の議定書や附属書に委ねることで，さしあたり締約国数を確保しようとする性質を持つ条約である。したがって，枠組み条約と附属の議定書は不可分の条約として位置づけられることになる。こうした方式を取り入れている条約は，国際協力を必要とする環境問題に関する条約に多く見られる。たとえば，1985年のオゾン層保護のためのウィーン条約とオゾン層破壊物質を特定し，消費・生産を規制する1987年のモントリオール議定書，1992年の気候変動枠組み条約と二酸化炭素の排出削減をめざす1997年の京都議定書，1992年の生物多様性条約と遺伝子組み換え生物の輸出入の規制を行う2001年のカルタヘナ議定書，そして2000年のたばこ規制枠組み条約（議定書は未採択：2006年1月現在）などである。

　議定書の締約国となるためには，まずその本体としての条約の締約国でなければならず，議定書のみの締約国となることは不可能である。また，上述したこれら3つの条約は，いずれも留保を禁止している。これは，条約それ自体が枠組み方式を採用することにより，すでに普遍性確保のために一体性を許容しうる範囲まで譲歩しているからである（留保の内部化）。こうした条約は，その対象とする問題が普遍性の高い国際協力を必要とすることに加えて，留保という複雑な法的問題を回避することができるという利点がある。

2　締約国会議方式によるコンプライアンス（遵守）の確保と国際協力の推進

　締約国会議（Conference of the Parties）とは，文字通りある条約の締約国が，会議の構成国として条約の運営などについての会合を持ち，条約の安定的かつ効果的な実施をその狙いとする最高の意思決定機関であり，上述の枠組み条約方式において多く採用されている。締約国会議の名称は，条約体制によって異なるが（他に協議国会議など），いずれにせよその役割および機能に大差はなく，各締約国の条約の履行ならびに一体性の充実を主たる任務としている。

　締約国会議が機能する前提として，一般的には締約国の報告制度が採用されている。そのため，締約国会議は，他の国際組織と同様に事務局を設け，締約国会議を運営する。条約の性質に応じて締約国会議の機能は相違点があるが，

一般的には締約国会議が果たす機能として、(a)締約国が提出した報告書を基礎として条約の実施状況を定期的に検討し、条約の効果的な実施の促進のために必要な決定を行い、条約の議定書や附属書の改正を決定すること、(b)条約の実施に関連する研究およびデータの収集のための方法の開発および定期的な改善を促進・指導し、条約の実施のための資金の調達を促進・容易にすること、そして(c)条約の目的の達成のために必要な補助機関を設置すること、などがある。たとえば、オゾン層保護条約において締約国が条約上の義務から逸脱している場合、締約国会議に対する他の締約国の異議申し立てもしくは事務局の問題提起、あるいは不遵守国の自己申告によって、締約国会議が勧告もしくは支援を実施するという「不遵守手続き」が定められている。場合によっては、条約目的実現のため、不遵守国（その多くは遵守能力に限界がある途上国）に対して他の当事国から援助が行われる場合もある。

　締約国会議が設けられていない条約体制の運用は、ともすれば締約国の国益が突出した非調和型かつ非実効的な条約運営になる危険性が存在するが、締約国会議方式による条約運営体制は、グローバリゼーションが深化する今日の国際社会では条約発効後の効率的かつ民主的な多数国間条約の運営を行う上で不可欠な制度である。その意味で締約国会議方式は、条約の遵守を確保するのみならず、国際協力を推進するための法技術として位置づけることができるであろう。

2　条約の適用

　条約の適用は、条約が特別に定める場合を別として、基本的には「特別法は一般法を破る」「後法は前法を廃す」という原則が適用されつつ、その時間的範囲と場所的範囲が検討される。前者について、条約の効力が生ずるのは、条約が特別に定める場合を別として、発効して以降であって、遡及効をもたない（第28条）。すなわち、条約の効力が及ぶのは、発効以後の日付においてである。条約の効力が及ぶ場所的範囲については、条約が別に定める場合を別として、か

かる条約の締約国の領域内部においてのみ効力が及ぶ(第29条)。また，同一の事項に関する相前後する条約の適用に関して，条約法条約は，国連憲章第103条の適用を条件に，条約自体が優先関係を規定している場合を除いて，後の条約と両立する限度においてのみ適用する，と規定している(第30条3項)。なお，(a)条約に定めがある場合(b)交渉国が他の方法により合意した場合には条約が効力を生ずるまでの間，条約または条約の一部が暫定的に適用される。

3　条　約　の　解　釈

1　条約法条約が定める解釈の一般的規則

条約を解釈することは，「法の支配」を生み出す重要な過程であり，条約目的の達成のためばかりではなく，条約から生じうる紛争を処理する作業でもある。

条約法条約第31条は，解釈に関する一般的な規則として，「条約は，文脈によりかつその趣旨及び目的に照らして与えられる用語の通常の意味（ordinary meaning）に従い，誠実に（in good faith）解釈するものとする」と規定する（1項）。ここから条約は，条約全体の文脈により解釈するという一体性の原則とともに，条約締結時に有効であった用語の意味で解釈をしなければならないという同時性の原則が導き出される。

ここで文脈とは，前文および附属書を含む条約文のほかに，(a)条約の締結に関連してすべての当事国の間でされた条約の関係合意，(b)条約の締結に関連して当事国の1または2以上が作成した文書であってこれらの当事国以外の当事国が条約の関係文書として認めたもの（2項）が含まれる。もっとも，これだけでは解釈の余地が残されるため，条約の解釈をめぐる紛争が生じるおそれがある。そのため，条約法条約は，文脈とともに考慮するものとして，(a)条約の解釈又は適用につき当事国の間で後にされた合意，(b)条約の適用につき後に生じた慣行であって，条約の解釈についての当事国の合意を確立するもの，そして(c)当事国の間の関係において適用される国際法の関連規則，を列挙している。

なお，用語は，当事国がこれに特別の意味を与えることを意図していたと認められる場合には，当該特別の意味を有する。

さらに(a)一般的な規則による解釈によっては意味が曖昧または不明である場合，もしくは(b)前条の規定による解釈により明らかに常識に反したまたは不合理な結果がもたらされる場合に，解釈の補足的な手段として，とくに条約の準備作業の際の事情に依拠することができる（第32条）。

2　条約の解釈方法

条約の解釈方法には，文言主義的解釈(客観的解釈)，意思主義的解釈(主観的解釈)，そして目的論的解釈が存在する。上に見たように，条約法条約は基本的には文言主義的解釈の立場をとるが，解釈をめぐる紛争が解決されない場合，条約が採択された当初の起草者の意図が参照される。すなわち，条約が起草され，締結されたときに至るまでの当事国の意思を条約解釈の手がかりとし，当時における条約採択のための準備作業（travaux préparatoires）や諸般の事情などを考慮しつつ解釈する手法である。これは主観的解釈の手法とも言われる。ちなみに，近年多く採択されている立法条約（law-making treaty）に関しては，その性質上，解釈の補助手段として準備作業に依拠することができないといわれている。

それでも解決しない場合には，目的論的解釈（teleological interpretation）として，当該条約の目的の実現のために最適な方法から逆算される手法に基づいた解釈が行われる。これはローマ法の格言にある「無に帰すよりもむしろ有効となるように（ut res magis valeat quam pereat)」の考え方に基づいている。すなわち，条約規定が存在する以上，これを無効とするよりも，有効性を推定する形で解釈を行うべきである，との考え方である。このため，目的論的解釈は実効性の原則ともいわれる。

また，目的論的解釈は，黙示的権限（implied power）を導き出すための解釈手法でもあり，法の平和的変更が困難な場合に，法解釈主体によって利用され，新たな権限が導出される。たとえば国際連合では，憲章改正の困難さを乗り越えるために，目的論的解釈を通じて国連機関による活動の有効性が推定されるとともに，条約解釈の補助手段としての「後に生じた慣行」の集積にも貢献し

てきた。

3 複数の言語と条約解釈

条約について2以上の言語により確定がされた場合には，それぞれの言語による条約文がひとしく権威を有する。ただし，相違があるときは特定の言語による条約文によることを条約が定めている場合またはこのことについて当事国が合意する場合は，この限りでない(第33条1項)。言語の問題は，国際裁判においても論点の1つとなったことがあるため，疎かにはできない問題である。

条約の用語は，各正文において同一の意味を有するものと推定される(第33条3項)。正文ではない条約文は国際的に通用せず，権威を持たない。たとえば，国連憲章の場合，正文とされているのは中国語，フランス語，ロシア語，英語及びスペイン語であり，これらが「ひとしく正文」とされている(第111条)。したがって国連憲章の日本語訳は，国内的な有効性を持つにとどまる。

言語の解釈から生じる紛争を回避するためには，あらかじめ特定された1つの言語によるものと規定されておくべきであろう。判例上は，一般的に，より限定的かつ厳格な解釈手法が採用されている。

4 条約の第三国に対する効力

条約の効力は，条約の当事国でない第三国に対する効力は及ばないのが原則である。「合意は第三者を害しも益しもせず」(pacta tertiis nec nocent nec prosunt)といわれる。条約の権利を享受するにせよ，義務を課せられるにせよ，拘束される国家の同意を必要とする同意原則は，国家主権および独立から導き出される。

条約法条約は，第三国に対する効力については，義務または権利を第三国の同意なしに創設することはないと規定する(第34条)。第三国が義務を受け入れる場合は，書面により明示に義務の受諾が行われなければならない(第35条)。義務の場合は，第三国の明示かつ書面による受諾が必要であるが，権利の場合には，同意しない旨の意思表示がない限り，第三国の同意は存在するものと推定され

る（第36条1項）。また，条約に規定されている規則が慣習法化する場合も条約法条約は想定しており，第三国を拘束すると規定する（第38条）。

　第三国に対しては，上述のように権利と義務が設定されるが，国際水路や非軍事化，そして国際組織を創設するような条約は，第三国の権利義務関係に何らかの影響力を及ぼすものとして考えられている。

5　条　約　の　改　正

　条約は当事国の合意によって改正されるが，改正にあたっては，条約に別段の定めがないかぎり，締結のときと同じ手続が適用される（第39条）。

　国連憲章の場合，改正は，総会の構成国の3分の2の多数で採択され，かつ，安全保障理事会のすべての常任理事国を含む国際連合加盟国の3分の2によって各自の憲法上の手続に従って批准された時に，すべての国際連合加盟国に対して効力を生ずる（第108条）。

　国連憲章は，これまで4回の憲章改正が行われた。1965年には安全保障理事会の理事国数が11から15に増加するとともに，第27条の賛成票数が7から9に増加した。また，経済社会理事会のメンバー国の数が18ヵ国から27ヵ国（1963年），そして最終的には現在の54ヵ国（1973年）と増加した。こうした改正は，1960年代の非植民地化の動きによって促進された発展途上国の独立を契機とした加盟国数の飛躍的増加を背景とする。

　近年問題となっているのは，安全保障理事会の改革や日本との関係における旧敵国条項の削除問題である。旧敵国条項とは，第二次世界大戦で連合国と戦った日本，ドイツ，イタリア，ルーマニア，ハンガリー，ブルガリア，フィンランドに対して，これら「旧敵国」の「侵略政策の再現」に備えるために，地域機構などが例外的に安全保障理事会の許可なしに武力行使ができるとしたものである。ただし，これら諸国は，国連加盟の時点で平和愛好国として承認されたということになるので，旧敵国条項は死文化しているともいえるが，その削除は憲章改正の困難さのために実現していない。

通常,合意原則からすれば,改正に反対する当事国には改正の法的効果は及ばないが,上に見たような国連憲章のように,多数決による条約の改正が行われ,その法的効果が反対国に対しても及ぶ条約も存在する。

6 条約の終了および運用停止

条約の有効性および条約の効力終了もしくは廃棄,条約からの当事国の脱退,運用停止は,条約法条約の適用によってのみ否認することができる。これは統一規則に服せしめることで条約運用体制の法的安定性を図るためである。条約の終了または条約からの当事国の脱退は,(a)合意に基づく場合と(b)合意に基づかない場合がある。

[1] **合意に基づく場合**　条約または当事国の同意に基づく条約の終了または条約からの脱退について,条約法条約は,(a)条約に基づく場合と(b)すべての当事国の同意がある場合を予定している。

多くの場合条約は,終了に関する規定を設けており,当事国による廃棄や脱退の通告の後,一定期間の後に条約が終了する場合が多い。また,同じ主題について規律する新しい条約が成立した場合,明示の合意は必ずしも必要ではない。新たな条約の成立によってそれまでの条約が廃棄され,効力を失ったと見ることが可能だからである。

近年問題となったのは,1972年に署名され発効し,1974年に改正された米ソ間のABM(弾道弾迎撃ミサイル)制限条約からの米国の脱退であった。ミサイル防衛システムの導入という米国の安全保障政策の転換が,ABM制限条約と矛盾するため,当初米国はロシアに対して条約の修正を迫っていたが,交渉が決裂したために,結局2001年12月に米国は「米国民を守るミサイル防衛(MD)の促進を,条約が阻害している」との理由により,条約からの脱退をロシア政府に対して正式に通告した。同条約は,締約国の通告から6ヵ月後に執行すると定められており,米国は2002年6月13日に同条約から正式脱退した。このABM条約の場合は,二国間条約において一方の当事国の一方的行為によって

条約が消滅した事例である。

2 合意に基づかない場合

合意に基づかない条約の終了原因として，条約法条約は，無効原因と同様に網羅主義を採用している。同条約によれば，条約の終了原因として規定されているのは，条約の重大な違反，後発的履行不能，事情の根本的な変化，そして新たな強行規範が成立した場合である。その他にも，当事国の消滅，目的の消滅，条約の事実上の消滅などがある。

なお，条約の当事国の間の外交関係または領事関係の断絶は，当事国の間に当該条約に基づき確立されている法的関係に影響を及ぼすものではない。ただし，外交関係又は領事関係の存在が当該条約の適用に不可欠である場合は，この限りでない(第63条)。また，条約の終了または運用停止との関連では，武力紛争が条約に及ぼす影響も論点となる。この点，条約法条約第73条は，「敵対行為の発生により条約に関連して生ずるいかなる問題についても予断を下しているものではない」と規定する。国家実行においては，武力紛争法や国際人道法などを除く多くの条約が，戦時にはその効力が一時的に停止されたものとしてみなされる。したがって，武力紛争が条約関係を自動的に終了させるのではないが，一般的には学説においても不透明な部分が多く残されている課題である。

(1) 条約の重大な違反　二国間の条約につきその一方の当事国による重大な違反があった場合には，他方の当事国は，当該違反を条約の終了または条約の全部もしくは一部の運用停止の根拠として援用することができる。多数国間の条約につきその1つの当事国による重大な違反があった場合には，(a)他の当事国は，一致して合意することにより，つぎの関係において，条約の全部もしくは一部の運用を停止しまたは条約を終了させることができる。(i)他の当事国と違反を行った国との間の関係，(ii)すべての当事国の間の関係，(b)違反により特に影響を受けた当事国は，自国と当該違反を行った国との間の関係において，当該違反を条約の全部または一部の運用停止の根拠として援用することができる。(c)条約の性質上，1つの当事国による重大な違反が条約に基づく義務の履行の継続についてのすべての当事国の立場を根本的に変更するものであるとき

は，当該違反を行った国以外の当事国は，当該違反を自国につき条約の全部または一部の運用を停止する根拠として援用することができる。この規定の適用上，重大な条約違反とは，(a)条約の否定であって，この条約により認められないもの(b)条約の趣旨および目的の実現に不可欠な規定についての違反，である。

(2) 後発的履行不能　　後発的履行不能（supervening impossibility of performance）として想定されているのは，島の水没，河川の枯渇，ダムや水力発電施設の破壊などである。

条約の実施に不可欠である対象が永久的に消滅しまたは破壊された結果条約が履行不能となった場合には，当事国は，当該履行不能を条約の終了または条約からの脱退の根拠として援用することができる。履行不能は，一時的なものである場合には，条約の運用停止の根拠としてのみ援用することができる（第61条1項）。また，当事国は，条約に基づく義務についての自国の違反または他の当事国に対し負っている他の国際的な義務についての自国の違反の結果条約が履行不能となった場合には，当該履行不能を条約の終了，条約からの脱退または条約の運用停止の根拠として援用することができない（2項）。

(3) 事情の根本的な変化　　条約の締結の時に存在していた事情につき生じた根本的な変化（clausula rebus sic stantibus; fundamental change of circumstances）が当事国の予見しなかったものである場合には，条件が満たされない限り，当該変化を条約の終了または条約からの脱退の根拠として援用することができない。後発的履行不能と区別されにくい部分もあるが，条約の履行に不可欠な対象の消滅の場合とは異なる。

事情変更の原則に関しては，古くから学説によって争われてきた条約に関する問題でもある。条約の終了原因として事情変更の原則を安易に容認するならば，条約の終了を目論む当事国によって同原則が濫用され，かえって条約の安定的な運用を阻害し，紛争を誘発しかねないからである。上部サヴォアとジェックスの自由地帯事件 PCIJ 判決において，裁判所が，フランスが主張する事情変更の原則の検討を避けつつも同原則の存在を認め，事情変更の原則を援用する側に重い挙証責任を課したのも，こうした理由による。

ちなみに，近年多く採択されている立法条約（law-making treaty）や武力紛争法，そして客観的制度を規定する内容の条約に関しては，事情変更の原則が適用されないものとして考えられている。

　条約法条約は第62条1項において，(a)当該事情の存在が条約に拘束されることについての当事国の同意の不可欠の基礎を成していたこと（主観的基準），(b)当該変化が，条約に基づき引き続き履行しなければならない義務の範囲を根本的に変更する効果を有するものであること（客観的基準）を規定した。ただし，(a)条約が境界を確定している場合や(b)事情の根本的な変化が，これを援用する当事国による条約に基づく義務についての違反または他の当事国に対し負っている他の国際的な義務についての違反の結果生じたものである場合には，条約の終了または条約からの脱退の根拠として援用することができない。また，当該変化は，条約の運用停止の根拠としても援用することができる（3項）。

　近年では，水力発電所とダムの建設をめぐるハンガリーとスロバキア間の紛争に関する1997年のガブチコヴォ・ナジマロス計画事件の例がある。同事件において，ハンガリーは，緊急事態，後発的履行不能，そして事情の根本的変化を理由として1977年のダム建設に関する合意の終了宣言を行った。この事件を審理した国際司法裁判所は，ハンガリーは条約終了権限を有しないこと，交渉で1977年の合意達成に努力すべきこと，そしてそれが不可能である場合には賠償義務がハンガリーに課せられる，との判決を下した。

7　条約法条約から生じる紛争の解決

　条約法条約から生じる紛争の解決は，同条約の附属書に規定されており，国際連合のすべての加盟国およびこの条約の当事国が，2人の調停人（任期は5年）を指名し，これに基づいて国連事務総長は，優秀な法律専門家から成る調停人の名簿を作成し，これを保管する。紛争が発生した場合には，紛争の一方の当事者である1または2以上の国は，(a)紛争の一方の当事者であるいずれかの国の国籍を有する1人の調停人(b)紛争の一方の当事者であるいずれの国の国籍

も有しない1人の調停人を選出し,紛争の他方の当事者である1または2以上の国も,同様の方法により2人の調停人を任命する。これら調停人がさらに選出する委員長によって調停委員会が組織される。調停委員会は,紛争の友好的な解決を容易にすると考えられる措置について紛争の当事者の注意を喚起することができる。なお,強行規範と抵触する条約の無効原因を定める第53条と新強行規範の成立に関する第64条の解釈・適用に関する紛争で,当事国間で憲章第33条に定める手続きによって解決されなかったものは,一方の当事者によって国際司法裁判所に付託できるものとされた(第66条)。

第6講

国際法と国内法

> POINT　国際関係が緊密になり，人やモノの国境を越えた移動が活発になるにつれ，かつては主として国家の対外関係のみを規律していた国際法が，その規律事項を拡大し，国内の諸関係や個人の権利義務についても規定するようになってきた。本講で取り扱う国際法の国内的効力と，その憲法および法律との関係の問題は，そのような状況を前提として，我々個々人の権利義務関係とも大きくかかわるようになってきているのである。

　国際法が主として国家間の関係を規律するのに対し，国内法は主に当該国の公共機関の間の関係，公共機関と個人との関係および個人間の関係を規律する。このように国際法と国内法の主な規律対象は異なるが，国際関係が緊密化し，人やモノの国境を越えた移動が盛んになっている今日，国際法が国内的諸関係や私人の権利義務をも規律対象としていくのに伴って，国際法上の義務を履行するために国内法の定めを必要とすること，人権の国際的保障に見られるように国際法と国内法が同一の事項について規定することが益々多くなってきている。それに従って，国内法が国際法上の義務履行の妨げになったり，同一事項についての国際法と国内法の定めが矛盾する場合の解決が求められる度合いも大きくなってきた。本講では，国際法と国内法の両秩序が互いにどのような関係にあるか（あるべきであるか）に関して行われてきた学説上の議論を整理し，さらに各国の法体系が国際法に対しどのような態度（国際法を国内法に受容するのか否か，受容するとしてどのような態様で）をとり，また憲法および法律等の国内法制との関係で国際法をどのように位置づけているのかについて，関連する諸問題も含め検討していく。

1 国際法と国内法の妥当性連関──学説の対立

[1] 二元論　　国際法秩序と国内法秩序が互いにどのような関係にあるかという問題は，学説上さまざまに論じられてきた。それは二元論と一元論に大別することができる。

　二元論は，国際法と国内法は各々別の法秩序を形成しており，互いに独立であるとするものである。19世紀に国際法と国内法の関係について初めてまとまった研究を行ったドイツのトリーペル（H. Triepel）がこれをとなえ，20世紀に入ってイタリアのアンチロッチ（D. Anzilotti）などによって発展させられた。両者が別の法秩序を形成する根拠として，トリーペルは国際法が国家の団体意思に基づくのに対し国内法は国家の単独意思に基づくからであると説明し，アンチロッチは両者が根本規範を異にする（国際法は「合意は守られなければならない（pacta sunt servanda）」，国内法は「立法者の命令には服さなければならない」）からであると説明する。二元論の考え方によれば，国際法はそのままのかたちでは国内法秩序において効力を有することはない。したがって，国際法と矛盾する国内法規則が存在したとしても，それはなお有効である。国際法規則が国内法秩序内で効力を有し，適用されるためには国内法への変型が必要である。

[2] 一元論　　一元論は，国際法と国内法の両者が1つの法秩序の中にあるとするものである。その際，国際法と国内法以外に第3の法秩序が存在するということを前提としない限りにおいて，論理的に両者の一方が他方に優位する（一方の妥当性の根拠が他方にある）という構造を考えなければならない。第3の法秩序（たとえば自然法秩序）を上位秩序と捉えることを示唆する考え方も一部にはあるが，一般に一元論は，国内法優位論と国際法優位論の2つに分類することができる。

　そのうち国内法優位論は，ヘーゲルの影響下にあったドイツの国法学者ヴェンツェル（M. Wenzel）などによってとなえられたものである。国内法が国際法に優位する根拠としてヴェンツェルは，条約は国内法上締結権者と定められた

機関によって締結されて初めて有効に成立するのであるから，条約の有効性の根拠は国内法にある，と論ずる。この論に対しては，慣習国際法について説明できないこと（そもそもこのような国内法優位論者にとっては国際法とは対外的国家法であり，慣習国際法の存在自体認められないのではあるが），国際法の妥当根拠が国内法にあるとすれば国の数だけ国際法秩序が存在するはずであるが，国際法秩序は1つと認識されていること，など種々批判がなされ，今日国内法優位論を採る学説はほとんどない。

　国際法優位論はまずケルゼン（H. Kelsen）とその流れを汲むウィーン学派によって唱えられたものである。ケルゼンは，国際法と国内法はいずれも行為規範を設定すると共に違反が生じた場合の制裁を備えており，両者を同一の秩序内に位置づけることができるとした上で，国家の管轄権，主権，平等といったものが国際法によって設定されていること，および，政府が非合法に変更した場合（国内法の根本規範が変更した場合），実効性の原則に従って新たな国内法秩序を受け入れるのが国際法であることから，国内法秩序の根本規範は国際法によって決定されるのであり，国内法秩序の有効性を究極的に担保するのは国際法秩序の根本規範であると論じた。ケルゼンのような実証主義的な視点とは異なる，自然法的な視点から国際法優位論を主張した論者としてラウターパクト（H. Lauterpacht）を挙げることができる。ラウターパクトは，法の第一の役割は個人の福祉を図ることにあるという前提の下で，それを達成するのに国際法は国内法よりも有益であると論ずる。主権国家で構成される国際秩序において人権の尊重と個人の福祉に基づく価値を実現する役割が国際法に期待されるのである。

　国際法優位論によれば，国内法の妥当性は国際法によって根拠づけられるのであるから，その論理的帰結として，国際法は国内法秩序においても当然に妥当し，国際法と矛盾する国内法規則は無効とされる。この後者の帰結については，実際には国際法に反する国内法規則はなお有効なものとされている場合があるから，現実の法経験にそぐわないという批判がなされ，それに対したとえばケルゼンの系統に属するフェアドロス（A. Verdross）は，そのような国内法

規則について，それを国際法に合致させるまで一定の時間的猶予を認めるというかたちで応えている。

3　等位理論（調整理論）　以上に紹介してきた諸説は，主としてアカデミックな場で展開されてきた議論であり，それは各論者の抱く法概念や方法論に基づく規範理論としての性格が強く，必ずしも現実の法現象の記述理論とはなっていない。そのことは，後に述べるように国内法秩序における国際法の効力の有無を決定するのは各国内法であるということにもよっている。近時，現実の法現象を記述的に説明する理論としてフィッツモーリス（G. Fitzmaurice），ブラウンリー（I. Brownlie）やルソー（Ch. Rousseau）といった有力な論者によって展開されているのが，等位理論（調整理論ともいう）である。等位理論は，二元論とほぼ同様の前提に立つ。つまり，国際法と国内法は互いに機能する場を異にし，両者はそれぞれに最高の存在である。したがって，両者の間には規範としての抵触は生じない。しかし，政府にとっては，国際法上負う義務と国内法上の義務との抵触に直面する場合がある。

　国際法上国家が負う義務は，他の国家または国際社会に対して向けられるものである。他方で当該国家の政府は，国内法によってその行動を規制される。かつて，国際法，とりわけ条約の規律対象が狭く，同盟関係や講和など純粋に国家間関係を規律するものが主であった時代，また各国において三権分立がいまだ一般に導入されていなかった時代においては，国際法上と国内法上の義務の抵触が問題となることは実質的になかったといってよい。

　しかし今日，国際法の規律対象は経済的，社会的国際協力や人権の保護といった分野に拡大し，国際法上の義務の履行が国内法の状況によって左右されるということがさまざまな場面で起こるようになっている。たとえば，通商条約や難民の保護に関する条約などによって一定の外国人に一般の外国人よりも有利な待遇を与えることが義務づけられる場合，そのような待遇の付与が国内法上可能とされていないならば，国家が当該義務を履行できないという事態が生じうる。

　それでも，国内法上すべての権限が1人の主権者に集中しているような場合

においては，立法権と条約締結権の各主体が同一であるから，国際法上の義務と国内法との間に矛盾が生じたとしても，その解消は容易に行える。しかし，近代立憲国家の多くは三権分立の体制を採用してきており，そこでは，国内法の制定は立法府の権限であるのに対し，条約締結権は行政府が有するとされることが多い。このようにして義務の抵触の問題は生じてくる。

そのような場合，政府当局は，生じている抵触を解消し，あるいは生じうる抵触を回避しない限り，国際法上または国内法上のいずれかの義務違反を犯すことになるのであって，当局にとって抵触の解消または回避に取り組む必要が生ずる，と等位理論は説明するのである。

2　国際法の国内的効力

1　条約の国内的効力

国際法の国内的効力の有無を決定するのは国内法である。したがって，国際法の国際的効力を認めるか否かは国によって異なることになる。また，条約と慣習国際法について，同じ体制をとる国もあれば，両者に対し異なる態度をとっている国もある。

条約について，各国のとっている体制は2つに大別することができる。

イギリスおよびその旧植民地の一部と，北欧諸国は，条約の国内的効力について変型体制をとっているといわれる。これら諸国の体制は上記の二元論に近く，条約の国内的効力を認めない。条約の内容を国内法上に反映させるためには，条約を国内法に変型させる必要がある。

ドイツは，現行基本法の下では承認法という独自の方式を採用している。つまり，議会が条約に承認を与えるに際して条約の本文を承認法と呼ばれる連邦の法律の一部に組み込んでそれを採択する。これにより条約がそのまま連邦法として国内的効力を有するようになる。

その他の多くの諸国は，条約について一般的受容の体制をとっている。そこでは，条約はそのままのかたちで国内的効力をもつが，それには公布が要件とされることが多い。アメリカ合衆国憲法第6条2項は，合衆国が締結した条約

は国の最高の法の一部をなすと規定し，憲法に従って大統領が批准した条約は公布なしで連邦法の一部となる。フランス第5共和政憲法第55条は，正式に批准された条約は公布により，他の当事国による適用を条件として，法律に優位する権威を有すると規定している。日本国憲法においては，国際法の国内的効力に関連する規定としては第98条2項が「日本国が締結した条約及び確立された国際法規は，これを誠実に遵守することを必要とする」と規定するにとどまっており，国際法の国内的効力を認めるか否かについて必ずしも明確な規定とはいえない。しかし，日本の裁判所は戦前から，一般的受容の体制をとっていることを明らかにしており（たとえば白幡陽吉事件判決（東京地判昭7・6・30法律新聞3446号）は，1921年ワシントン会議で採択された「山東懸案解決に関する条約」につき，それが批准を経て効力を発生し，国内で公布されることにより，帝国議会の協賛を経ずして法律と同一の効力を有していると認めている），現憲法の下でもそれは引き継がれていると考えられている。

　変型の体制をとるか，一般的受容かの違いには各国の法体系や法的伝統が反映しているが，以下のことが重要な要因となっている。つまり，一般に変型体制をとる国においては条約締結過程に議会が関与しないのに対し，一般的受容の体制をとる国においては議会が関与するということである。行政府が締結した条約そのものに国内的効力を付与するには，立法機関たる議会が関与することが必要なのであって，関与がない国では国内的効力は認められない。たとえばイギリスでは条約締結が王の大権とされるのに対し，日本では条約は国会の承認の対象となり，アメリカでは上院の承認に服するという制度上の相違が，変型か一般的受容かの違いをもたらしているということができるのである。

　もっとも，国際関係がますます緊密になっている今日，各国が締結する条約の数は毎年多数に及ぶ。そのため，条約の批准に議会の承認を要件としている場合でも，一定の重要性をもった条約についてのみ承認案件として議会に上程するというかたちがとられることが多い（第4講参照）。他方，変型体制をとるイギリスにおいても，批准を必要とする条約は通常，批准前の21日間，議会にかけられ，承認の対象となる（ポンソンビー規則）。ただし，その承認自体は条約

に国内的効力を与える効果を有しないと見なされている。

2　慣習国際法の国内的効力　慣習国際法については，各国において一般にその国内的効力が認められている。アメリカでは，憲法上明文の規定はないが，普遍的に承認された慣習国際法は国法の一部をなし，その裁判所を拘束し，裁判所によって適用されるとされている。現行のフランス憲法にも慣習国際法に関する明文はないが，国際法規則を受容するという趣旨を規定していた旧憲法の前文の精神を引き継ぐ旨が前文において述べられている。イタリア，スペインなどでは憲法の明文規定により慣習国際法を受容している（イタリア憲法第10条，スペイン憲法第7条）。またドイツでも，基本法第25条は，国際法の一般的諸規則は連邦法の一部をなし，連邦の法律に優位し，連邦領域の住民に対して直接に権利および義務を生じさせると規定している。イギリスでは，慣習国際法はコモンローの一部をなすとされている。日本では既述の日本国憲法第98条2項が条約と並んで「確立された国際法規」に言及しており，国内的効力を有すると見なされている。

3　国内的効力と国内適用可能性　条約が国内的効力を有するということは，当該条約が国内において直接に適用され，裁判規範として機能しうるということを必ずしも意味しない。実施のための国内法制定を待って，当該国内法の適用を通じて争う必要がある場合がある。そのような立法措置を必要とせずに，直接の適用が可能な条約を，自動執行性を有する条約と呼んでいる。特定の条約が自動執行性を有するか否かは，条約自体が自動執行性を要請し，あるいは否定している場合を除き，原則として国内当局，とりわけ国内裁判所が決定することになるが，その際自動執行性の要件として，条約（または条約中の特定の条項）の規定の態様が十分に明確であること（権利義務関係を明確かつ具体的に規定していること）が必要であるとされる（もっとも，十分明確な規定であると認められる場合であっても，たとえば特定の行為に刑罰を科す旨の規定であれば，罪刑法定主義の要請により国内立法が必要となることがある）。条約が国家に対して設定している義務の態様も問題となる。日本の裁判所は，国際人権規約について，即時実施義務を設定している市民的およ

び政治的権利に関する国際規約（自由権規約）の自動執行性は認める傾向にあるが，漸進的実施義務を設定しているにすぎない経済的，社会的および文化的権利に関する国際規約（社会権規約）については一貫して認めていない（人権条約の自動執行性の問題を含む国内的実施については第17講2を参照）。

3　国内法秩序における国際法の位置づけ

1　条約の位置づけ　　国際法の国内的効力が認められる場合，それが国内法秩序中のどのような地位に位置づけられるかが問題となる。それは各国において様々である。

　条約を憲法と同位またはその上位に位置づける国として，オランダおよびオーストリアを挙げることができる。オランダ憲法第94条は，オランダにおいて効力を有する法律の規定は，その適用が自動執行性を有する条約または国際機構の決議の規定と両立しない場合には適用されないと規定し，条約（および国際機構の決議）を法律に対して優位に位置づけているが，さらに条約の国内的効力の要件として議会による事前の承認が必要である旨を規定している第91条は，その第3項で，憲法と抵触するか抵触する可能性がある条約規定の承認は議会の3分の2の多数を必要とする（そのような問題のない条約については過半数）と定めている。つまり，特別多数決の適用を条件として，条約によって実質的に憲法改正が行われることが容認されているのである。オーストリアでも同様に，憲法に抵触する条約について3分の2の多数による承認を要件としている。

　多くの諸国で，条約は憲法よりも下位に位置づけられている。法律との関係では，法律に優位させる諸国と，法律と同位に置く諸国に分かれる。

　既述のフランス憲法第55条は，条約に法律に優位する地位を付与している。日本においても，条約（慣習国際法も同様）は憲法より下位，法律より上位に位置づけられると一般に捉えられている。憲法との関係では，日本国憲法の国際協調主義を強調する立場から，条約（および慣習国際法）は憲法に優位するとい

う見解も存在した（横田喜三郎「国際法と国内法」国際法学会編『国際法講座』第1巻所収）が，主として国会の条約承認手続と憲法改正手続との比較に基づいて憲法より下位に位置づけるべきであるとする見解が有力である。もし条約が憲法に優位するとすれば，国会は条約に承認を与えることで実質的に憲法改正を行うことができることになる。ところが，条約の承認は国会での出席議員を基準とする単純多数決によって決定されるのに対し，憲法改正のためには，総議員の3分の2の多数による発議と，国民投票が必要である。改正について厳格な手続を予定している日本国憲法が，比較的緩やかな条約承認手続を用いた実質的改正を予定しているとは考えられないというのである。既述のオランダ憲法第91条が規定する条約承認の要件が同国の憲法改正の要件に等しいということによって，この見解は補強されている。法律との関係では，憲法第98条2項が条約（および慣習国際法）の誠実な遵守をうたっていることと，基本理念としての国際協調主義に基づき，条約（および慣習国際法）が優位するとされている。外国人登録法上の指紋押捺制度が自由権規約第7条の「品位を傷つける取扱い」にあたるか否かを検討した大阪高等裁判所（第17講2参照）は，同制度が自由権規約に反するとすれば無効となるということを前提に議論を進めている。

既述の合衆国憲法第6条2項は，アメリカが締結した条約は国の最高の法の一部をなし，州憲法または州法がそれに反している場合であってもすべての州の裁判官を拘束すると規定している。この規定により，アメリカにおいて条約は連邦の法律と同位に位置づけられている。ただ，アメリカにおいては条約と，省庁が外国の省庁との間で締結する行政協定（国際法上は条約として扱われる）について異なる取扱いがなされており，後者は条約より下位に位置づけられている。承認法という方式をとるドイツでは，条約は連邦の法律としての承認法の一部に組み込まれることから，連邦の法律と同位に位置づけられることになる。

2 慣習国際法の位置づけ　慣習国際法の位置づけについては，条約と同様に取り扱う諸国と，条約と異なる位置づけを与える諸国がある。

アメリカでは，既述のように慣習国際法は国法の一部をなし裁判所はそれを

適用するとされているが，裁判所は連邦の法律が慣習国際法と矛盾する場合であっても法律を適用しており，慣習国際法は連邦の法律よりも下位に位置づけられている（州憲法および州の法律には優位）。アメリカの裁判所は慣習国際法を積極的に適用してきており，たとえば，1789年に起源を有する外国人不法行為法の下で裁判所は，外国人が慣習国際法またはアメリカが当事国である条約に違反して行った不法行為に関する外国人による民事訴訟に管轄権を有するとされている（パラグアイ人がその子弟の拷問死に関し別のパラグアイ人を訴えたフィラルティガ事件（Filartiga v. Pena-Irala, 1980・6・30, 630 F.2d 876（1980））などが知られている）。

　既述のようにドイツ基本法第25条は，慣習国際法を憲法より下位，連邦の法律より上位に位置づけており，条約よりも位置づけが高い。それに対しオランダでは，慣習国際法は法律よりも下位に位置づけられる。

　条約について変型の体制をとるイギリスでは，慣習国際法についてはコモンローの一部として国内的効力を有するとされている。その結果，慣習国際法は議会制定法よりも下位に位置づけられる。ノルウェー漁船がスコットランド沿岸を3カイリ以上隔たった海域でトロール漁業を行ったことで，当該海域でのトロール漁を禁ずるスコットランド法違反に問われたモルテンセン対ピータース事件判決（Mortensen v. Peters, 1906・7・19, 8 Sess. Cas. (5th Ser.) 93, 14 Scots L.T.R. 227 (1906)）で，スコットランド高等刑事裁判所は，外務省が当時の国際法に抵触すると考えていた（問題の海域は公海であり，公海自由の原則が適用される）当該制定法を適用した。議会は1909年になって，問題の海域での漁業を禁ずるというアプローチを変更し，当該海域でトロール漁によって得られた漁獲物のイギリスへの陸揚げを禁ずる趣旨の新たな制定法を成立させた。

3 国内法上の国際法無効の回避

　条約または慣習国際法が国内法上憲法より下位に位置づけられる場合には，それらは憲法に抵触する限りにおいて国内法上無効となる。また，法律と同位とされる場合には，後法優位の原則が適用される結果，それらと矛盾する法律が後に制定される場合にやはり無効とされる場合がある。ところが，国際的な平面で

は，国家は国内法を理由として国際法上の義務を免れることはできない（条約法に関するウィーン条約第27条。古くは，南北戦争時にイギリスで建造・艤装された船舶が南軍の軍艦として働いたことでイギリスの中立義務違反が問われたアラバマ号事件の仲裁判決が，当該船舶の建造等を規制する国内法がなかったことによりイギリスは国際法上の中立義務違反を免れないと判示している）。よって，国際法が国内法上無効となれば，国家は国際法上の責任を負わねばならない可能性がある。

そこで，各国では国際法が国内法上無効となる事態をできるだけ避ける方策がさまざまにとられている。その主な方策とされるのが，国内法の国際法親和性の推定と，憲法判断の回避である。

前者は，国家が国際法規則に拘束されるのは，当該規則に同意を与えているからである（慣習国際法についても同意の要素は完全には否定できない）から，国家が故意に国際法と抵触する立法を行うはずがない，という推定に基づくものである。したがって，国際法と矛盾する可能性がある国内法は，可能な限りにおいて矛盾を回避するかたちで解釈されねばならない。

後者は各国の裁判所において用いられているもので，統治行為論（政治問題とも）といわれるものである。とくに政治的に重要な条約について，外交関係を処理する行政府と，条約に承認を与える立法府の立場を重く見て，そのような条約の合憲性は裁判所の判断になじまないという態度がとられる。日米安全保障条約の合憲性が論点となった砂川事件において，最高裁判所は限定つきの統治行為論を採用した（最大判昭34・12・16刑集13・13・3225）。判決において最高裁は，日本国憲法が自衛権を否定していないこと，安全保障を他国に委ねることは憲法上認められることなどに言及しつつ，安保条約の合憲性については，当該条約が時の政府により対外関係の根幹にかかわる条約として慎重に国益を考慮した上で締結され，かつ国会において承認を受けていることに照らして，司法判断になじまず，むしろ主権者たる国民の判断に俟つべきものであるとして，一見極めて明白に違憲無効と認められない限り，司法判断の外にあるものであると判示した。

4 EU（EC）法と国内法

　ヨーロッパ連合（European Union, EU。経済統合を追求してきたヨーロッパ共同体（European Communities, EC。ヨーロッパ石炭鉄鋼共同体（ECSC），ヨーロッパ経済共同体（EEC）およびヨーロッパ原子力共同体（EURATOM）が共通の機関を有することにより成立）を発展させ，政治的統合をも視野に入れる組織として1993年効力発生のマーストリヒト条約により発足。現在のEC（European Community）はEECが同条約により改称したもの）は，条約に基づいて設立されたものではあるが，一般の国際機構とはその性格を大きく異にする。

　通常の国際機構において，設立条約上加盟国に何らかの義務を設定する場合，あるいは，国連の安全保障理事会の場合のように当該機構の機関が加盟国を拘束する決定を行う権限を付与されている場合，条約や機関の決定が加盟国に対して課す義務は，加盟国に対して向けられるもので，加盟国の裁判所や個人を拘束するものではない。

　それに対し，EU（EC）では，その機関である閣僚理事会および委員会は，加盟国を拘束し，かつ加盟国において直接適用可能な規範（規則・指令・決定。設立条約を第1次法と呼ぶのに対し，第2次法と呼ばれる）を作成する権限を与えられている。同じくEU（EC）の機関であるヨーロッパ司法裁判所は，1960年代前半に下したいくつかの判決の中で，EECに関し，共同体は国際法の新たな法秩序を設定するものであって，そのために諸国は限られた分野においてではあるが主権を制限しているのであり，またこの法秩序の主体は加盟国に限られずその国民をも包摂する，EEC設立条約はその発効とともに加盟国の法体系の不可分の一部となり，加盟国の裁判所はそれを適用する義務を負う，と述べている。EU（EC）法は，国際法の国内的効力に関する諸国の体制がどのようなものであるかにかかわらず，EU（EC）法そのものとして国内的効力と，（その規定が自動執行性を認められるほどに十分に明確である限りにおいて）直接適用可能性を有しているのである。

さらに，EU (EC) 法は加盟国において国内法に優位する位置づけを与えられている。たとえばイギリスの1972年ヨーロッパ共同体法は，その第2条でEC法の国内における直接適用と，過去および将来の制定法に対する優位を規定している。ただ，加盟国の憲法との関係では，共同体の第2次法が憲法上の人権章典と抵触する疑いがある場合，時に違憲審査の対象とされるということがあった。そのため，そのような疑義を回避するべく EU（EC）法上で人権章典を制定すること，および EU がヨーロッパ人権条約に加盟することが検討されてきた。前者については2000年12月7日にヨーロッパ連合基本権憲章（Charter of Fundamental Rights of the European Union）が成立している。後者については，前提としてヨーロッパ人権条約の改正が必要であるが，2004年5月13日採択のヨーロッパ人権条約第14議定書(2006年1月現在未発効)第17条1項は，ヨーロッパ人権条約第59条に EU が同条約に加入できるとする新たな条項を付け加える旨を規定している。

第7講

国際法の主体

> **POINT** 従来の国際法学の下では，国際法の主体は国家およびそれに準じる団体のみと考えられていた。しかし，今日では，国家以外にも法主体性を認めるのが通説となっている。すなわち，国際組織，個人，民間団体（NGO），民族（人民）にも，法主体性が認められている。もっとも，これらの主体は国家と異なるところがある。また，広い範囲でその主体性を考える見解と一定の範囲に限る見解とがあるが，その基準は何であろうか。また，それらの権利・義務の内容はどうであろうか。

1 国際法の主体の概念

　国際法の主体とは，国際法上の法律関係，すなわち国際法上の権利・義務関係の当事者のことである。国際法の主体は，国際人格とよばれることもある。
　伝統的国際法の下においては，国際法上の権利・義務が帰属する主体は，国家およびそれに準じる団体（たとえば交戦団体）にのみ限られるとするのが通説的見解であった。もっとも，国家が国家結合を形成する場合，その加盟国としての支分国の国際法上の主体性は制約されている。たとえば，国家連合の場合には，それを構成する支分国は合意によって国家連合に権限を移譲したものを除いて一般に独立性を有し国際法上の主体性をなお保有している。また，連邦の場合には，結合がより強く，その加盟国である支分国は憲法上きわめて限られた国際法上の主体性が認められることもあるが，一般には連邦のみが国際法主体性を保有する。このように，国家結合の構成国の国際法上の主体性の制約は別として，第1次世界大戦前においては，国際法の主体は国家のみであり，

個人などは国際法の主体とはなりえないというのが一般的な見解であった。

　しかし，現代国際法の下において，国家以外にも，国際組織，個人，民族（人民）および民間団体（NGO）にも一定の限度ではあるが国際法主体性を認める法現象が現われていることに留意する必要がある。もっとも，これらの非国家主体の場合，国家の主体とは大きく異なっていることも注意すべきである。

　すなわち，国家の場合，原則として一般国際法上の権利・義務を担う一般的な主体であるのに対し，非国家主体は国家が条約によって認めた範囲に限られた限定的な主体である。また，非国家主体の中でも国際組織は，後述のように一定の範囲の条約締結権を有しているが，一般に非国家主体は，国家が有する国際法の定立能力を有していない。したがって，国家は能動的・積極的主体であるのに対し，非国家主体は受動的・消極的主体である。

2　国際組織の法主体性

　国際社会の組織化が進むにつれ，国際組織（国際機構）が著しく発達していることは現代国際社会の大きな特徴の1つである。もっとも，国際組織といっても，政治問題の処理を含め種々の分野にわたる包括的・総合的な目的・任務をもつ一般的国際機構もあれば，特定の機能分野にその目的・任務が限られる専門的国際機構もある。また，加盟国が世界的規模の普遍的国際機構もあれば一定の国家に限定されている地域的国際機構もある。以下では，今日のもっとも代表的な普遍的一般的国際機構である国際連合（国連）を中心に考察しよう。

　国連は，その基本文書（設立文書）である憲章によりあるいは慣行（実践）により，下記の事項についての権限が認められ，国際法主体としての地位が認められている。

　まず，条約の締結能力が認められる。1986年の「国と国際機関との間又は国際機関相互の間の条約についての法に関するウィーン条約」（国際機構条約法条約）は，「国際機関が条約を締結する能力は，当該国際機関の規則によるものとする」と規定する（第6条）。憲章第43条は，安全保障理事会と加盟国（群）との

特別協定の締結について規定する。すなわち，国際の平和および安全の維持に寄与するために安全保障理事会の要請に基づいて，かつ1または2以上の特別協定に従って，加盟国が必要な兵力，援助および便益を理事会に利用されるべきことを定めている。また，憲章第63条は，経済社会理事会と専門機関との連携協定について定めている。この協定によって，理事会は政治的，社会的，文化的，教育的および保健的分野等において専門機関と連携関係を維持するのである。

　また，特権と免除が認められる。憲章第105条は，国連自体，国連加盟国の代表者および国連の職員が必要な特権と免除を有することを定めている。また，その細目につき，総会は加盟国に条約を提案することができるとしている。1946年に総会は「国際連合の特権及び免除に関する条約」(国連特権免除条約)を採択している。また，米国のニューヨークのマンハッタンに国連本部が置かれているが，1947年に国連と米国の間に「国際連合の本部に関する国際連合とアメリカ合衆国との間の協定」(国連本部協定)が締結されている。また，日本は国連大学を誘致したが，日本と国連の間に「国際連合大学本部に関する国際連合と日本国との間の協定」(国連大学本部協定)が1976年に締結され，その特権と免除について定められている。

　また，施政権・統治権が認められている。憲章第81条は，信託統治地域の施政権者になりうるものとして，1もしくは2以上の国または国連自身をあげている。この場合のような例はなかったが，実際に施政を行ったものとして以下のものがある。

　1つは西イリアンに対してである。西イリアンに対し，オランダがインドネシアに行政権を移譲するまでの1962年から1963年にかけて国連は施政を行った。また，総会は1966年に南西アフリカに対する南アの委任統治の終了を決議し，1967年に総会は南西アフリカ理事会(後にナミビア理事会)を設置し，同地域の独立まで統治させた。また，カンボジアについて，新憲法と政府の樹立までの暫定期間，国連カンボジア暫定統治機構(UNTAC)を設立し，1992年3月から翌年9月まで選挙の実施を含めて行政の管理に当らせた。また，1999年6

月以降,コソボに国連コソボ・ミッション(UNMIK)を派遣し,コソボにおける司法行政を含めた全ての立法権および行政権の行使に当らせている。さらに,東ティモールには,1999年10月から,国連東ティモール暫定行政機構(UNTAET)が同地の立法,行政,司法の全てにおける分野の統治のために派遣されている。このように,国連は施政権を行使して,一種の国際統治を行っているのである。

また,国際裁判における当事者資格に関する問題がある。国際司法裁判所規程は,「国のみが,裁判所に係属する事件の当事者となることができる」(第34条1項)と規定し,国連をはじめ国際組織に裁判事件の当事者資格を認めていない。しかし,憲章第96条は,総会または安全保障理事会がいかなる法律問題についても国際司法裁判所に勧告的意見を求めることができると定めている(1項)。また,国際連合のその他の機関および専門機関も総会の許可を得たものは,またその活動の範囲内において生ずる法律問題について裁判所の勧告的意見を要請することができることになっている(2項)。以上の規定は勧告的意見の要請についてであって,国際司法裁判所における当事者についての規定ではない。しかし,勧告的意見にあらかじめ法的拘束力を持たすことによって,裁判に類似した形で紛争を解決することができる。

たとえば,国連特権免除条約は,「この条約の解釈又は適用から生ずるすべての紛争は,当事者が他の解決方法によることを合意する場合を除き,国際司法裁判所に付託する。紛争が国際連合と加盟国との間に生じた場合には,紛争に含まれる法律問題については,国際連合憲章第96条及び国際司法裁判所規程第65条の規定に従って勧告的意見を要請する。裁判所が与えた意見は関係当事者により最終的なものとして受諾される」と規定する(第30項)。また,国際機構条約法条約も,「第53条又は第64条の規定の適用又は解釈に関する紛争」につき「(b)から(d)までの規定により国際司法裁判所が与える勧告的意見は,紛争のすべての関係当事者により最終的なものとして受諾されなければならない」と定めている(第66条2項)。

以上のような勧告的意見を通した間接的な形ではなく,直接に国際組織に当

事者資格を認めている国際裁判所がある。国連ではないが，欧州石炭鉄鋼共同体（ECSC），欧州経済共同体（EEC，現在 EC）および欧州原子力共同体（EAEC，通称 EURATOM）の 3 共同体に共通の司法裁判所である欧州共同体司法裁判所（EC 司法裁判所）では，EU の諸機関である理事会，委員会，欧州議会，会計検査院および欧州中央銀行（ECB）の当事者資格を認めている（たとえば EC 条約第230条・第232条）。

また，1982年に第 3 次海洋法会議で採択された国連海洋法条約で認められたものがある。同条約は，いずれの国もこの条約に署名し，批准し，もしくは加入するとき，またはその後はいつでも，条約の解釈または適用に関する紛争の解決のため，文書による宣言を行うことにより，以下の 1 または 2 以上の手段を自由に選択することができるとしている（第287条）。①附属書Ⅵによって設立される国際海洋法裁判所，②国際司法裁判所，③附属書Ⅶによって組織される仲裁裁判所，④附属書Ⅷによって組織される特別仲裁裁判所。なお，附属書Ⅸによれば，その構成国の過半数が批准書または加入書を寄託している場合（附属書Ⅸ第 3 条），国際機関も正式確認書または加入書を寄託することが認められており，その後国際機関は条約の解釈または適用に関する紛争解決のために上記裁判所の 1 または 2 以上を選択することができることになっている（附属書Ⅸ第 7 条）。また，深海底における活動に関する紛争について，国際海底機構およびエンタープライズ（事業体）は国際海洋法裁判所の海底紛争裁判部における当事者資格が認められている（国連海洋法条約第187条）。

さらに，国連には賠償請求権が認められている。この点について憲章には明文の規定はないが，国際司法裁判所は，1949年のベルナドッテ伯殺害事件に関する勧告的意見で，国連の賠償請求権を認めた。同事件は，1948年のパレスチナ戦争で国連の調停官として任務を遂行していたベルナドッテ伯が，エルサレムのユダヤ人支配地区で殺害されたことから発生した。国連はイスラエルに対し損害賠償を請求する機能があるかどうかについて裁判所に勧告的意見を求めることになった。裁判所は，一般国際法上，国連はその任務の遂行上不可欠な権限をたとえ明示に規定されていなくとも黙示的に与えられているものとみな

ければならないとする意見を表明し，いわゆる「黙示的権限」(implied power) の理論を認めた。そして，結論として，国連はその職員に対して機能上の保護を与える措置を講じる能力があり，加盟国の義務違反の結果として，職員が損害を受けたときには国連は請求権を有するとした。黙示的権限は本件では国連の賠償請求権に係わって問題にされたが，その他の分野の問題にも適用されるであろう。もっとも，同理論に基づいて無制限の権限が与えられるものではなく，その任務との関連から，自ら制限・制約があるものと考えるべきであろう。

　ところで，国際組織は以上のような権限・権利とは別に義務を負うのであろうか。上記の賠償請求権が認められることの裏面として，国連の違法行為によって，他の国際法主体の法益を侵害した場合，国連はその主体性が認められる範囲において国際責任を負うものと考えるのが論理的帰結であろう。たとえば，実際にも，コンゴ国連軍 (ONUC) が行った違法な行為によって生じたコンゴ在住ベルギー人の損害を解決するためにベルギーとの間の協定 (1965年2月) によりその被害者に対して賠償 (150万ドル) が支払われた。また，他の PKO においても同様な措置が行われている。

3　個人の法主体性

　第1次世界大戦後，個人にも国際法の主体性が認められるとする見解が主張され，今日ではそれが通説となっている。しかし，個人の国際法主体性を認めるにしても，かなり広い範囲で認める見解と，一定の範囲に限る見解とに分かれている。前者の見解では，個人に国際法上の権利が認められた例として，しばしば引かれる事例には，通商航海条約によって締約国の国民の入国・居住や営業などの権利が規定されたことが指摘される。また，個人に義務が課された例として，同様によく引用される事例には，後述する海賊行為の禁止が指摘される。それに対し，後者の見解では，個人に国際法上の権利が認められるためには，それが侵害された場合に，個人の名の下にその権利を主張し，救済を得るための国際的手続が与えられていることが必要であるとする立場である。ま

た，個人に国際法上の義務が課されるためには，個人に対して直接にその義務の違反を追求する国際的手続が存在することが必要であるとするものである。

今日，国際法学上，通説とみられる立場は後者の見解である。この立場を支持した判決として，1963年に東京地方裁判所が行った原爆判決（下田事件）がある。同事件は，太平洋戦争末期の1945年8月6日と9日に，米国が広島と長崎に投下した原子爆弾による被害者5人が国を相手取って被った損害の賠償を求めたものである。裁判所は，広島，長崎への原爆投下の違法性を認めたが，国際法上の違法行為によって損害を受けた個人が加害国に対して国際法に基づく損害賠償請求権を有するか否かに関して，一般に国際法上の権利主体が認められるためには，国際法上自己の名において権利を主張しうるとともに，義務を負わされる可能性がなければならない，との通説の立場を支持した。

それでは，個人の法主体性に関して，広く把握する見解と国際的手続の存在に限定する見解とどちらがより妥当な法的認識であろうか。上述の通商航海条約によって締約国の国民に入国・居住，営業などの権利を規定されている場合，同国民に一定の権利が与えられたかのように見える。しかし，この権利について規定しているのは，締約国が相手国の国民に自国領域において同権利を認めることを約したものである。したがって，その権利は国内法上の権利であり，その権利が侵害されてもその個人は相手国の国内救済手続によってその救済を求める外はない。また，国内救済手続をつくしても救済されないとき，その個人は本国の外交的保護権の発動を求め相手国の責任を追及することは可能である。しかし，外交的保護権そのものは国家の権利であって，個人の権利ではない。したがって，個人自らが国際的手続が与えられていない場合には個人の国際法上の権利ではなく，国家間の条約上の権利・義務関係における反射的な意味合いしか有していないと考えるべきであろう。

それでは，個人の国際法上の義務についてはどうであろうか。上述の海賊の場合であるが，公海上で海賊行為を行ってはならない義務を個人に課しているように見える。しかし，個人がその義務に反して公海上で海賊行為を行ったとしても，それを捕えた外国の軍艦の本国の国内法上の手続で裁判し処罰するの

であって，国際的な手続で処罰されるのではない。もっとも，国家がそれを処罰しうるのは，国際法が処罰を認めているからであるが，公海における旗国主義の対する例外として，本来では認められない外国船舶に対する管轄権の行使を国家に認めたものとして把握するのが法的実態の説明により適切なものと考えられる。したがって，国際的手続によって個人に対し制裁が課されない場合，個人に国際法上の義務を課したものと見ることができず，それは単に国家間の権利・義務関係の個人への単なる反射的な意味しか有していないといわなければならない。

しかしながら，個人に国際法上の権利・義務が認められるためには，国際的な手段による救済や国際的な手段による制裁が予定されることが必要であるとする制限的な見解に立っても，個人に国際法上の権利・義務を与える法現象が存在している。まず，個人に国際法上の権利が認められる場合であるが，その１つとして，個人の国際裁判所への出訴権が認められる場合があることである。個人が国際裁判所に直接提訴することを認めた最初の一般条約として1907年の「国際捕獲審検所設置に関する条約」がある。しかし，この条約は批准されなかったが，同年に中米５カ国間で締結された「中米司法裁判所設置に関する条約」は発効し，締約国国民は他の締約国に対して訴えを提訴することが認められた。

また，第１次世界大戦後の平和諸条約によって設置された５つの混合仲裁裁判所や1922年のドイツ・ポーランド間の条約で設置された上部シレジア仲裁裁判所でも個人の出訴権が認められた。また，国際組織の国際裁判での当事者資格の箇所で触れたEU司法裁判所に対して，自然人および法人は訴訟を提起することを認めている（EC条約第230条・第231条）。また，国連海洋法条約は，深海底における活動を行う自然人および法人が，活動に関する紛争について，国際海洋法裁判所の海底紛争裁判部に出訴することを認めている（第187条）。

さらに，ヨーロッパ人権条約第11議定書が効力発生（1998年11月）したことから，条約および議定書に定める侵害の被害者であると主張する自然人，非政府団体および集団は，ヨーロッパ人権裁判所に直接訴えを提起することができる

ことになった(第34条)。なお，1998年7月，バンジュール憲章にアフリカ人権裁判所を設立するための議定書がアフリカ統一機構元首首長会議によって採択され，当事国による管轄権の受諾宣言を条件として，個人の提訴の道を開いている。

　次に，個人が請願，申立，通報を行うことが認められている場合がある。なお，これらの用語の法的性質や権利の内容についてはそれぞれの条約の規定の仕方に依存する。請願を行う権利について，国連憲章は信託統治地域の住民が信託統治理事会に対してそれを行うことを認めている(第87条)。また，1966年の「市民的及び政治的権利に関する国際規約の選択議定書」(自由権規約第1選択議定書)は，規約の権利を侵害された被害者である個人が規約人権委員会に通報する権利を認めている(第1条)。特別な人権分野の人権条約である1965年の「あらゆる形態の人種差別の撤廃に関する条約」(人種差別撤廃条約)や1984年の「拷問及び他の残虐な，非人道的な又は品位を傷つける取扱い又は刑罰に関する条約」(拷問等禁止条約)は個人の通報制度を設けている。また，1999年10月には，「女子に対するあらゆる形態の差別に関する条約」(女子差別撤廃条約)に個人通報制度を導入する選択議定書が国連総会で採択された。また，国連の専門機関である国際労働機関(ILO)も，ILO憲章第24条において，使用者および労働者の産業上の団体が国際労働条約の不履行について申立を行う権利を認めている。さらに，地域的人権諸条約でヨーロッパ人権条約，米州人権条約，アフリカのバンジュール憲章も個人の申立の権利をそれぞれ認めている。なお，条約上の権利としてではないが，1970年の国連の経済社会理事会は，その決議1503(XLVIII)によって，大量で継続的な人権侵害について個人からの通報を人権委員会およびその小委員会が受理し審議することを認めた(1503手続)。

　さらに，国際機構へ代表を送る個人の権利が認められる場合がある。国際労働機関の総会には各加盟国の代表4人のうち2人の政府代表以外に，使用者代表および労働者代表それぞれ1人が認められており(第3条)，また各代表は個別に投票する権利をもっている(第4条)。また，理事会にも使用者代表と労働者代表の参加が認められている（第7条)。

次に，国際的手続によって個人に直接制裁が課される場合が第 2 次世界大戦後みられるようになった。1948年の「集団殺害罪の防止及び処罰に関する条約」（ジェノサイド条約）および1973年の「アパルトヘイト犯罪の抑圧及び処罰に関する国際条約」（アパルトヘイト条約）は，集団殺害やアパルトヘイトを行ったものはすべて，国内裁判所だけでなく，国際刑事裁判所によって処罰されることが定められている。また，1993年の安全保障理事会の決議によって旧ユーゴ国際刑事裁判所，また翌年の同理事会の決議によってルワンダ国際刑事裁判所が設置され，両地域における国際人道法違反等を裁くことになった。これらの裁判所はアド・ホック裁判所であったが，1998年 7 月には国際刑事裁判所規程が採択され，常設的な裁判所として機能することが予定されている。

4　民間団体（NGO）の法主体性

　以上のように，個人が，限られた範囲であるが，国際的な機関に請願，申立，通報，出訴などの方法により直接接触し関係をもつことが認められている。その中には，ヨーロッパ人権裁判所への出訴のように，自然人だけでなく，非政府団体や集団をも含めているものもある。とりわけ，「市民社会」（civil society）の役割が強調されているように，注目されているのが，民間団体（NGO，非政府組織）であり，国際連合をはじめとする国際組織と直接接触することが認められ，ごく限られたものではあるが一定の国際的な地位が与えられている。

　国連は，その目的の 1 つとして，経済的，社会的，文化的，人道的な諸問題に関する国際協力を掲げている。国連は，NGOが有する専門的な知識や能力に基づく情報や助言を入手し，国連の活動に世論を反映させるために，憲章第71条は「経済社会理事会は，その権限内にある事項に関係のある民間団体と協議するために，適当な取極を行うことができる。この取極は，国際団体との間に，また，適当な場合には，関係のある国際連合加盟国と協議した後に国内団体との間に行うことができる」と規定した。経済社会理事会は，民間団体との関係を規律するために，1968年に経済社会理事会決議1296（XLIV）を採択し，その

ような資格を与えるべき基準を設定した。このようにして協議資格を認められた民間団体は，国連の活動との関連における関心領域の広さや専門分野での能力や貢献の期待度によって，カテゴリーⅠ（総合的協議資格団体，経済社会理事会の活動の大部分に関係する），カテゴリーⅡ（特別協議資格団体，経済社会理事会の特定の活動分野に関係する），およびロスター（名簿，随次有益な貢献のために関係する）の3種類に分けられている。なお，1997年現在，総合的協議資格をもつNGO数は88団体，特別協議資格をもつNGO数は602団体，ロスターのそれは264団体である。

これらのNGOは，ECOSOC（経済社会理事会）NGOと一般に呼ばれ，その協議関係の実際の内容は，上記3種類のNGOごとに異なっているが，議題提出，会議の傍聴，文書の提出，発言などを主な内容としている。カテゴリーⅠがもっとも多くの協議的権利をもち，議題の提案，会議の傍聴，文書の提出および発言，のすべてにわたる権利をもっている。カテゴリーⅡは，会議の傍聴，および文書の提出の権利が認められているが，発言には限定的な条件が付され，例外的に認められるだけである。また，ロスターは，会議の傍聴と文書の提出に例外的にのみ認められるにすぎない。なお，ECOSOC／NGOの場合，ヨーロッパ人権条約によるヨーロッパ人権裁判所への非政府団体や集団の出訴のように，実体法上の部分がなく単に手続的な面のみが認められているにすぎないことに留意しなければならない。

なお，1968年の経済社会理事会決議1296（XLIV）は，理事会とNGOとの関係を規律する「憲法」とも称されているが，その中で設定された資格基準の1つに，NGOの構成員が3カ国以上にまたがっていなければならないとしていた。そのため，ECOSOC／NGOは高所得国の欧米のNGOに著しく偏るという不均衡が存在した。そのため，経済社会理事会は，1996年に新たに経済社会理事会決議1996／31を採択し，国際NGOでなければならないとする上記の基準をはずし，国内NGOも協議資格を得られるように改正した。

ところで，以上のような国連憲章に基づくECOSOC／NGOとは別に，総会，安全保障理事会をはじめ多くの下部機関が，最近，決議や手続規則等によって，

NGOと協力関係をもっていることである。たとえば，1978年，1982年および1988年に開催された軍縮特別総会には，NGOの発言が認められた。従来のNGOの活動の分野が経済や社会の分野が中心であったが，軍縮という平和や安全に係わる分野に活動範囲を拡げたことは注目に値することである。しかし，ECOSOC／NGOの地位以上に，これらのNGOと国連の諸機関との関係はかならずしも明確ではなく，今後に残された課題であるといえるであろう。

5　民族（人民）の法主体性

　伝統的国際法においては，国際法の主体は国家およびそれに準じる団体だけであると考えられていた。そして，国家に準じる団体の1つとして，交戦団体があげられるのが通例であった。一国内の内戦(内乱)において，中央政府が地方的事実上の政府を交戦団体承認を行えば，その内戦は国際法上の戦争に準じるものと見なされて，交戦法規が適用され，外国は中立国としての立場に立つものとされた(第9講参照)。しかし，交戦団体の承認の制度が実際上適用されなくなったことから，1949年のジュネーヴ諸条約は，共通第3条において，内戦の場合においても少なくとも適用しなければならない規則を設けた。民族解放戦争はこの共通第3条に該当するものと考えられた。しかし，1977年の第1追加議定書によって，民族解放戦争は，内戦ではなくて，国家間の武力紛争と同様に国際武力紛争のカテゴリーに入ることとなり，ジュネーヴ諸条約や第1追加議定書の全面的適用を受けることになった(第1条4項)。

　また，1970年に国連総会が採択した友好関係宣言は，非自治地域はそれを施政する国家の領域とは別個のかつ異なった地位を有するとするとともに，すべての国家は人民から自決権と自由および独立を奪ういかなる強制行動も慎む義務を有すると宣言した。そして，人民は，このような強制行動に反対し抵抗する行動において，援助を求めかつ受ける権利を有するものとした。

　また，民族解放団体に国連の機関や国際会議への参加する権利が認められている。1976年の総会は，ナミビアの民族解放団体「南西アフリカ人民機構」

(SWAPO)に対し，1974年と1975年の総会はアフリカ統一機構が承認する南アフリカの解放団体「アフリカ民族会議」(ANC)と「パン・アフリカニスト会議」(PNC)に対し，また1974年の総会は「パレスチナ解放機構」(PLO)に対し，総会および国連が主催する国際会議にオブザーバーの資格で参加する権利を認めた。なお，1988年11月，第19回パレスチナ民族評議会(PNC)において，独立宣言が発表された。同年12月の総会は，PNCによるパレスチナ独立国家宣言を承認し(acknowledge)，また1967年以降占領されている領土に対するパレスチナ人民の主権の行使を可能にする必要を確認した。また，総会は国連のシステム内でPLOのオブザーバー資格と機能を損ねることなく「パレスチナ解放機構」(PLO)の名称に代えて「パレスチナ」の名称を用いることを決めた。このように，間接的に国連はパレスチナの法主体性の確立に努力を傾けている。また，PLOは国連西アジア経済委員会への加盟が認められている。なお，民族は国際法上の主体として一定の権利が認められる裏がえしとして，交戦法規の遵守などの義務を負うこととなる。

第8講

国家の基本的権利・義務と国家結合

POINT　国家を越えた集権的な権力体が存在せず，国家を基本的構成単位とする国際社会において，国家に認められるもっとも基本的な権利は主権であり，またその裏面として，国家は不干渉義務を負っている。主権の歴史的位置と現代的意義・また主権免除に関する最近の動向，さらに「人道的干渉」について考察する。また，国際社会の緊密化・組織化にともない普遍的義務が認められている。さらに，国家結合，とりわけ欧州連合の近年の発展は注目されるところである。

1　国家の基本的権利・義務の意味

　国家は，国際法上の主体として，どのような国際法上の地位を有しているか，すなわち具体的にどのような権利を取得しているかまた義務を負担しているか，について一概には述べることはできない。国家のもつ国際法上の権利・義務には，条約上のものと慣習法上のものがあり，国家が締結する条約によって「条約は第三国を益しも害しもせず」の原則から国家の国際法的地位は国家ごとに異なってくる。また，特定の地域にのみ妥当する慣習国際法が存在すれば，その地域の諸国家とそれ以外の諸国とは，その地位を異にする。

　しかし，国家であれば一般にどの国家にも共通して認められ，またそれなくして国家として存在しえない国家の基本的権利・義務が一般国際法上存在している。それは国家の基本権とも呼ばれているが，その内容は国際法の発展に伴って変化する。たとえば，伝統的国際法の下においては，国家が国際紛争を強制的手段（たとえば戦争や武力を伴う復仇）によって解決することは禁じられていな

かったが，現代国際法は戦争を違法化し，国際紛争を平和的手段によって解決することを義務づけている。したがって，自衛権は国家の基本的権利の1つとして含めることができないであろう。論理的には自衛権は戦争が違法化される中で意味をもつものであり，戦争が違法化される中での例外的な権利であるからである。

国家の基本的権利・義務の具体的な内容との関係で注目される国際文書は，1970年の国連25周年記念総会において採択された「国際連合憲章に従った諸国家間の友好関係及び協力についての国際法の原則に関する宣言」(友好関係宣言)である。同宣言は，「本宣言に具現された憲章の諸原則は，国際法の基本原則を構成するもの」であるとして，①武力の不行使，②国際紛争の平和的解決，③国内管轄事項への不干渉，④相互協力，⑤人民の同権と自決，⑥主権平等，⑦義務の誠実な履行，の7つの原則を掲げている。

以下においては，国家の基本的権利・義務の内，従来からも国家の基本的権利として扱われている主権と平等権，また基本的義務としての不干渉の義務，さらに第2次世界大戦後登場してきた普遍的義務についてとりあげよう。

2 国家主権の位置と役割

主権は，国家の基本権のなかで最も中核をなす権利である。伝統的国際法は，領域主権国家が誕生しそれらの国家の関係を規律・調整するものとして形成された。そして，国家は主権を享受するという原則は，伝統的国際法の時代だけではなく，今日の現代国際法の下においても国家の基本的地位を示すものとして受け入れられているものである。

主権は多義的な概念を有しているが，国際法上，主権には2つの側面があるとされている。1つは主権の対外的側面であり，対外的主権と呼ばれているものである。他の権力主体，とりわけ他国の命令に服さず他国に従属しないことを意味し，独立権に相当するものである。いま1つは主権の対内的側面であり，対内的主権と呼ばれているものである。国家権力が国内において最高かつ絶対

のものであることを意味し，領域権に相当する。すなわち，自国領域を原則として自由に統治したり処分したりすることができる権能を意味している。後者は今日では自決権との関係で注目されているが，国際法上とりわけ前者が主権観念の中心を占めてきた。もっとも，このことは，国家が国際法に拘束されないことを意味するものではなく，かえって他国の主権を尊重するために国際法を遵守すべき義務を負うことを意味している。

ところで，主権観念はもともと近代国家の形成過程において，内外の封建諸勢力との対抗関係の中で，国王の権力を強化するためにもち出されたものであり，本来抗議的概念としての性格を保有した。その後，近代国家の確立とともに，主権観念もしだいに国際社会の秩序維持的な性格に変化してきた。しかし，第2次世界大戦後，社会主義国や第3世界の国々が一般に国家主権の尊重を強調するようになった。これは国際社会における少数派としての，また大国に対する新独立国や小国の独立を維持するための法的武器として，主権概念に依拠するものであり，主権の抗議的概念としての積極的役割を評価するものである。したがって，主権は今日なお現代的意義と役割を有しているといえるであろう。

もっとも，その後の国際法の発展や国際社会の組織化に伴って，従来のままでの主権観念や概念では対応できなくなっていることも事実である。その1つは，国家主権がその後の国際法の発展にもとづいて新しく生み出された諸原則によって制約されるようになっていることである。たとえば，国際関係において戦争や武力の行使は伝統的国際法の下では認められていたが，今日では国家は武力の行使だけではなく武力による威嚇も禁止されている。伝統的国際法の下では自決権や人権に関する規則は一般に存在しなかったが，現代国際法の下では国家は自決権を尊重しその実現を促進する義務を負うとともに，人権と基本的自由を尊重し促進する義務を負っている。このように，以前では問題とされなかったが，現在では国家主権は，武力行使の禁止，自決権，人権と基本的自由の原則などによって制約を受けている。

また，20世紀は「国際組織の世紀」とも呼ばれるように，国際機構（国際組織）の発展，とくに加盟国の意思とは別の意思をもって決定を行う国際組織の設立

による国家主権の制限である。たとえば，国際連合の安全保障理事会の決議は，「国際連合加盟国は，安全保障理事会の決定をこの憲章に従って受諾し且つ履行することに同意する」(第25条)ことになっている。もっとも，「この憲章に従って」とあることから第6章の場合は別として，第7章は加盟国全体を法的に拘束する。この場合，拒否権が認められている常任理事国は別として，それ以外の理事国や理事国以外の加盟国は，賛成していないあるいは参加していない理事会の決議に拘束される可能性がある。このことに関して，加盟国は国連憲章を受諾する際にこの制限を認めていることから主権の制限とはならないとする見解もある。しかし，憲章には明示されていないが機関の任務を遂行するために当然に必要な権限にもとづいて行われる場合（黙示的権限など）を考えれば，国家の主権はやはり制限されていると考える方が妥当である。

なお，「欧州共同体を設立する条約」(EC条約)第249条は，理事会と共同して決定する欧州議会，理事会および委員会は，その任務を達成するために，規則を定め，命令を発し，決定を下し，勧告を行い，または意見を表明することを定めている。この内，規則は，そのすべての要素について拘束的であり，かつすべての構成国において直接的適用性が認められている。また，共同体裁判所の判例によって，命令および決定にも一定の条件が備わる場合には直接的適用性が認められている。すなわち，上述の安全保障理事会の決議は加盟国を拘束するものの加盟国国内の個人や裁判所を直接拘束するわけではないが，欧州共同体（EC）の場合には加盟国を拘束するだけではなく，加盟国内の個人をも直接に拘束し，また国内裁判所もそれらを直接適用しなければならないということである。この意味で，欧州共同体は超国家的（supranational）な機構である。さらに，1992年2月には「欧州連合に関する条約」（マーストリヒト条約，効力発生1993年11月1日）が署名され，単一かつ安定した通貨を含む経済通貨連合の設立，共通外交および安全保障政策の実施，連合市民権の導入，などが取り決められ，欧州連合（EU）の加盟国間の結合はさらに強化されることになった。

また，アジア，アフリカおよびラテン・アメリカの諸国は，自主的な経済発展を実現するために経済的自決権としての「天然資源に対する永久的主権」と

いう新しい主権概念を主張した。この主張は，1962年の第17回国連総会の「天然資源に対する永久的主権」と題する決議（決議1803（XVII））として結実した。この主権概念は，国際人権規約の共通第1条2項においても規定されている。この永久的主権にもとづいて，第3世界の諸国はその後，戦後の国際経済秩序に代わる新国際経済秩序（NIEO）の樹立に向けての主張を行った。

3 主 権 免 除

　上述のように，国家は主権を保有し他国の命令に服さないことから，国家とその公有財産は，外国の裁判管轄権には服さないという主権免除が認められている。この免除は，裁判権免除，国家免除とも呼ばれている。国家は外国の国内裁判所に原告として訴訟を提起することは認められるが，「対等なるものは対等なるものに対して支配権をもたず」の原則によって，その同意なしに被告として外国の裁判所で裁かれることはないということである。外国の裁判権に服するとすれば，その国は他国の主権に服し従属することになると考えられるからである。

　もっとも，主権免除が認められる範囲については争いがある。かつて国家の行為や活動が権力的なものに限られた当時においては，そのすべてについて主権免除を認める絶対免除主義が有力であった。

　絶対免除主義の立場を明確に打ち出している判例として，1928年に大審院が決定を下した「中華民国に対する約束手形金請求為替訴訟事件」がある。事実は，中華民国代理公使が振出した約束手形に対し原告が支払期日に支払場所に赴き当該手形を提示して支払を求めたところ，中華民国の申出により支払に応じがたいとの理由で支払を拒絶されたことから，原告が訴えていたものである。大審院は，「凡ソ国家ハ其ノ自制ニ依ルノ外他国ノ権力作用ニ服スルモノニ非ザルガ故ニ，不動産ニ関スル訴訟等特別理由ノ存スルモノヲ除キ，民事訴訟ニ関シテハ外国ハ我国ノ裁判権ニ服セザルヲ原則トシ，只外国ガ自ヲ進デ我国ノ裁判権ニ服スル場合ニ限リ例外ヲ見ルベキコトハ，国際法上疑ヲ存セザル所ニ

シテ，此ノ如キ例外ハ，条約ヲ以テ之ガ定ヲ為スカ，又ハ当該訴訟ニ付，若ハ予メ将来ニ於ケル特定ノ訴訟事件ニ付，外国ガ我国ノ裁判権ニ服スベキ旨ヲ表示シタルガ如キ場合ニ於テ之ヲ見ルモノトス」として原告の抗告を理由なしとして棄却した。

しかし，その後国家自身の貿易をはじめとする経済・商業活動が増大するにつれて，国家と取引を行う私人を保護するために免除の対象を国家の一定の行為に限定する制限免除主義がしだいに有力になってきている。制限免除主義は，国家活動を本来の主権的行為と非主権的行為としての私法的・商業的な性質をもつ業務管理的行為に区別し，前者についてのみ主権免除を認める立場である。主権的行為と業務管理的行為を区別する基準については国家活動の動機・目的によって区別する行為目的説と国家活動の性質によって区別する行為性質説があり，今日では後者の立場が有力とみられているが，かならずしも確立しているわけではない。

したがって，最近では，条約や国内法で主権免除の適用の有無を具体的に明示して列挙する方式をとっている。たとえば，1972年のヨーロッパ国家免除条約は，法廷地で履行されるべき契約に関する訴訟，雇用契約に関する訴訟，会社等への参加に関する訴訟，法廷地にある事務所等を通じる営業活動に関する訴訟，無体財産権に関する訴訟，などについては主権免除を認めないことにしている。また，国連国際法委員会が1991年に採択した「国家及びその財産の裁判権免除に関する条約草案」においても，商業契約，雇用契約，知的所有権などから生ずる紛争については免除が認められないものとしている。

4 平　　等　　権

国際法の基本的な主体である国家は，人口，面積，資源などの大小でそれぞれ異なっているが，国際法上平等であるとされてきた。もっとも，このことは国家の平等権と呼ばれ，一般に3つの意味で用いられているが，すべての面で平等であったわけではない。

1つは，法の前の平等である。いずれの国も，国の大小などに関係なく等しく権利義務が適用されなければならないということである。すなわち国際法規の適用における形式的平等を意味している。

　2つ目は，法の中の平等である。これは国際法の適用における形式的平等ではなくて，国際法の内容が平等でなければならないというものである。たとえば，トルコ，中国，日本などのアジアの諸国が欧米の諸国と条約を締結し国際社会の一員となった際の条約は関税自主権が認められず，また領事裁判制度のような特権を認めさせられていた不平等条約であった。第2の意味の平等権からはこのような条約は認められないということになる。

　3つ目は，国際法の定立過程における平等である。国家は自己を拘束する国際法への定立に平等に参加するということであり，すなわち，この平等権の意味は，国際会議や国際組織において平等な参加権や発言権，また投票権をもつということである。

　法の前の平等，すなわち形式的平等は，国際法が法であるかぎり当然のこととして従来から考えられてきた。しかし，発展途上国は，第2次世界大戦後の自由主義的な国際経済秩序の支柱である最恵国待遇や相互主義では，「対等でないものを対等に扱うことの不平等」になるとの観点から，先進国に対して途上国に一般特恵待遇や非相互主義を認める二重基準(double standard)を採用して（いわゆる補償的不平等），実質的平等を実現するよう主張してきた。この主張は，1974年春の第6回国連特別総会（資源総会）の「新国際経済秩序（NIEO）の樹立に関する宣言」およびその「行動計画」，同年秋の第29回総会の「諸国家の経済的権利義務に関する憲章」（経済権利義務憲章），また翌年の第7回特別総会の決議「開発と国際経済協力」にとり入れられている。これらの諸決議に含まれている諸原則によって構築される国際経済秩序は，第2次世界大戦後の米国のドルを中心とした国際経済秩序（LIEO：Liberal International Economic Order）に対し，新国際経済秩序（NIEO：New International Economic Order）と呼ばれているが，しかしこれらの法原則は当時においてソフト・ロー（soft law)もしくはプログラム法的性格のものであった。また，ポスト冷戦時代の市

場経済のグローバル化の中で NIEO の主張は後退している。第1の意味での平等権が lex lata（存在する法）であるのに対し，第2の平等権は lex ferenda（あるべき法）としての性格のものであるといわざるをえない。

また，国家が自己を拘束する国際法の定立の過程に平等に参加するという第3の意味での平等権について，原則として国際連盟のように全員一致制度（unanimity rule）の場合と異なって，戦後一般的になっている多数決制度（majority rule）によって採択される国際会議や国際組織の決議の場合や，若干の加盟国によってのみ構成される国際組織の機関（たとえば理事会）の場合，これに反するものか問題となる。しかし，その決議自体が法的拘束力を有しない勧告であれば問題は生じない。さらに，等しく多数を形成したり，等しく機関の組成国に選任される機会が与えられている限り，平等権を制限するものではない。

もっとも，国際復興開発銀行（IBRD：世界銀行）や国際通貨基金（IMF）のように出資金によって投票権の数を異にしたり，国連の安全保障理事会の常任理事会には拒否権（right of veto）を認めて表決権に質的な差異を設けるような加重投票制度（weighted voting system）は平等権を制限するものとなる。このような不平等はとくに第2次世界大戦後みられるようになっているが，1977年に設立された「第4世界」のための国際機関といわれる国際農業開発基金（IFAD）では，加盟国を先進国（第1区分），援助能力のある発展途上国（第2区分：産油国）ならびにその他の発展途上国（第3区分）の3つのカテゴリーに分類し，それぞれの区分が総務会および理事会でも対等の票数を保有し，いずれの区分もそれだけでは過半数を制することができないというユニークな制度を採用している（また理事会は各区分から同数の選出される国によって構成される）。このように，第3の意味での平等権は戦後種々の例外を有するようになっている。

5 不干渉の義務

国家は主権・独立権を有していることの当然の帰結として，その国の国内事項（国内管轄事項とか国内問題とも呼ばれる）に干渉されない権利をもつとともに，

他国の国内事項に干渉してはならない義務を負っている。この国内事項には，対内事項だけでなく国家の対外関係の処理にかかわる対外事項も含まれる。また，何が国内事項であるかはかならずしも一定しておらず，条約の締結によってそれまで国内事項であったものが国際法の規律の対象となる国際事項となり，国内事項でなくなることとなる。

つぎに，干渉（intervention）の意味であるが，他国に対する強制や威嚇を伴う「命令的干与」（dictatorial interference）をいうのであって，武力による威嚇だけでなく，政治的，経済的その他の方法で介入して自国の意思を他国に強制する措置の使用も含まれる。したがって，単なる意見の表明や勧告，仲介や調停の申し出等は干渉に当るものではない。

このように，干渉は国際法上違法であるが，例外的にその違法性が阻却され，合法なものとして認められる場合がある。すなわち，条約によって一定の事項に関して干渉を行うことを認める場合，他国の国際違法行為に対する抗議として干渉を行う場合，他国の武力攻撃に対して自衛権を行使する場合，あるいは平和に対する脅威，平和の破壊および侵略行為に対して国連が集合的干渉として行う強制措置の場合である。とくに問題となるのは，一国内の住民に対する人権侵害や宗教的な迫害等をやめさせるために外国によって行われる人道的干渉（humanitarian intervention）の場合である。冷戦時代，国家による「人道的干渉」として議論されたものとして，西パキスタン軍による東パキスタン人に対する抑圧に対して1971年のインドによるパキスタンへの行動，アミン政権の人民虐殺に対する1978年のタンザニアによるウガンダへの行動，ポルポト政権下のジェノサイド行為に対する1979年のベトナムによるカンボジアへの行動がある。また，国家群によるものとして，ポスト冷戦時代の1999年に「人道的干与」の名の下で行われたNATO軍による新ユーゴスラビアに対する空爆がある。

学説も肯定説と否定説に加えて，一定の要件を充足すれば認められるとする見解もあるが，人道に反するとする基準が明確でなく，またその判定を個別国家や国家群によって行われる場合には濫用の危険性が大きく，現在のところそ

れらによる人道のための干渉は許容されているとはいえないであろう。重大な人道に反する行為が行われ，それを阻止する必要がある場合，少なくとも国連または中立・客観的な国際組織による集合的措置に基づくべきであろう。

ところで，不干渉の義務は国家間だけでなく国際組織と国家との関係においても立脚されなければならないことになっている。たとえば，国連憲章第2条7項は，平和に対する脅威，平和の破壊および侵略行為に対して国連が強制措置を発動する場合を除いて，「この憲章のいかなる規定も，本質上いずれかの国の国内管轄権内にある事項に干渉する権限を国際連合に与えるものではなく，また，その事項をこの憲章に基づく解決に付託することを加盟国に要求するものでもない」と規定している。この場合の干渉は，その規定から，上述の命令的干与だけを意味するのではなく，国連の諸機関が特定国家の国内管轄事項をとり上げて審議したり勧告したりするなど，いわゆる干与してはならないということである。もっとも，なにが国内管轄事項に該当するかの判定はこれまで国連の関連機関が行っており，植民地問題，アパルトヘイト問題，人権問題等は国際平和と安全にかかわる「国際関心事項」(a matter of international concern) であるとみなして，国連は実践活動としてこれらの問題に介入を行ってきた。

6 普遍的義務

国際司法裁判所は，1970年のバルセロナ・トラクション事件（第2段階）判決において，他国に対して生じる相対的な義務のほかに，問題となる権利の重要性からあらゆる法的利害関係を有する国際社会全体に対する義務（obligations erga omnes：対世的義務・普遍的義務）が存在することを指摘した。そして，後者の国際法上の義務として，侵略行為，ジェノサイド，奴隷制度および人種差別の禁止を掲げている。

伝統的国際法の下において，国際法上の義務はもっぱら国家の特定の国家に対する義務を意味したが，このように今日では2国間の権利・義務関係ではとらえきれない個別国家の利益を越えた国際社会の一般的利益(general interests)

という認識にもとづく普遍的義務の存在が認められている。こうした発展の中で，1980年に国連国際法委員会が第一読会を終えて暫定的に採択した国家責任条文草案では，国際社会の基本的利益（fundamental interests）の保護に不可欠な義務として，①侵略の禁止，②植民地支配の力による樹立または維持の禁止，③奴隷制度，ジェノサイドおよびアパルトヘイトの禁止，④大気または海洋の大量汚染の禁止，を列挙して，これらの「重大な違反」は国際犯罪を構成するとしている。以上の普遍的義務や国際犯罪の概念は，国際社会全体に対する義務や国際社会全体に対する利益（法益）の存在を前提とする新しい範ちゅうのものである。

また，これらと関連して，1969年に採択された「条約法に関するウィーン条約」（条約法条約）は，第53条において，「締結の時に一般国際法の強行規範（jus cogens）に抵触する条約は，無効である」として，強行法規（規範）の存在を認めた。国内法において公序良俗に反する契約が無効であるように，国際社会においても国際公序（international public order）の観念が認められそれに反する条約の効力が否定されることになった。

もっとも，このように国際社会全体に対する一般的利益の存在が認められても，この一般的・普遍的義務の違反に対する具体的な実施手続や法的効果については今後に残されている課題は多い。たとえば，1966年の南西アフリカ事件判決（第2段階）で，国際司法裁判所は原告が国際請求を行うには被告が義務を負いかつその義務に違反するだけでなく，同じ法規が原告に法的権利または利益を与えかつ被告の義務違反によってその法益を侵害されていることが必要であるとして，現行国際法では一般的利益にもとづくいわゆる民衆訴訟（actio popularis）は認められないと判示している。しかし他方，国連安全保障理事会が1993年に旧ユーゴ国際刑事裁判所を，翌年ルワンダ国際刑事裁判所を設置した。これらはアド・ホック（ad hoc）な裁判所であったが，1998年には常設的な裁判所設置に向けて国際刑事裁判所規程が採択されたことは注目されるであろう。

7　国家結合

　国家は他の国家と機構的に連携する場合がある。このような国家結合には，従来，従属的な結合の例として保護関係と附庸関係，並列的な関係の例として身上連合，物上連合，国家連合，連邦の4つの形態があるとされてきた。しかし，自決権が確立している今日，この権利を否認するような従属国はもはや認められない。もっとも，その面積，人口，資源が限られており，地理的にも不利な条件にある従属地域が，その自決の行為において自治提携国の地位を選択する場合があるが，これは例外的なものである。

　並列的な結合関係には，王位継承法などによって同一の君主を偶然戴く身上連合や同一の君主を戴くだけでなく統治機構の一部が共通に運用される物上連合があるが，今日では存在しない。また，国家連合と連邦は，複数の国家が共通の目的の達成のために合意によって統一体を設立するものである。統一体にはどの程度の国際法主体性が認められまた構成国の主権はどの程度制限されるかは，それぞれの合意の内容に依存する。一般に，国家連合の場合，構成国は一定の権限を連合に移譲するが，なお国際法主体性を維持しているのに対し，連邦の場合は，その結合関係はより一層進み，一般に連邦のみが国際法主体性を保有する。なお，連邦の構成国は例外的に限定的な国際法主体性が認められることもある。

　ところで，旧ソ連はその正式国名である「ソヴィエト社会主義共和国連邦」にあるように連邦国家であった。しかし，ペレストロイカ政策の下で旧ソ連は解体へと進み，1991年12月には旧ソ連は正式に消滅し，それに代わって「独立国家共同体」（CIS）が設立されることになった。CISでは，その構成国である各共和国は独立主権国家としての国際法主体性が認められており，CISは国家連合の性格を有しているといわれている。

　また，1993年11月に効力発生した「欧州連合に関する条約」（マーストリヒト条約）により，「欧州共同体」（EC）は「欧州連合」（EU）へ向けて歩み始めること

となった。ECは従来，地域的国際組織として位置づけられていた。国際組織の加盟国は国際法主体性を失うわけではないことから，国際組織は国家連合の一形態とする見解も出されていた。ECは経済共同体として把握されていたが，EUでは共通の外交・安全保障政策の実施にみられるように政治的共同体としての方向に大きく歩を進めた。また，単一通貨を含む経済通貨同盟の設立や「連合市民権」(citizenship of the union) の導入にみられるように，連邦的性格が強く表われている。

　ECやCISのように，従来の国家結合のいずれにも属さない形態のものが出現しているが，今後も新しい形態のものの登場が予想される。また，現に存在するもので従来の形態のいずれにも入らない独自のものとして注目される国家結合として，コモンウェルスがある。その構成国は，英国とかつての自治領や植民地・従属地域であった国家からなる。君主制をとる国はイギリス国王（女王）をその共通の元首とし，また英国国王はコモンウェルス全体の統一の象徴たる地位を有している。また，コモンウェルス国家が第三国と条約を締結する際には，事前に他のコモンウェルス諸国に通告し意見を表明する機会を与えることになっている。また，コモンウェルス国家間では通常の外交使節は交換されず，高等弁務官が派遣されている。さらに，コモンウェルス国家間の紛争は，国際裁判など国際的な紛争処理に付託しないものとされている。また，コモンウェルス国家以外の国との条約で最恵国待遇や内国民待遇を与える場合，コモンウェルス条項を挿入して，コモンウェルス国家相互の特恵待遇が留保される。そのほか，コモンウェルス国家の国民には，「コモンウェルス市民」の地位が認められ，他の構成国の国内で一般の外国人とは異なる特別な待遇が与えられている。

第9講

国家承認・政府承認・交戦団体承認

POINT　新しく国家が誕生したときに既存の国家がこれを承認するという行為が行われるが、この性質について創設的効果説と宣言的効果説とが対立してきた。とりわけ自決権が法的権利として承認された今日、どのように考えるべきであろうか。また、非合法に政府が変更した際、一般に政府承認が行われる。承認の要件として、政府の正統性が要求されるであろうか。最近、政府承認を廃止するという現象が欧米諸国の中に見うけられるが、この慣行はどのように把握されるのであろうか。

1　国家の誕生と国家承認

　国家は国際社会のもっとも基本的な構成単位であり、国際法上の権利・義務の帰属するもっとも重要な主体である(第7講参照)。国家が新しく誕生する形態には、複数の国家が合体して1つの国家として出現する場合、単一の国家が複数の国家として分離する場合、植民地が本国から分離独立する場合など種々のものがある。

　これらの新しい国家が国際社会に登場する際に、一般に他国がこれを国家として承認するという慣行が行われている。これは国家承認の制度といわれるが、他国による承認のもつ効果について、創設的効果説と宣言的効果説という見解が従来たたかわされまた現在も続いている。創設的効果説は、既存の他国の承認によって事実上の国家ははじめて国際法上の国家となるとする見解であり、他国の承認が国家を「創設」するとみなす意見である。また、宣言的効果説は、以下に述べる国家としての要件を有すれば、他国の承認の有無にかかわらず国

際法上の国家として存在し，既存の国家の承認はすでに存在している国際法的地位を確認し「宣言」する政治的行為とみなす見解である。

　また，たとえば複数の国家が合意の下に1つの国家として成立したときのように，平穏に新国家が成立した場合と，たとえば国家の一部が武力闘争を行って独立したときのように，対立・抗争の中で国家が誕生した場合との2つに分けて位置づける見解がある。前者のような場合には，既存国家による承認のもつ意味は薄れることから，他国の承認の効果を宣言的な性格として位置づける。また，後者のような場合には，既存国家の承認のもつ意味は重要性を有し，それは創設的な性格を有するものと考える。この見解が今日の通説的立場といえるであろう。

　しかし，第2次世界大戦後，とりわけ1960年代になって，民族（人民）自決権が実定国際法上の権利として承認された。1960年に国連総会が採択した植民地独立付与宣言は，「従属下の人民が完全な独立を達成する権利」を掲げ，また1970年に国連総会が採択した友好関係宣言も「すべての人民は，外部からの介入なしに，その政治的地位を自由に決定」する権利を宣明した。自決権に基づいて国家として独立したにもかかわらず，既存国家による承認が無いことを根拠として国家として認められないのは矛盾である。このような植民地の独立のような場合には，他国の承認は宣言的なものと見るべきである。

　要約すれば，平和裡に新国家成立の場合には他国の承認の意味あいは薄いことからその承認を宣言的なものとみることができる。また，国家の一部が本国との闘争の中で分離独立して新国家を形成する場合，既存国家による承認は新国家としての存在を明確に確認する行為として創設的性格を有する。しかし，自決権の行使に基づく植民地の独立の場合は宣言的なものとみなければならない。なお，自決権が分離権や内的自決（体制選択の権利）などを包含するものとして認められるに至ったときには，それに基づく分離独立の際の他国の承認は宣言的なものとして位置づけられるであろう。

2　国家承認の要件と方式

　創設的効果説であれ，宣言的効果説であれ，国家として承認されるためには，国家としての要件を具備していなければならない。1933年に米州諸国国際会議が採択した「国の権利及び義務に関する条約」（モンテビデオ条約）によれば，国際法人格としての国はつぎの要件を有するべきであるとして，①永続的住民，②確定した領域，③政府，④他の国と関係を取り結ぶ能力，を掲げている。すなわち，ある実体が国家として承認されるためには，人口数の大少は問題にされないが，国民が存在していることが必要である。また，広狭は問わないが，一定の領土が存在することが必要である。また，これらの住民と領土を実効的に支配する自主的な政府が存在することが必要である。このように，国家として認められるためには，実効性と自主性が必要である。

　1931年の柳条湖事件の後，中国の東北地方に日本がその傀儡国家として打ち立てた「満州国」（1932年）に対して承認した国は，日本，ドイツ，イタリア等数カ国にとどまったが，「満州国」には自主性が欠落していた。また，国の要件としての他の国と関係をとり結ぶ能力は，国際法を遵守する意思と能力と言い代えることができるであろう。

　以上のような伝統的な国家承認のための要件に加えて，国家であるためには自決の原則やアパルトヘイト禁止原則等の民主的な正統性を有していなければならないことが今日では一般に認められている。たとえば，1965年の南ローデシアにおける白人少数者政権による英国からの一方的独立宣言の場合である。伝統的な要件からすれば同要件に合致したかも知れないが，圧倒的多数を占める黒人の自決権をそれは踏みにじるものであった。国連総会は一方的独立宣言の非難決議を採択し，また安全保障理事会も違法な人種主義的少数者政権を承認しないことを求めた。

　また，南アフリカの白人政権がアパルトヘイト政策を遂行していたとき，その一環として10にのぼるバンツースタン（「ホームランド」）をつぎつぎと「独立」

——トランスカイ（1976年），ボフタツワナ（1977年），ベンダ（1979年），シスカイ（1981年）——させようとした。それらの「独立」宣言に対し，国連は同宣言を無効と宣言し，すべての加盟国にいかなる種類の承認も与えず，またその管轄権の下にあるすべての個人，企業その他の団体にバンツースタンとのすべての関係を禁止するよう要請した。

　以上のような国家としての要件が存在しないにもかかわらず行われる承認は，尚早の承認として違法なものとされ，本国に対する干渉行為ともなる。しかし，国家承認は国家の一方的行為であり，既存国家の新国家に対する政策判断が大きく左右し，その意味では政治性の高い制度であるといえる。

　次に国家承認の方式であるが，明示的に行われるだけでなく黙示的にも行われる。明示の承認とは，宣言や通牒あるいは条約での言及などによって，承認国としての意思を直接表明することである。黙示の承認とは，外国使節の派遣や接受，政治的に重要な条約の締結，新国家の国旗の承認など相手国を国家として認識していることを前提としているような行態を通じて，承認の意思を暗黙に表示することである。

　また，国家承認は，通常の承認の形態である法律上の承認（de jure recognition）のほかに，事実上の承認（de facto recognition）が行われることがある。後者のよく引用される事例として，19世紀初頭にラテン・アメリカ諸国のスペイン，ポルトガルからの独立の際の英国や米国などの法律上の承認を行う前に事実上の承認を行ったことが指摘される。すなわち，これらの承認国は，スペイン，ポルトガルとの関係を考慮して，明確に法的立場をとることなく事実上承認するという方式を用いた。また，イスラエルの建国に際しては，領域の範囲が十分明確でないとして，事実上の承認が行われた。しかし，法律上の承認も事実上の承認もその法的効果については原則として異なるものではない。ただ，法律上の承認が一旦なされるならば撤回することはできないが，事実上の承認はその後の国家としての要件の有無によって撤回が可能であることに違いがある。

　承認はそれぞれの国家が個別的に行うのが通常であるが，ときには複数の国

家が集団的に行う場合があり，これは集合的承認と呼ばれている。たとえば，1878年のベルリン会議でヨーロッパの列強は，ブルガリア，モンテネグロ，セルビア，ルーマニアの独立を承認した。また，1992年，ECは旧ユーゴスラビアから分離した各共和国の承認を行った。しかし，集合的承認は，それ自体1つの行為としてではなく，個別の国家の行為として認識され，通常の承認と本質的に異なるものではない。とくに，上記の後者の場合，ECの承認決定後，個々のEC加盟国は個別に承認を行っている。また，ベルリン会議が承認を行った際に，それらの国民に信教の自由の保障などを条件として行われた。また，冷戦終結に伴う旧ソ連や東欧諸国の解体による新国家の承認に係わって，米国やECは条件を付した。

たとえば，米国は，旧ソ連の各共和国に，1991年9月，①国際的に受け入れられている原則を支持すること，②既存の国境を尊重すること，③法の支配と民主主義的手続を支持すること，④人権を擁護すること，および⑤国際法，とくにヘルシンキ最終議定書，パリ憲章の義務を遵守すること，を求めた。また，ウクライナに対しては，その後これらの原則に加えて，①核兵器の安全管理を保証する手続をとること，②自由経済，自由交易を容易にする経済政策への誓約を示すこと，および③ソ連の対外債務の公平な分担の責任をとること，を求めた。そして，1991年12月のソ連の正式な崩壊後，12の共和国の承認を発表した。このような条件付き承認の場合，その条件が履行されないことによって，承認自体が無効になるのではなく，その条件に対する義務違反を構成するにすぎない。

また，新国家が国際組織への加盟が認められた場合，その加盟が承認していない他の加盟国にとって承認を意味することになるかどうかという問題がある。とくに国際法の重要な法源の1つである国連憲章によって設立されている国際連合の場合には，加盟国相互の間は国連憲章によって規律されるだけでなく，国際法の原則が適用されることになっている(第1条1項)。もっとも，1950年に国連事務総長が安全保障理事会に提出した「国際連合における代表権問題の法的側面」と題する覚書は，加盟や代表権の承認は国連機関の集合的行為で

あるが，承認は個々の国家が行う個別的行為であるとして，その特質が異なることを指摘した。しかし，加盟国間において規律される法的関係をかんがみれば，その加盟は承認を意味するものでない旨の意思を特別に表示しないかぎり，黙示の承認に該当するものと考えられるであろう。

3 国家承認の法的効果

新国家に対して承認がなされた法的効果については，創設的効果説と宣言的効果説によって異なっている。上述したように，国家による承認行為が宣言的性格を有する場合と創設的性格を有する場合がある。後者の場合，被承認国は承認によって一般国際法上の権利・義務を有することとなる。もっとも，承認は承認国と被承認国との間の関係においてその法的効果が発生するのであって，相対的なものである。しかし，国際社会の大部分の国家が承認した場合には，新国家は一般的にその国際法上の主体性が認められたといえるであろう。

それでは，未承認国家の法的地位はいかなるものであろうか。承認されないかぎり事実上の存在として国際法上の主体性が認められず，国際法上無の存在なのであろうか。後述のように，本国との内戦の過程で反徒（自由戦士）が国際法の主体として一定の範囲の権利・義務が認められる場合がある（たとえば交戦団体）。その存在が内戦に勝利して国家としての要件を備えたことによって国際法上無となるのでは論理的矛盾となる。承認される以前においても，一定の限られた範囲で国際法上の主体性が認められる可能性があるものと見るべきであろう。

なお，日本の裁判所の判例で，未承認国家にも国内裁判における当事者能力を認め，その上で裁判権からの免除を認めた判決として，1954年の東京地方裁判所によるリンビン・タイク・ティン・ラット対ビルマ連邦（不動産処分）事件がある。また，未承認の国家または政府の法律の適用が日本の裁判所において肯認された最初の事件として，1956年の京都地方裁判所による王京香対王金山事件判決がある。

国家承認と外交関係の開設とは別の行為である。国家承認は承認国の一方的行為であるが、外交関係の開設には国家間の合意が必要であり、「外交関係に関するウィーン条約」（外交関係条約）は「諸国間の外交関係の開設及び常駐の使節団の設置は、相互の同意によって行う」（第2条）とこのことを規定している。

4　政府承認とその要件・効果

　政府は国家を構成する重要な機関の1つである。一般に、「政府の形態が変更しても国家は変更しない」という原則が広く認められている。すなわち、国家の構成要素の一部の変更があっても、国家として同一のものとして認識されるわけである。もっとも、合法的な形態で政府が変更した場合には問題にならないが、革命とかクーデターのような非合法な方法で新しく政府が誕生した場合、外国による政府承認が一般に行われ、これを政府承認の制度と呼んでいる。

　外国による新政府の承認は義務ではないが、その承認のためには承認される政府が一定の要件を満たしていなければならない。新政府が備えるべき要件に関して、これまで事実主義と正統主義の見解の対立があった。事実主義とは、新政府は国家の領域一般において実効的な支配を確立しており、また自主的な権力でなければならないとするものである。すなわち、承認の要件として、政府の実効性と自主性を問題とする。なお、政府権力の確立は国家領域の全部でなくても差しつかえなく、なお国家領域の一部に旧政府の勢力が残存していても、新政府の権力をくつがえす可能性がない場合には政府承認は可能である。フランス革命によって誕生した革命政府を、米国のジェファーソン国務長官がいち早く承認したのは、この事実主義に基づいたものであった。

　事実主義に対し、正統主義は新政府の実効性および自主性の要件に加えて、新政府には正統性が存在しなければならないとする見解である。この正統性の内容についてこれまでに種々の主張が行われた。まず、19世紀の初頭、フランス革命による影響の高まりに対抗して、神聖同盟の諸国は君主主義的正統性の原則を唱え、そのような正統性の要件を有しない革命政権は認められないと主

張した。しかし，非常に保守的な見解であり，一般的な慣行とはならなかった。また，20世紀初頭において，革命やクーデターが頻発していた中南米諸国から，立憲主義的正統性の原則（トバール主義）が主張された。革命やクーデターによって登場した政権は人民によって自由に選ばれた代表が立憲的に国家を再組織しないかぎり承認されないとするものである。この見解も一定の地域で主張されたもので，一般的な慣行とならなかった。また，被治者の同意を要求したウィルソン主義も，立憲主義的正統性の原則の主張と類似したものといえるであろう。

　ところで，人民の自決権が法的権利として承認されまた人権の国際的保障が確立することによって，自決権や人権を認めないような政府は承認しえないとする民主主義的正統性とも言うべき見解が主張されている。すなわち，政府として認められるためには，民主主義的な正統性を有していなければならないとする立場である。1970年の国連総会が採択した友好関係宣言は，「人民の同権と自決の原則に従って行動し，それゆえ人種，信条又は皮膚の色による差別なくその領域に属するすべての人民を代表する政府」を有していなければ主権独立国家とは認められないとする。自決権の承認と国際人権保障を大きな特徴とする現代国際法において，民主主義的正統性の原則が政府承認の要件についてもっとも適切に説明するものといえるであろう。

　政府承認のための要件を欠く承認は，要件を欠く国家承認の場合と同様に違法であり，その国に対する干渉となる可能性を有するものである。尚早の承認としてしばしば引用される事例として，スペイン内乱におけるドイツ，イタリアの反乱側の承認があげられる。スペイン内戦は1936年7月に勃発したが，同年11月に両国は承認した。承認時にはなお，中央政府の人民戦線政府は国土の3分の1を支配しており，首都のマドリードや商工業の盛んなカタロニア地方を支配していた。

　このように，政府承認は，国家承認と同様に承認国の政治的・政策的判断に依拠するところが高く，自国にとって好ましいと判断する場合には要件が不十分な場合にもいち早く承認するのに対して，自国にとって好ましいと考えない

場合には要件が十分な場合でも承認を手控える傾向がある。また，国家的利益の観点から，ときには事実主義に，またときには正統主義に立つことは珍しいことではない。たとえば，米国はフランス革命による革命政府を事実主義に基づいていち早く承認した。しかし，20世紀に入ると米国は大国となり海外投資も行われるようになり，国益保護のために革命・クーデターによる政府を拒否して正統主義に転換した。また，1930年代になると，正統主義に基づきいつまでも関係政府を承認しないでいることはかえって自国の利益に反するとして事実主義に戻った。しかし，第2次世界大戦後，国連における中国の代表権問題に見られるように，承認政策は正統主義に立っていた。

また，政府承認の方式は，外交文書等により承認する意見を表示する明示の承認と，外交関係の再開などの行為によって新政府の承認が含意される黙示の承認がある。政府承認の場合，後者の方式に基づくことが多いことから，国家承認において行われる法律上の承認と事実上の承認の区別は政府承認においてはほとんど問題とはなっていない。

それでは，政府承認の法的効果はどのようなものであろうか。政府承認がなされないかぎり新政府はその国を代表する資格を有しないが，承認されることによって新政府は国家を代表する正式な資格を持つことになる。また，承認されないかぎり他国との通常の外交関係は行われないが，承認後通常の外交関係が回復されることとなる。もっとも，外交関係の開設は国家間の双方的行為であり，両国の合意が必要である。さらに，承認された新政府は承認国に対して一般国際法上の権利・義務を主張しうるとともに，一時効力が停止していた旧政府締結の条約の効力が復活することが認められている。

5 政府承認をめぐる最近の動向

上述したように，20世紀に入って中南米諸国の間でトバール主義が唱えられた（1907年）が，それに対抗する形で，1930年にメキシコの外相，エストラーダは声明を発表して，エストラーダ主義と呼ばれている政府承認の廃止政策を打

ち出した。同声明では，「(承認)理論によれば，諸国は外国の現存政権の合法性，非合法性の判定が許され，その結果，政府・政権の法的資格や国内での地位が外国人の意見に従うことになる」とし，さらに「メキシコはそのような行為を侮蔑的な慣行であると考え，そのことが他国の主権を害することに加えて，外国政府の法的資格について，友好的あるいは非友好的決定を行うことは，それが事実上批判的態度をとるという限りで，国内問題に対する外国政府からのある種の審判を意味する慣行である」としている。大国の干渉に苦しんできたメキシコは，他国の国内状態に判断を行うことは主権侵害にあたるために政府承認を廃止し，外交関係等に入るか否かを決定することによって新政府との関係を処理しようとしたものであった。もっとも，エストラーダ主義は，中南米諸国によって一般的に支持されていたわけではない。

　ところが，第2次世界大戦後，エストラーダ主義とは異なる理由から，政府承認を廃止したり，不要としたりする国が先進国を中心に現われてきた。たとえば，英国政府は，1980年にそれまでの政府承認に関する英国の政策・慣行を変更し，以後政府承認を行わないとする声明を発表した。英国はカンボジアのポル・ポト政権を1975年に承認していたが，同政府は極端な人権侵害を行った。1979年にはベトナムが支援するヘン・サムリン政権が支配権を掌握したが，英国はその後もポル・ポト側の承認の維持を表明していた。このような状況の中で，承認を与えることは，新政権による人権侵害やその政権が権力を樹立した方法に関して支持しているものと見なされる恐れがあることを英国政府は懸念した。なお，同声明では，政府承認を与えないとする英国の同盟国の政策に従うものであること，政府承認は行わないが国家承認は行うこと，また実効的支配の原則については今後も評価の内に入れることに言及している。

　以上のように，政府承認を廃止ないし不要とすることによって，板挟みのジレンマから解放されることになる。しかし，政府承認の制度は新政府が登場した国家と既存の国家との法的関係を明確にし，また安定した関係を維持する上でも，重要な制度であると位置づけられるであろう。

6　交戦団体承認

　上述した政府承認が問題となるのは，反徒（自由戦士）の団体が領域一般において実効的支配を行い，一般的事実上の政府としての地位を確立した場合であった。それに対して，反徒の団体が中央政府との抗争において領域の一部を支配して，地方的事実上の政府としての地位を確立した場合に，種々の理由から外国あるいは中央政府がその地方的事実上の政府を承認するのが交戦団体承認である。

　外国が交戦団体承認を行うのは，地方的事実上の政府が占拠する地域に権益・利益を保有していたり，自国民が居住している場合に，その保護につき中央政府と折衝しても解決が得られないことから，地方的事実上の政府と直接交渉する必要があるからである。また，中央政府は自国の領域内にある外国人やその財産に対し一定の保護を与えなければならないが，その義務を行使しえない。そのため，中央政府はその義務を免れ，その責任の有無を明らかにする必要もある。さらに，内乱（内戦）は元来国内問題であり，反乱は国内刑法に該当する犯罪である。通常，反乱は国家に対する反逆として厳しい刑罰が課せられるが，そのため反徒は徹底的に抗戦し，また捕えた中央政府軍の兵士に報復を加えるなど，その戦闘は残虐なものになる傾向がある。そのため，中央政府が交戦団体承認を行うことにより，内戦を交戦法規の適用をうける国際法の戦争に準じた扱いをして，残虐さを緩和し内乱の人道化をはかる必要がある。

　交戦団体承認が行われるための要件として，まず，武力闘争が散発的ではなく広範囲に行われていることが必要である。また，反徒が一定の地域を占拠し地方的事実上の政府として実効的支配を行っていることが必要である。すなわち，一定の地域において秩序を維持し統治作用を行っていることである。また，反徒の軍隊が責任を有する指揮者のもとで行動し，また交戦法規を遵守する意思と能力を有することが必要である。さらに，外国が承認を行う場合には，承認国がその地域に保護すべき自国民の居住や，自国の権益のような交戦団体承

認を行う事情が存在することが必要である。この要件を欠くときにはその承認は内政干渉となる。交戦団体の承認は，明示の承認と黙示の承認があるが，一般には明示的に行われることは稀であり，黙示的に外国による中立宣言や中央政府による封鎖宣言や反乱軍兵士への捕虜の待遇を与えるなどの方式で行われる。

交戦団体の承認の効果として，外国または中央政府が承認を行った場合，反徒の支配地域においては地方的事実上の政府が外国人の生命・財産や外国の権益を保護すべき義務を負い，またこの義務違反に関して外国に直接国際責任を負うこととなる。そして，中央政府は地方的事実上の政府の支配地域にある外国人の生命・財産や外国の権益の損害についての責任を免れることになる。また，外国が承認を与えた場合には，承認国は内戦を国際法の戦争に準ずるものとみなし，内戦の両当事者に対して中立の地位に立ち，中立義務を負うことになる。もっとも，中央政府は自ら交戦団体の承認を行わないかぎり，内戦を国際法上の戦争に準じた扱いをしなければならない義務はない。他方，中央政府が承認を行った場合には，中央政府と地方的事実上の政府との間の戦闘は国際法上の戦争として扱われることになり，内戦の両当事者間には交戦法規が適用される。ただしこの場合，外国が承認を行っていなくとも内戦の両当事者に対し当然に中立義務を負うことになるのかどうかについては見解は分かれている。

交戦団体承認の制度は，アメリカの南北戦争において確立したといわれている。しかし，その後この制度はほとんど利用されなくなった。1936年に勃発したスペイン内戦のように諸国の干渉政策によってこの制度の利用を困難にするとともに，中央政府もまた交戦団体の承認によって統治能力の弱さを露呈することになることの恐れから利用されなくなったとされている。

そのため，内戦はますます悲惨な状況を呈するにいたった。そのため，1949年ジュネーヴ諸条約の共通第3条は，「締約国の一の領域内に生ずる国際的性質を有しない武力紛争の場合」に，各紛争当事者は敵対行為に直接に参加しない者を人道的に待遇しなければならないことを規定した。この規定は，内戦の場

合，交戦団体の承認がなされていなくとも適用されなければならない。

　さらに，1977年には，「国際的武力紛争の犠牲者の保護に関し，1949年8月12日のジュネーヴ諸条約に追加される議定書」(第1追加議定書)と「非国際的武力紛争の犠牲者の保護に関し，1949年8月12日のジュネーブ諸条約に追加される議定書」(第2追加議定書)が採択された。第2追加議定書は，内戦において適用される人道的保護規則の拡大強化を行うとともに，軍事行動から生ずる危険から文民たる住民を保護する規則が新たに設けられた（第4編）。

　また，民族解放戦争は従来内戦とみなされ，1949年ジュネーヴ諸条約の共通第3条が適用される紛争としてみなされていた。しかし，1977年の第1追加議定書によって，民族解放戦争はジュネーヴ諸条約の共通第3条から共通第2条の事態である国際的武力紛争に含められることになった(第1条4項)。すなわち，人民が「自決の権利を行使して，植民地支配及び外国による占領に対して，並びに，人種差別体制に対して，戦う武力紛争」については，国家間武力紛争と同様に，1949年ジュネーヴ諸条約および1977年第1追加議定書が全面的に適用されることになった。もっとも，民族解放団体は条約締結の当事者でないことから，それら条約が適用されるといっても，直ちに条約の権利・義務が発生するわけではない。第1追加議定書は，この点につき，「締約国に対して第1条4に規定する形態の武力紛争に従事している人民を代表する当局は，寄託国に宛てた一方的宣言の方法により，その武力紛争に関して諸条件及びこの議定書を適用することを約束することができる」（第96条3項）と規定している。

第10講

国家の領域

POINT　領土，領水，領空の3次元からなる国家領域に国家は領域権を有するが，その法的性質と領域使用の管理責任とはどのようなものか。伝統的国際法から現代国際法への変容の中で，領域の得喪をめぐる法理はどのように変化したか。国家領域の範囲，とりわけ領海や領空の範囲はどこまで及ぶのであろうか。また，領域に関してどのような国際協力が行われているか。これらの問題とともに，領土紛争における解決基準に関する国際法規についても触れることとする。

1　国家領域とその法的性質

　国家であることの1つの要件として，国際法上国家は確定した領域を保有することが必要である。国家領域は，領土，領水，および領空の3次元からなっているが，領土なくして領水はなく，また領土と領水をはなれて領空はない。国家の領域はその国の主権に服し，国家は領域にたいして原則として全面的に管轄権を行使することができる。国家が原則として領域にたいして自由かつ排他的に領有・支配しうる権能を領域権（領域主権，領有権，領土権）と呼ばれている。

　領域権の法的性質をどのようにとらえるかに関して，学説において，客体説（所有権説）と空間説（権限説）とが対立していた。客体説は，領域権を所有権に類似するものとみなして，国家が領域を使用したり処分することができる対象としての客体としてとらえる見解である。一方，空間説は，領域を統治の行われる空間として，または国家の権限が及ぶ範囲としてとらえる見解である。

しかし，国家の領域は，国家がその領域を直接処分する客体であるとともに国家は領域において排他的な統治を行いうる範囲であるという両側面を有している。この点を示す事例として，1889年，英国が当時の清朝政府と条約を結び，九竜半島（「新界」）を99年の期限「租借」したことがあげられる。1997年に当該地域が中国に返還されるまで，領土処分権は中国が保有していたが，統治権は英国が維持していたといえるであろう。

ところで，国家の領域権は絶対的なものではなく，国際法による制限に服し，とくに近年では国際的な便宜と国際協力の観点から領域権の制限が行われることが多くなっている。領域権の制限の中でも，最近の国境を越えた汚染や環境破壊との関連で注目されるのは，「領域使用の管理責任の原則」である。カナダ領にある民間会社の経営する熔鉱所から発生する亜硫酸ガスが米国の農作物等に損害を与えたとの後者の抗議で裁判となったトレイル熔鉱所事件で，1941年，仲裁裁判所は私人の行為によって国家が国際責任を負うことを認めて，カナダ政府はトレイル熔鉱所が煤煙による被害を米国内に及ぼさないよう処置する国際法上の義務を負うと判決した。また，フランスとスペインを貫流する河川の上流国フランスによる転流計画に関するラヌー湖事件において，1957年，仲裁裁判所は，計画の策定にあたって下流国と提携すべき義務は負わないが，上流国は自国自身の利益の追求にも他の沿岸国の利益と調和させるための配慮を払っていることを示す義務を負うと判決し，上記の原則を認めている。

なお，以前においては，自国の植民地は国家領域の構成部分（integral part）として理解されていた。しかし，自決権が国際法上の権利として承認された現在では，「植民地又はその他の非自治地域は，憲章のもとにおいて，それを施政する国家の領域とは別個のかつ異なった地位を有し，このような地位は，植民地又は非自治地域の人民が，憲章特にその目的及び原則に従って自決権を行使するまで存続するものとする」（友好関係宣言：傍点筆者）とされている。

2　領域取得の権原

　国家が領域を取得する権原として，伝統的国際法の下では，割譲，併合，征服，先占，時効，添付，の6つがあるとされていた。

　割譲（cession）とは，国家の合意により，領域の一部が移転することをいう。これまでに売買，贈与，交換などによる場合もあったが，戦後の講和条約に基づいて譲渡される場合が多くを占めていた。なお，今日では戦争は違法化されていること，また1969年の条約法条約は条約の無効原因の1つとして，武力による威嚇または武力行使の結果締結された条約を掲げていることに注目すべきであろう。

　併合（annexation）とは，国家の合意に基づいて，領域の全部が移転する場合をいうものである。なお，割譲と同様に国に対する強制が伴う場合には，当然同じ法的結果をもたらすものである。

　征服（subjugation）とは，他国の領土を実力をもって支配し，その領土の全部を取得することである。そのための要件として，実効的支配が確定的であることと領有する意思を有することが必要である。しかし，今日では武力による威嚇または武力行使は禁止されており，それらにもとづく領域取得はもはや認められてはいない。

　先占（occupation）とは，「無主の土地」（terra nullius）を他国に先んじて実効的支配を行い，領有する意思を有することによって領域を取得することである。無主の土地とは人が居住していない土地ということではなく，ヨーロッパ的意味での「文明国」の領有しない地域は無主地とみなされた。伝統的国際法の下で，この法理に基づいてアフリカの地域などが植民国家により植民地として領有された。しかし，今日では自決権が承認されており，また無主の土地が存在していないことからこの法理が使用されることはないであろう。

　時効（prescription）とは，他国の領土を長期に平穏にかつ継続して支配することによって領域として取得することである。しかし，これを他国による黙示の

放棄と考えて，領域取得の1つの権限とは見なさない見解もある。

添付 (accretion) とは，自然現象（土地の隆起や堆積など）による土地の増加に基づく領域の取得である。干拓などの人工による添付も含まれる。なお，国境を形成する河川の流水の急激な変化のような分離 (avulsion) の場合，領域取得の権原とはみなされない。

3　国家領域の範囲

　国家の領域は，領土，領水および領空によって構成されている。
　この地球上には多くの領土紛争や国境紛争が存在している。紛争当事国が異なる線を国境線と主張した場合，必ずしも国際法に基づいて解決されるとは限らない。しかし，国際法に基づく主張は説得的であることから，係争地域がどのような権原で領域権を取得したかを争うこととなる。領域の帰属が条約によって定められている場合，その条約の規定に従って解決することができる。もっとも，その条約規定が不明確な場合，その解釈をめぐって紛争が発生することはあるであろう。
　国境を画定する条約や条項では，山岳の場合には一般に分水嶺の理論を採用する。勿論別途の方式が採用されることはあろうが，同理論が採用されている場合には，分水嶺はどこを走っているかが決め手となる。また，国境が河川の場合には，一般にタールヴェーク（ThalwegまたはTalweg）の原則が採用される。外洋船舶が可航な河川の場合に可航水路の中央線，不可航の河川の場合には河川の中央線が国境線とされる。もっとも，この場合にも，国家間の合意により，別の基準を採用することが可能であることはいうまでもない。
　また，19世紀の初頭にラテン・アメリカの諸国がスペインまたはポルトガルから独立した際，植民地時代の行政区画ごとの単位で独立した。ラテン・アメリカ諸国の間では行政区画の線を国境線とするという了解があった。ある一定の時点の状態を維持するということで，これはウティ・ポッシデティス (uti possidetis：現状維持) の原則と呼ばれている。同原則を承認した諸国の間の国境

紛争では植民地時代の行政区画線が解決基準となる。アフリカ諸国の間においても，同原則が承認されている。西欧の列強による恣意的な線引きによる植民地領有の区画を是正することはアフリカ諸国間に混乱を引き起こすことから，1963年のアフリカ統一機構（OAU）憲章では間接的にウティ・ポッシデティスの原則を認め，また翌年の OAU 首脳会議ではカイロ決議を採択して独立当時存在した国境線を尊重することを誓約した。なお，国際司法裁判所は，1986年のブルキナファソ・マリ国境画定事件の判決において，同原則が普遍的妥当性を有する一般国際法の性格を有していることを認めている。

以上のような国家間に合意が存在する場合と異なり，国際法が妥当する以前の古い歴史的事実に基づく領土紛争を解決する基準は何かを考察する必要がある。このような場合，国際裁判の判例では，係争地に対する国家の実効的占有の有無をその決め手としている。判例のリーディング・ケースは，米国とオランダの間で争われたパルマス島事件において，1928年に常設仲裁裁判所が下した判決である。同判決は，発見は主権の終局的権原を創設するのではなく単に「未成熟の」権原を創設するにすぎないとし，国家権力の平和的かつ継続的発現という権原が優先する，と判示した。実効的占有とは，種々の形態・方法による立法権，行政権，司法権の行使という国家的権能の発現である。結局，歴史的事実に基づく紛争では，当事者が提出する証拠を比較考量することによって，実効的占有においてどちらが優れているかを判断することとなる。

次に，国家領域の領水であるが，従来国際法上領水は内水と領海に分けられていた。後述のように，外国船舶には領海については無害通航権が認められるが，内水には認められていないことからも，区別しておくことが必要となる。また，最近群島国家による群島水域の主張が認められ，領水の一部として認められた。

内水は，河川，湾，内海，湖沼，運河，港からなっている。内水としての地位の画定でとくに問題になるのは湾である。湾が内水として認められるためには，その海岸が単一の国に属していなければならない。また，湾入はその面積が湾口を横切って引いた線を直径とする半円の面積以上のものでなければなら

ない。さらに，湾口の距離は24カイリを超えてはならないこととなっている。なお，以上の基準が該当しない湾でも，沿岸国が長期にわたって内水として扱ってきたという歴史的な慣行，またそれを裏づける沿岸国の利益の存在，さらに他国がこれを黙認してきた場合には，歴史的湾として内水の地位が認められる。

　領海の範囲について，領海を測定する際の基線と領海の幅員（幅）が問題となる。基線について，1982年の国連海洋法条約は，通常の基線を海岸の低潮線とする（第5条）とともに，国際司法裁判所がノルウェー漁業事件判決（1951年）で容認した直線基線の方式を認めている（第7条）。もっとも，この方式を用いる場合，海岸が著しく曲折しているかまたは海岸に沿って至近距離に一連の島がある場所であること，また海岸の全般的な方向から著しく離れてはならないことを条件としている。なお，日本は1996年に領海法を改定し，全面的に直線基線の方式を導入した（第1図参照）ことをはじめ，基線の設定はその後一般に国連海洋法条約の規定と離れた展開が行われている。また，領海の幅員は，大砲の着弾距離説や当時の最大の着弾距離を根拠とする3カイリ説，またその後それらの海洋国による国家慣行への取り入れによって，長く領海の幅員は3カイリというのが有力な主張であった。しかし，漁業上および航行上・軍事上の利害の対立の中で国連海洋法条約は領海の幅員を最大限12カイリと規定することとなった。

　また，インドネシアやフィリピンのような群島国家の主張により，国連海洋法条約は群島水域の制度を認めた。群島とは1つの地理的，経済的および政治的単位を構成しているかまたは歴史的にそのような単位として認識されているものである。群島国の主権は，群島水域，その上空，海底およびその下，ならびにそれらの資源に及ぶとされている。群島水域として認められるためには，群島基線の内側の水域の面積と陸地の面積の比率が1対1から9対1までの間であること，群島基線の長さは100カイリを超えてはならないが，基線の総数の3％のものについては125カイリまでのものであること，とされている。

　つぎに，領土および領水の上空である領空について，20世紀の初頭まで国際法の規律の対象とはなっていなかった。1903年にライト兄弟が飛行機を初めて

第1図　日本の直線基線

出典：The Japanese Annual of International Law, No. 39, 1996.

飛ばすことを契機として空に関する関心が高まった。20世紀の始めには，空に関して公海のように自由であるとする空域自由説（自由空説）と空に対する領域権を認める空域主権説との論議があったが，前者の立場が有力であった。しかし，第１次世界大戦に航空機が実戦上使用される中で，中立国は交戦国の航空機の飛行を禁止し始めた。このような中で，1919年にパリで署名された国際航空条約は，締約国の領域上の空間に対して，国家は完全かつ排他的な主権を有

第2図　インドネシアの群島水域と群島航路帯

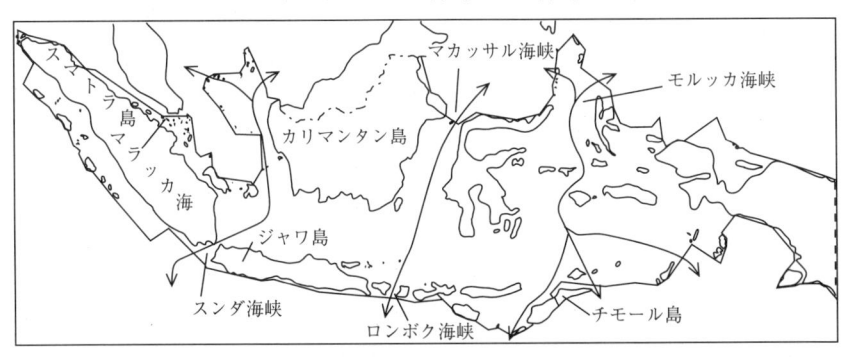

※群島航路帯については，毎日新聞，1998年6月17日付参照。

第3図　フィリピンの群島水域

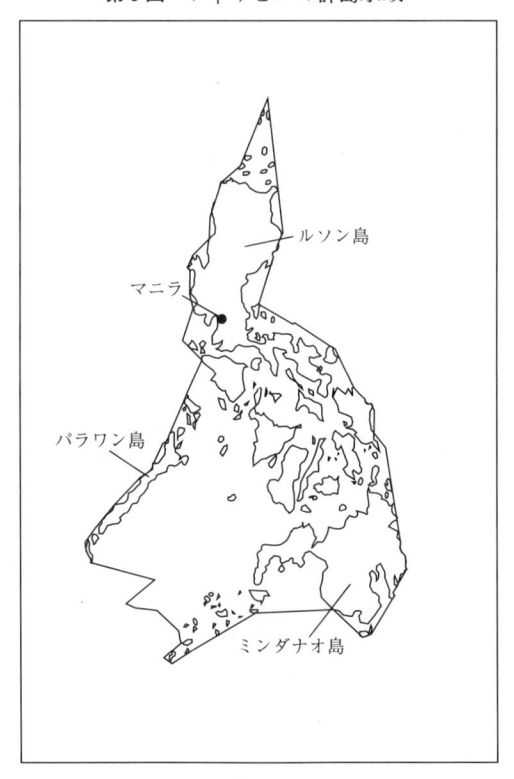

することを認めた。また，1957年には旧ソ連が人工衛星スプートニク１号を打ち上げた後，人類は宇宙活動の時代に入った。1966年に締結された宇宙条約は，月その他の天体を含む宇宙空間の領有の禁止を規定した。そこでは，下土国の領域権が認められる領空と領有が禁止される宇宙空間との境界，すなわち領空の上限が問題となる。この点について，宇宙条約は触れてはいない。この点について，空気の存在するところまでとする見解，航空機が空気の浮揚力によって飛行しうる範囲までとする見解など多くの説が存在する。現在，地球の軌道には，多くの人工衛星が回っている。しかし，国家はそれを領空侵犯として抗議しているわけではない。したがって，人工衛星が地球の軌道に乗りうる最も低い高度を基準として，領空と宇宙空間との区別を行うのが妥当であるといえるであろう。

4　領域権の内容―国際運河・国際河川

　国家は，領域権を有していることから，その領域において原則として自由かつ排他的な統治を行いうるとともに，同領域を任意に処分することが認められている。しかし，領域権を厳格に維持することは，国際的な便宜の点からしても不都合であり，慣習国際法や国際条約によって領域権は一定の制限をうけ，領域のそれぞれの部分によって領域権の内容は異なっているのが通常である。たとえば，条約によって，当事国の一方がその領域の一部についての他の当事国の利益のために一定の負担を負い，領域権に対する制限が課せられる場合がある。これを国際地役といい，積極的地役と消極的地役とがある。前者は要役国が承役国の領域内で，軍隊の通過・駐留や沿岸漁業などの利益が認められるものである。後者は承役国がその領域の一部を非武装化するとか，一定地域を第三国に割譲しないことまた利権を与えないことなど不作為の負担を負うものである。

　以下では，領域に対する負担が当事国以外の一般的利益にかかわっている国際運河および国際河川について考察することにする。

運河は内水の1つであり，領海のように外国船舶の無害通航権は認められていない。しかし，公海と公海とをつなぐ国際交通の要路となっている運河に関して，国際交通の便宜から，国際条約でこれを国際化することが行われ，この運河は国際運河と呼ばれている。国際運河として，現在，スエズ運河とパナマ運河が存在する。

　スエズ運河は，1888年の「スエズ運河の自由航行に関する条約」(コンスタンティノープル条約)によって国際化された。同条約は，「国旗の区別なくすべての商船及び軍艦に対し，平時においても戦時においても，常に自由であり，かつ，開放される」(第1条)と通航の自由を規定した。そして，締約国は運河の自由航行の妨害を目的とするいかなる行為も行わないことを義務づけた(第4条)。同条約は，また，航行の自由を確保するために，運河の中立化についての規定を設けている。運河とその出入港および出入港から3カイリの範囲内でのいかなる敵対行為も禁止した。また，交戦国は，運河とその出入港内で，運河内での不時の障害の発生の場合を除き，軍隊，武器，軍事材料を陸揚げ・搭載することが禁止された。さらに，24時間規則が設けられ，交戦国の軍艦はポートサイドとスエズ停泊所内での滞留は24時間を越えることができず，また交戦国双方の船舶が同時に停泊した場合にはそれら船舶の出発に24時間の間隔を保たなければならないとされている。

　パナマ運河は1904年に米国によって建設が開始され1914年に開通した。パナマ運河の国際化はまず2つの条約によって規律された。1901年の米英間のヘイ・ポンスフォート条約により，米国が運河を建設，管理する権利を取得するとともに，すべての国の船舶の通航の自由と中立化が約束された。また，1903年の米国・パナマ間のヘイ・ヴァリラ条約により，米国はパナマ運河地帯に対する永久的な租借権を取得した。しかし，第2次大戦後，パナマの運河に対する権利の回復の要求が高まり，1977年に両国間に「パナマ運河条約」と「パナマ運河の永久中立と運営に関する条約」の2条約が締結された。前者の条約は米国の永久租借権を廃止し，運河に対するパナマの領域主権国としての地位を確認した。1999年の末までの条約の有効期間中の管理・運営について米国がそ

の権利を持つことが認められ,それ以降はパナマが責任を負うこととなった。なお,1999年12月,パナマ運河の返還式典が行われ,正式に返還された。また,後者の条約によって,パナマ運河が国際水路であること(第1条),また「運河が平時においても戦時においても,すべての国の船舶の平和的通航に対して,完全な平等の条件の下に安全に開放されるために,パナマ運河の中立を宣言する」(第2条)ことが規定された。

　河川も運河と同様に内水の1つである。河川が一国のみを流れている場合と異なり,数カ国を貫流したり,数カ国の国境をなしていて,国際交流の要路である場合に,厳格に領域権を維持することは関係国のすべてにとって不便である。そのため国際条約によってそれぞれの国の管轄権を制限し,外国船舶の通航が認められた河川が国際河川である。

　河川の自由化への動きはフランス革命以降始まるが,河川の自由化の理念を始めて実定法化したのは1815年のウィーン会議であった。会議はすべての河川に適用しうる一般規定(ウィーン規則)とライン河に関する特別規則を定めた。ウィーン規則は国際河川法の憲章ともいうべきもので自由航行の原則を理念的に述べた内容のものであった。この規則はその後,個別的条約によってヨーロッパやアフリカの個々の河川の国際化について適用されていった。また,国際河川の一般制度を樹立するために,1921年の国際連盟主催のバルセロナ会議は「国際関係を有する可航水路の制度に関する条約」(バルセロナ条約)と附属規程を採択した。これによって,条約が定義する可航水路のすべてについて,「いずれかの他の締約国の国旗を掲げる船舶に対して航行の自由の行使を認める」と規定し,国際化することが定められた。なお,同条約は国際河川の一般制度の樹立を意図したものであったが,国際化の行き過ぎの批判もあり,一般的な適用が行われていないのが現状である。

5　領域権の内容——領海の無害通航権

　領海は内水と同様に領水の一部を構成しているが,内水とは異なって海上の

国際交通の便宜から領海においてすべての船舶には無害通航権が認められている。しかし，公海における船舶の自由通航権と異なって，無害通航権には種々の条件が付せられている。無害性に関して，国連海洋法条約は，沿岸国の平和，秩序または安全を害しないかぎり無害とされる（第19条1項）と規定するとともに外国船舶の領海における無害でない活動について12項目を列挙している（第19条2項）。また，通航に係わって，通航は継続的かつ迅速に行わなければならないこと，また潜水船は海面上を航行しなければならない（第20条）こととなっている。なお，沿岸国には無害通航に関して一定の法令を制定する権限が与えられている（第21条）。また，領海を通航する外国船舶内で行われた犯罪に対する沿岸国の刑事管轄権は，犯罪の結果が沿岸国に及ぶ場合や船長が沿岸国の当局に援助を要請する場合などに限られる（第27条1項）。また，沿岸国は，領海を通航している船舶内のある人に民事管轄権を行使するために船舶を停止させてはならない（第28条1項）。

 ところで，上述の無害通航権は外国の軍艦にも認められるのであろうか。国連海洋法条約では，すべての船舶が無害通航権を有すると規定されていること，また無害性の基準が船舶の種類ではなくて船舶の活動となっていることなどから，軍艦にも無害通航権が認められると解釈するのが一般的である。他方，軍艦の存在そのものが沿岸国にとって脅威であり，国連海洋法条約第19条2項が列挙する12項目の無害性基準があまねくすべてを網羅するものではないこと，同条約では直接に軍艦の通航権につき明記しなかったこと，その後第310条に基づく解釈宣言で事前の許可や事前の通告を要求している国があることなどから，なお軍艦の無害通航については解釈上の争点として残されている。もっとも，いずれの解釈であれ，軍艦が領海の通航に係る沿岸国の法令を遵守しない場合には，沿岸国はその軍艦に対し直ちに退去を要求することができることになっている（第30条）。

 以上のように，軍艦の無害通航についてはなお問題の余地が残されているとの見解も存在するが，国際司法裁判所が1949年のコルフ海峡事件判決において，コルフ海峡は国際海上交通の有用な航路であり他国が軍艦を沿岸国の事前の同

意をうることなく通航させる権利をもつ海峡であると認定したように，領海でも国際海峡では軍艦にも無害通航権が認められている。しかし，無害通航権では種々の制約が付されており，また領海の幅員が12カイリに拡大されるとそれまでに公海部分を残していた国際海峡が領海化されることから，米国や旧ソ連は第3次海洋法会議で国際海峡に関する新しい制度の導入を主張し，樹立されることとなった。すなわち，公海または排他的経済水域の一部分と公海または排他的経済水域の他の部分との間にある国際航行に使用されている海峡については，通過通航権の制度がとり入れられることとなった(第38条)。通過通航権は，無害通航権よりか公海上の自由通航権に類似し，すべての船舶だけでなく航空機もこの権利を有し，船舶の航行とともに航空機の上空飛行の自由が認められている。また，潜水船も海面上の航行を求められていないものと解釈されている。

なお，ここで領水の一部に加えられた群島水域に関する群島国家の領域権の内容・制約について触れておこう。群島水域が認められると国際要路の海域がそれにとり入れられることから，船舶や航空機の通航が問題となった。国連海洋法条約によって新しく群島水域に定められた通航制度として，まずすべての国の船舶は同水域において無害通航権を有する(第52条1項)とともに群島航路帯通航権が規定された(第53条)。この群島航路帯通航権とは，外国の船舶および航空機は，継続的かつ迅速に群島水域とこれに接続する領海およびそれらの上空を通航するのに適した航路帯が指定されれば，そこにおいてこの通航権を有するというものである（第2図参照）。

また，群島水域の資源管轄権に関する制約については，群島国家に隣接する国の同水域内の一定の水域における伝統的な漁獲の権利と他の適法な活動を認めるものとするとしているが，その他の国については既存の協定を尊重するものとするとの文言が挿入されているだけである（第51条）。

6　空の国際化

　すでに述べたように，領土と領水の上空の領空に対して国家は領域権を有し，外国の航空機は下土国の許可なしにはその領空を飛行することはできない。しかし，飛行のたびに許可を求めなければならないとすれば極めて不便である。そのため，条約を締結して締約国相互に一定の飛行を認め合うことが行われている。

　1944年に締結された国際民間航空条約（シカゴ条約）は，定期国際航空業務に従事しない航空機の飛行について「空の国際化」（空の自由）を認めたものである。なお，本条約は民間航空機にのみ適用され，国の航空機には適用されないことになっている（第3条）。各締約国の航空機は，不定期航空に限られるが，事前の許可を得なくても他の締約国の領域内への飛行，同領域の無着陸横断飛行，また運輸以外の目的での着陸の権利が認められている（第5条第1文）。また，定期国際航空業務としてではなく，航空機が有償または貸切りで行う旅客，貨物，郵便物の運送に従事する場合，それらの積込，積卸しをする特権を，それらが行われる国の規制を条件として，有するものとされている（第5条第2文）。なお，締約国の領域内のある地点から他の地点への旅客，貨物，郵便物の輸送（国内運輸：エア・カボタージュ）の権利はその締約国に保留されている（第7条）。

　また，定期国際航空業務に関する多数国間条約として，シカゴ条約と同時に国際航空業務通過協定と国際航空運送協定の2つの条約が作成された。前者は「2つの自由の協定」とも呼ばれ，第1の自由，外国の領域を無着陸で横断する自由，いわゆる fly-over の自由，第2の自由，運輸以外の目的で着陸する自由，いわゆる technical landing の自由，を認めている。後者は「5つの自由の協定」とも呼ばれ，以上の第1と第2の自由に加えて，第3の自由，自国内で積み込んだ乗客，貨物，郵便物を外国で積み卸す自由，第4の自由，自国向けの乗客，貨物，郵便物を外国において積み込む自由，第5の自由，外国と外国との間で運輸を行う自由，を認めている。

「2つの自由の協定」には多くの諸国が当事国となっているが,「5つの自由の協定」の方は締約国も少なく発効しなかった。そのため, 2国間の航空協定を締結して, 上記の5つの自由を認め合って定期航空業務を開設しているのが現状である。なお, 航空協定によっては, 第6の自由, 自国航空機による第3国——自国——相手国間運輸の自由が問題にされる場合もある。航空協定の締結でしばしば問題になるのは, 就航路線（路線主義）または相手国乗り入れ地点（地点主義）に関して, また相手国と第3国の間を運輸する権利である以遠権（第5の自由）に関してである。日米航空協定ではこれらの点で, 日本に不利な不平等があったが, 1998年の日米航空交渉の合意により不平等が是正されることとなった。しかし, 機会の平等は達せられたが, 航空企業の実力の格差から, 日本の航空会社は厳しい競争時代に直面することとなろう。

ところで, 外国の軍用航空機が許可なく領空に進入した場合, 領域国は強制着陸または退去を命じることができ, 従わない場合武器の使用も可能である。他方, 民間航空機について, 1983年の旧ソ連空軍による大韓航空機撃墜事件の発生を機に, 国際民間航空機関（ICAO）は, 翌年臨時総会を開催し, 国際民間航空条約に新たに「第3条の2」を加える改正議定書を採択した。それによれば, 民間機に対する武力使用の抑制および要撃の際の人命と機の安全の確保, 等を定めている。

第11講

公海と排他的経済水域

POINT　従来,「狭い領海,広い公海」といわれたように,海洋は領海と公海の2元的な構造をなしていた。しかし,第2次世界大戦後,資源ナショナリズムの高揚により,「海の革命」とも称される現象が現われた。その1つが,資源水域としての200カイリ排他的経済水域の登場である。本講では,まず公海制度,とりわけ公海自由の原則とそれにともなう旗国主義およびその例外について考察し,ついで排他的経済水域の性質,ならびに海洋資源の保存と海洋汚染の防止について考える。

1　海と公海,公海自由の原則

　地球の表面の70%は海である。古代では1つの国または民族が海を領有するという考えはなかったが,中世になると海に対する領有の主張が現われた。とくに,中世の末期から近世の初頭にかけて海に対する領有の主張が強く行われ,ポルトガルはインド洋とモロッコ以南の大西洋の領有を主張し,またスペインは太平洋とメキシコ湾の領有を主張した。そして,両国は,これらの海を通る外国船舶に通行税を課したり漁業を禁止したりした。

　この海の領有の主張に強く反発したのは新しく貿易国家として台頭してきたオランダであった。このオランダの立場を擁護して,グロチウスは1609年に『海洋自由論』を著した。彼は,海洋はその性質上占有しえないものであり,したがっていずれの国の所有にも属さず,すべての人の共同使用に開放されなければならないとした。その後,航海のための技術の発展と国際貿易の活発化によって,広大な海の領有の観念とは合わなくなり,一定の沿岸海域以遠の海につい

て諸国は海洋自由の観念を受け入れ，18世紀の間には公海概念が一般化していった。

　沿岸からの一定の狭い範囲の領海とその外の広い公海という2つの水域に大きく分けられ，，そして広い公海には公海自由の原則が妥当することが，長い間の国家の慣行に基づいた慣習国際法として確立した。その後，この原則の内容は法典化され，1958年の公海条約，また1982年の国連海洋法条約の第7部において規定された。公海自由の原則は，帰属からの自由と使用の自由からなっている。前者は，公海の領有の禁止を意味し，公海条約は「公海は，すべての国民に開放されているので，いかなる国も，公海のいずれかの部分をその主権の下におくことを有効に主張することができない」(第2条)と規定している。したがって，国家は公海において領域権を主張できず，また外国船舶に対し原則として管轄権を行使することができないことになっている。また後者の使用の自由として，公海条約は，①航行の自由，②漁獲の自由，③海底電線および海底パイプライン敷設の自由，④公海上空飛行の自由，を掲げ(第2条)，また国連海洋法条約はこれらに加えて，⑤人工島その他の施設の建設の自由，⑥科学的調査の自由，を規定している(第87条1項)。なお，両条約ともこれらの項目は使用の自由を網羅したものとしてではなく例示したものとして掲げるとともに，これらの自由は沿岸国だけではなく内陸国も享受するとしている。

　もっとも，以上の自由はすべての国により公海の自由を行使する他の国の利益に妥当な考慮を払って行使されなければならない(第87条2項)。この関係で，従来公海における軍事演習は関係国への事前通報等を条件に違法とはされてこなかったが，たとえば広大な海域を使用した演習が他国の使用の自由を妨げる場合，上記の規定に抵触するであろう。また，自由の限界が論議の対象となった事例として核実験があった。1954年，第五福竜丸事件が発生した。同年米国がビキニ環礁で行った水爆実験の結果，マグロ漁船の第五福竜丸が降灰を受け乗組員および船体に被害を受けた。また，放射能のあるマグロは廃棄され，さらにそれに関連する直接・間接の被害は莫大であった。米国は「好意ある見舞金」として200万ドルを支払った。本件は，法的問題としてではなく政治的解決

が計られたが，同実験が公海自由の原則と抵触しないか問題になった。

　公海の核実験については，その後部分的核実験禁止条約が締結され（1963年），禁止されることになった。1966年以降，南太平洋のムルロア環礁で核実験を実施していた同条約の非締約国フランスを相手取って，オーストラリアおよびニュージーランドは国際司法裁判所に提訴した。このように公海上の核実験の合法性が問題になった南太平洋核実験事件において，1974年の判決は，フランスが今後南太平洋において核実験を実施しない旨の意思を表明したことから紛争は消滅したとしてこの点に関する認定を行うことをしなかった。

2　排他的経済水域の設定

　「狭い領海，広い公海」と海を2つに大きく区分し，広い公海では公海自由の原則を認め，いずれの国も原則として自由に航行したり漁業を行うなど自由な使用が認められるというのが伝統的な海洋法制度であった。この体制は1958年の第1次海洋法会議で採択された公海条約においても基本的に貫かれていた。しかし，1958年と1960年の第1次および第2次海洋法会議以後新しく独立したアジア・アフリカの諸国はその法典化会議に参加していない。さらに，経済的にまた技術的に開発能力を十分有していない開発途上国にとっては，公海自由の原則は先進国に有利な原則と考える。したがって，開発途上国は従来公海自由の原則が妥当する公海の一定水域の海洋資源に対して管轄権を主張する。他方，先進国は基本的に「狭い領海，広い公海」の枠組を維持しようとする。

　このような開発途上国の主張は，「天然の富と資源に対する永久的主権」の観念によって裏打ちされていた。1972年の第27回総会および翌年の第28回総会が採択した決議は，「国際的境界線内の陸地，ならびに国家管轄権内の海床とその地下および上部水域にあるすべての天然資源に対する永久的主権への不可譲の権利」を確認している（決議3016 (XXVII), 決議3171 (XXVIII)）。これらの決議は，1962年の総会決議「天然資源に対する永久的主権」にいう永久的主権の観念を

沿岸沖の漁業資源にまで拡大することを意図したものである。この観念が適用される海域の範囲について言及してはいないが、沿岸沖の一定の公海部分の天然資源に対して永久的主権を享有するとする意見が総会で圧倒的多数の支持を得た。

　このような観念を基礎として、途上国から以下のような提案がなされた。1つは中南米諸国が行った「領海200カイリ」提案であり、第2はコロンビア、メキシコおよびベネズエラのカリブ海諸国による「パトリモニアル海」(patrimonial sea) 提案であり、第3はアフリカ諸国による「排他的経済水域」(exclusive economic zone: EEZ) 提案である。これらの提案は、本来の意味での領海（12カイリ）から200カイリの水域に関して非常に類似した内容が見うけられ、領海に隣接する200カイリまでの水域の生物資源および海底資源に対する沿岸国の排他的管轄権を主張するものであり、この権利の行使から生ずる制限を除いて航行、飛行の自由や海底電線・パイプライン敷設の自由は認めるとするものであった。異なる点は、この資源水域を認識する基本的な視角であり、領海200カイリ説は基本的に国家領域の視点でとらえるのに対し、パトリモニアル海（父祖伝来の海）説では歴史的に継承してきた海域として把握し、また排他的経済水域説の立場では新条約によって創設される水域と認識する立場である。いずれにせよ、先進国と途上国とのこの対立は、海洋資源をめぐっての「南北問題」の1つの側面であった。

3　排他的経済水域の法的地位

　第3次国連海洋法会議が1982年に採択した国連海洋法条約は、その第5部において排他的経済水域の制度を正式に認めた。それによれば、排他的経済水域は領海に接続する水域で、領海の幅を測定する基線から200カイリを超えてはならない。そして、沿岸国は、この水域において、①海底の上部水域ならびに海底およびその下の生物と非生物の天然資源の探査、開発、保存および管理のための主権的権利ならびに水域の経済的な探査および開発活動に関する主権的権

利，②人工島，施設および構築物の設置と利用，海洋の科学的調査ならびに海洋環境の保護と保全に関して海洋法条約に定める管轄権，③同条約に定めるその他の権利と義務，を有する（第56条1項）。

他方，すべての国は，この水域において，航行および上空飛行の自由，海底の電線とパイプライン敷設の自由を享有し(第58条1項)，この水域の制度に反しない限り公海制度に関する規則も適用されることになっている(第58条2項)。排他的経済水域は，領海とも公海とも異なる「特別の法制度」(第55条)であり，領海と公海という伝統的な2元的構造から，領海，排他的経済水域および公海という3元的構造へと「海の革命」ともいえる転換が行われた。

排他的経済水域は一種の資源水域であり，国家領域としての性格を有さずまた同水域の上空は同水域に含まれていない。したがって，沿岸国の同水域に対する権利は主権ではなく，主権的権利となっている。沿岸国は，この水域における生物資源の保存措置をとり，その最適利用を促進する義務を負っている。そのため沿岸国はこの水域の生物資源の漁獲能力を決定し，自国が漁獲可能量のすべてを漁獲する能力を有しない場合には，その余剰分について他国の入漁を認めなければならない（第61条・第62条）。また，内陸国および地理的不利国に対し，自国と同一の地域にある沿岸国の排他的経済水域の生物資源における余剰分の開発について，衡平の原則に基づいてその参加を認めなければならない（第69条・第70条）。さらに，排他的経済水域において，特別な魚種として高度回遊性魚種(第64条)，海産哺乳動物(第65条)，溯河性資源(第66条)，降河性魚種(第67条)の漁獲と規制について，魚の種類に応じて規定が置かれている。

なお，国連海洋法条約の採択による排他的経済水域の設定によって，7カ国だけで全世界の200カイリ水域の45％を占めることとなった。大きな同水域を手にしたそれらの諸国は，米国，オーストラリア，インドネシア，ニュージーランド，カナダ，旧ソ連および日本で，インドネシアを除いて先進国である。一方，最貧国の多くは内陸国であり，新海洋法は貧富の間の富の再配分に貢献するよりかその格差を拡大したのではないかと危惧する見解も出されている。同条約は内陸国や地理的不利国等についての規定を設けたが，200カイリ水域の制

度がこれらの目的を達成するかどうかについては,同制度の今後の展開・運用にかかっているといえるであろう。

4 公 海 と 船 舶

船舶はいずれかの国家の国籍をもち,原則としてその船籍国(旗国)の排他的管轄権に服する(第92条1項)。これを旗国主義と呼んでいる。国家は自国を旗国とする船舶に対し,行政上,技術上また社会上の事項について有効に管轄権を行使しまた有効に規制を行う義務を負っている(第94条1項)。このことにより,国家は公海の秩序の維持についてそれぞれ分担しているのである。船舶は国際法に基づく管轄権の配分およびその行使のための単位であって,船舶は領土性を有しない。したがって,「船は浮いた領土である」というのは誤りである。

国家は船舶に対する国籍の許与,自国の領域内での船舶の登録また自国の旗を掲げる権利についての条件を定める権利を有している。船舶の国籍を付与する条件についてはそれぞれの国の国内法によって決定しているが,所有権,乗組員,船舶製造地などが基準とされている。国籍を付与する国家と船舶との間には「真正な関係」が存在しなければならない(第91条)が,国によってはその条件を極めて簡便にして,実質上その国と船舶との間にはつながりがない場合にも国籍を与えている。これは便宜置籍船と呼ばれ,国家の管理や取締りの上から問題にされている。しかし,税金が安い,労働条件や社会保障の水準が低いなどの理由により船舶の運航費や維持が安くつくことから,第2次世界大戦後便宜置籍船が増加した。そのため,国連海洋法条約は,自国の船舶について,①船舶の構造,設備および堪航性,②乗組員の配乗,労働条件および訓練,③信号の使用,通信の維持および衝突の予防,に関して,海上の安全を確保するための必要な措置をとることを規定している(第94条)。

なお,外航海運を担う日本籍船の現状であるが,運輸省の『日本海運の現状』(海運白書,1999年版)によれば,コスト削減のために海外に船舶を移す「フラッギングアウト」(旗籍流出)の進行により,日本籍船は1973年の1,476隻から1998

年には168隻と11％に急減している。運輸省は1996年,外航船を対象に税制優遇措置制度を創設したが,日本籍船減少のペースは落ちていない。なお,1999年5月に,船長と機関長を除く乗組員について,日本の船員資格がなくとも外国での資格があれば外国人の採用を可能にする法改正を行った。

　上述のように,公海において,各国が自国を旗国とする船舶に対して管理責任を負い,条約や慣習国際法に基づく特別な場合を除いて旗国主義によっている。

　ところで,問題となるのは,公海上で船舶が衝突事件を起こし乗組員が刑事責任を問われた場合である。1926年,公海上でフランス船ロチュース号とトルコ船ボス・クルト号が衝突したロチュース号事件に関して,常設国際司法裁判所は,1927年の判決で,加害船の旗国だけでなく被害船の旗国にも刑事管轄権を認めた。しかし,双方の国の競合的な裁判管轄権が行使されるならば乗組員が他国で逮捕・起訴されたり,船舶が抑留されたりして海上交通に大きな障害をもたらすとの危惧から多くの批判があった。そのため,1952年の「船舶衝突及びその他の航行事故の刑事裁判権に関する規則の統一のための国際条約」(ブラッセル条約)は,海上衝突の場合の刑事裁判権を加害船の旗国または乗組員の本国の専属的管轄とすることを規定し,被害者の所属する国も裁判管轄権を行使できるとするロチュース号事件判決の立場は否定された。この立場は公海条約(第11条1項)においてもまた国連海洋法条約(第97条1項)においても踏襲されており,「公海上の船舶につき衝突その他の航行上の事故が生じた場合において,船長その他当該船舶に勤務する者の刑事上又は懲戒上の責任が問われるときは,これらの者に対する刑事上又は懲戒上の手続は,当該船舶の旗国又はこれらの者が属する国の司法当局又は行政当局においてのみとることができる」と規定されている。このように旗国主義の立場をとるとともに,乗組員の本国(属人主義)も競合的に管轄権をもつこととした。

5　公海上の警察権

　公海を通航する船舶に対し船籍国の法令が適用され，船舶内の事件に対して船籍国の民事管轄権および刑事管轄権が行使される。このように，公海上の船舶に対し管轄権を及ぼしうるのは旗国に限られるという旗国主義がとられており，旗国以外の国の管轄権が及ばされることを排除している。しかし，公海の秩序維持のためにまた沿岸国の安全を保護するために，旗国主義の例外として旗国以外の国の管轄権の行使としての警察権が認められる場合がある。

　その1つは，臨検の権利である。軍艦は，条約上の権限に基づく場合を除いて，一般に公海上の外国船舶を臨検することが認められていないが，いくつかの場合には，疑うに足りる十分な根拠がある限り，外国船舶を臨検することが認められている。いくつかの場合として，公海条約は，①その船舶が海賊行為を行っていること，②その船舶が奴隷取引に従事していること，③その船舶が外国の旗を掲げているかまたはその船舶の旗を示すことを拒否したが，実際にはその軍艦と同一の国籍を有すること，の3つの場合を規定している（第22条）。国連海洋法条約は，さらに，外国船舶が許可を得ていない放送を行っており，かつ，当該軍艦の旗国が109条によって管轄権を有していること，また外国船舶が国籍を有していないこと，の2つの場合をつけ加えている。公海条約では，臨検を行いうるのは軍艦に限定しているが，国連海洋法条約では，軍艦以外に軍用航空機とともに政府の公務に使用されていることが明らかに表示されており，かつ識別されることのできるその他の船舶または航空機で正当な権限を有するもの，についても認めている（第110条4項・5項）。

　ところで，臨検によって疑いの根拠がないことが証明され，かつ，臨検を受けた外国船舶が疑いを正当とするいかなる行為も行っていなかった場合には，船舶に対して被った損失または損害に対して補償しなければならない（第110条）。なお，軍艦および政府の非商業的役務にのみ使用される船舶は，公海上において旗国以外の国の管轄権から完全に免除されており，臨検することはでき

ない（第95条・第96条）。

　次に旗国以外の国による公海上の警察権が認められるものとして，海賊行為がある。国際商業会議所（ICC）の下部組織の国際海事局（IMB）によると，1999年の世界の海賊件数は285件で前年の202件より増加している。一般国際法上，一般に海賊とは，私船が私的な目的のために公海上で他の船舶に対して暴行・略奪を行うこととされていた。海賊は「人類の敵」としていかなる国の軍艦もこれを拿捕し，処罰しうるものとされていた。公海条約では，海賊行為の定義を拡大し，私有の船舶だけでなく私有の航空機の乗組員または旅客が私的目的のために公海における他の船舶だけでなく航空機またはこれらの内にある人もしくは財産に対して行う不法な暴力行為，抑留または略奪行為，と規定している。また，海賊行為が行われる場所として公海だけでなく，いずれの国の管轄権にも服さない場所も含められた（第15条）。なお，国連海洋法条約の海賊行為の定義もこれを踏襲している。

　海賊行為として成立するためには，他の船舶または航空機に対して行われることが必要である。したがって，1961年にカリブ海で起ったサンタ・マリア号事件では，海賊行為として他国がこれを拿捕することができるか問題となったが，同一船内で生じた反乱事件であり海賊行為に該当しないものとして扱われた。また，1985年に地中海で発生した乗っ取り事件であるアキレ・ラウロ号事件は同一船内にあった者の船内犯罪として処理された。

　なお，上述のような条件が満たされ，海賊行為と認められる場合には，いずれの国の軍艦もしくは軍用航空機も，また，政府の公務に使用されていることが明らかに表示されており，かつ識別されることのできる船舶または航空機でそのための権限を与えられているものは，海賊行為を行っている者を捕えて，その国の裁判所で処罪することができる（第105条・第107条）。この場合，拿捕した国はそれを処罰できるのであって，それを処罰する義務を負うわけではない。たとえば，1934年に東シナ海で中国の船舶に対し海賊行為を行ったドイツ人に，当時日本の租借地であった関東州の地方法院は，領海外で外国人が外国人に対して行った犯罪を処罰する法律はないとの理由で公訴を棄却したが，日本が処

罰しなかったことに対して，責任は問われなかった。

　さらに他の国家による公海上の警察権の行使として認められるものに，継続追跡権または追跡権がある。継続追跡権とは，沿岸国がその領水内においてその国の国内法を侵犯した外国船舶を公海まで継続して追跡して拿捕できることをいう。外国船舶の船足が速い場合，領海内でその船舶を拿捕しえないからである。継続追跡権が認められるためには，外国船舶が内水または領海内にあるときに開始されること，継続して追跡が行われること，公海において拿捕することであり，同船舶が外国の領海内に入ったときにはその国の許可なくして拿捕することはできない。

　公海条約はこの継続追跡権を成文化するとともに接続水域の設定により保護される利益の侵害にある場合には接続水域からの追跡も認め，また軍艦による追跡に加えて軍用航空機または政府の公務に使用されているその他の船舶もしくは航空機で特にこのための権限を与えられたものにも認められた。公海条約は本船がすでに領水外（あるいは接続水域外）にあってもなおボートが領水内（あるいは接続水域内）にあるときの追跡を認め，さらにアイム・アローン号事件のように追跡船が別の追跡船に引き継いだり，追跡航空機から他の追跡航空機に引き継ぐリレー方式を認めている（第23条）。さらに，国連海洋法条約は，内水，領海および接続水域に加えて群島水域からの追跡について規定し，また排他的経済水域，大陸棚においても，同条約に従いそこに適用される沿岸国の法令の違反の場合に追跡権を準用することとしている（第111条2項）。

　また，国連海洋法条約は，国際規則に違反して公海上の船舶や施設からの音響放送またはテレビジョン放送の送信である無許可放送（海賊放送）を防止するための協力についての規定を定めている。①船舶の旗国，②施設の登録国，③当該者が国民である国，④放送を受信することができる国，⑤無線通信が妨害される国，は無許可放送を行う者を逮捕しまたはその船舶を拿捕し，また放送機器を押収し，さらにその国の裁判所に訴追することができると規定している（第109条）。

　また，国連海洋法条約は，いずれの国も自国の船舶による奴隷の運送を防止

しまた処罰するため，ならびに奴隷の運送のために自国旗が不法に使用されるのを防止するため，実効的な措置をとることを約している(第99条)。奴隷を運送している場合，当該船舶の旗国または奴隷運送者の本国によって処罰されるが，海賊の場合と同様にそれらの国以外の国が裁判管轄権を有するかどうかについては明らかではない。さらに，国連海洋法条約は，公海上の船舶による国際条約違反の麻薬および向精神薬の不正取引の防止のための規定を設けているが，同規定はそのような不正取引を防止するための国家の協力義務にとどめている（第108条)。

6　海洋環境の保護・保全

　1958年の公海条約は海洋汚染の防止についての2カ条を設けている。1つは，船舶やパイプラインあるいは海底開発による海水汚濁の防止についての規定であり(第24条)，他は，放射性廃棄物の廃棄による海水汚染の防止についての規定であり(第25条)，両条文はこれらの防止のために国が一定の措置をとることを求めるものである。このように，公海自由の原則に基づく旗国主義の下において，船舶による海洋汚染の防止について規制を行うのも当該船舶の船籍国であると一般にされていた。しかし，船舶による汚染によって直接被害を被るのは当該船舶の近くの沿岸国である。このような事態に対処するためには，旗国主義では有効な措置がとれず海洋汚染に対して十分に対応することができない。

　1967年，リベリア船籍の大型タンカー，トリー・キャニオン号が英仏海峡上の公海上で座礁し，大量の原油が流出するという事件が発生した。英国政府は油による汚染の拡大を防止するために船体を爆破するいう措置をとるにいたった。この事件を契機に旗国主義の限界性についての認識が高まった。そのため，1969年の油汚染事故における公海上の介入に関する条約（IMCO公法条約）は，利害関係者および旗国との事前協議義務を条件として，沿岸国が自国沿岸もしくは関連利益に対する重大でさし迫った危険を防止，軽減，除去するために，公海上において必要な措置をとることを認めた。また，1972年の人間環境宣言

は，「国家は，人間の健康に危険をもたらし，生物資源及び海洋生物に害を与え，海洋の快適さを損ない，又は海洋のその他の正当な利用を妨げるおそれのある物質による海洋の汚染を防止するため，すべての可能な措置をとる」（原則7）と宣言し，従来のように船舶の油濁に限らず，ひろく海洋環境の保護を訴えた。なお，上記のIMCO公法条約は，1973年の議定書により，油以外の有害物質による海洋汚染に対しても適用されることになった。

　国連海洋法条約は，船舶起因の海洋汚染を防止するために，旗国がとるべき規制措置につきその義務を強化すると同時に，他方原則として旗国主義の立場に立脚しているものの，船舶の入港国や沿岸国にも一定の管轄権を行使する権限を認めることとし，旗国主義に対する一定の修正を行った。まず，旗国は海洋汚染の防止に関する国際的な規則や基準を実施するために法令を制定し，これらの規則，基準，法令が効果的に執行されるよう必要な手段を講じなければならない。また，旗国は自国船舶の違反について調査を直ちに行うために必要な措置をとり，適当なときは手続を開始するとされている（第217条1項・4項）。また，入港国は，その国の内水，領海または排他的経済水域の外で外国船舶が国際的な規則と基準に違反する排水を行って入港した場合，調査を行って証拠によって確認されれば執行のための手続を開始することができる（第218条）。さらに，沿岸国は，外国船による国際的な規則と基準に違反する海洋汚染についてそれがその国の領海または排他的経済水域（公海は除かれる）で行われた場合必要な執行のための手続を開始することを認めている（第220条）。

7　公海漁業の規制

　公海における漁業は，公海使用の自由の原則の1つとして自由であると考えられていた。しかし，漁業資源の保存と管理のための国際協力がしだいに必要となってきた。公海漁業の規制に関する最初の包括的な条約として，1958年の「漁業及び公海の生物資源の保存に関する条約」があるが，主としてその規制は地域別または魚種別に関係国間の漁業条約に基づいて行われてきた。公海の

漁業規制は単なる漁業資源の保存から諸国の関心は領海外の一定水域に沿岸国の管轄権を拡張する資源配分へと移行し，国連海洋法条約によって排他的経済水域が設定された。

　国連海洋法条約は，排他的経済水域の外側の狭められた公海における生物資源の保存措置を自国民についてとる国の義務（第117条）および生物資源の保存と管理についての国の間の協力（第118条）に関する一般的な規定を設けている。また，すべての国は公海で漁獲を行う際には，自国の条約上の義務とともに排他的経済水域における魚種別規制に関する規則などに従わなければならないこととなっている（第116条）。その規則の1つである第63条2項は「同一の資源又は関連する種の資源が排他的経済水域内及び当該排他的経済水域に接続する水域内の双方に存在する場合」——スケソウダラやカレイのようなストラドリング魚種を指す——には，沿岸国や当該資源を漁獲する国は同水域における資源保存のための措置について合意に達するよう努力することを規定している。また，第64条1項は，高度回遊性魚種について規定し，それを公海で漁獲している国は適当な国際機関を通じて，そのような機関がない場合は新たにそのような機関を設立して，当該魚種の保存を確保し，その最適利用を確保しなければならないと規定している。1995年に「ストラドリング魚種資源及び高度回遊性魚種資源の保存及び管理に関する1982年12月10日の海洋法に関する国際連合条約の規定の実施のための協定」（国連公海漁業実施協定）が採択された。公海自由の原則を基調としながらも資源管理への一歩移行したものとしてとらえられるであろう。

第12講

大陸棚と深海底

POINT　海底区域は，大陸棚と深海底に区分されるが，前者には石油や天然ガスなどの資源が埋蔵され，また後者にはマンガン，ニッケルなどの非鉄金属を含むマンガン団塊が大量に存在している。大陸棚に対して沿岸国は主権的権利を行使する権利が認められているが，とりわけ紛争原因となっている境界に関する規則について注目する必要がある。また，深海底とその資源は人類の共同財産とされているが，その資源開発のための手続や方式はどのようになっているか考察する必要がある。

1　大陸棚と大陸棚条約

　大陸棚とは本来は地質学上の用語である。一般に海底は海岸から緩やかな傾斜で沖合に向かい，130mから200mぐらいのところで急に深くなっている。この緩やかな形状をなしている部分の地形が地質学上の大陸棚である。大陸の陸地と同質の地質でつらなっていることから，石油や天然ガスなど陸地の天然資源と同様な資源が存在している。第2次世界大戦の間中および戦後の石油需要が急激に増大し，また技術の発展により沿岸沖の海底資源が開発可能となったことから，大陸棚に対する関心が高まった。

　このような状況の下で，まず口火を切ったのは米国で，1945年9月，米国大統領は「公海の下にあるが，米国の沿岸に接続している大陸棚の地下と海底の天然資源を，米国に属しその管轄権と管理に服するものとみなす」というトルーマン宣言を発表した。この宣言を契機として，各国から相次いで沿岸沖の海底資源を自国に保留する意向を示した多様な内容の大陸棚宣言が打ち出されその

第4図　海底概念図

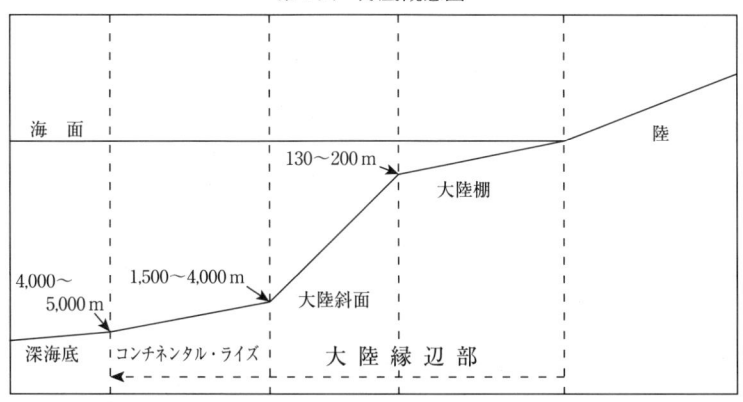

```
海面　　　　　　　　　　　　　　　　　　　　　　　　陸
　　　　　　　　　　130〜200 m
　　　　　　　　　　　　　大陸棚
4,000〜　1,500〜4,000 m
5,000 m　　　　　　大陸斜面
深海底　コンチネンタル・ライズ　　大陸縁辺部
```

中には上部水域への主張も含まれていた。このような状況の中で，国際連合の国際法委員会はこの問題を取り上げて審議し，そこで作成された草案を基礎に，1958年の第1次海洋法会議は，「大陸棚に関する条約」（大陸棚条約）を採択し，トルーマン宣言発表後続いた混乱に1つの終止符を打つこととなった。

　大陸棚条約によれば，大陸棚とは，「海岸に隣接しているが領海の外にある海底区域の海底及びその下であって上部水域の水深が200メートルまでのもの，又はその限度を越える場合には上部水域の水深が前記の海底区域の天然資源の開発を可能とする限度までのもの」（第1条(a)）と定義されている。したがって，大陸棚の外縁は，水深200mと開発可能性という2本立の基準に基づいている。すなわち，大陸棚の外縁は一律に200mであるが，さらに開発が可能な場合にはそれを超えた以遠も大陸棚の範囲に含めた。なお，その後の海底開発技術は飛躍的に発展したが，なお条約採択当時においてはその開発技術から水深200m以深の海底開発は念頭にはなかった。

　次に，大陸棚に対する沿岸国の権利であるが，沿岸国は大陸棚を探査しその天然資源を開発するための主権的権利を行使することが認められている（第2条1項）。主権的権利の用語にも示されるように，大陸棚は沿岸国の領域ではなく，領土性を有するものではない。しかし，大陸棚に対する沿岸国の権利は先占や明示的な宣言に依存するものではなく（第2条3項），また沿岸国がその大陸棚を

探査・開発していなくとも他国は当該大陸棚に対して権利を主張できない（第2条2項）ことを明らかにすることによって，大陸棚の資源開発について権利が沿岸国自身の排他的な固有の権利であることを明らかにしている。なお，大陸棚に対する沿岸国の権利がその上部水域の公海としての法的地位またその上空の法的地位に影響を及ぼすものではない（第3条）と規定し，上部水域および上空の自由使用が引き続き維持されることを保障している。

大陸棚条約は，この条約でいう天然資源について，「海底及びその下の鉱物その他の非生物資源並びに定着種族に属する生物」と定義し，また定着種族に属する生物について，「収穫期において海底の表面若しくは下部で静止しており又は海底若しくはその下に絶えず接触していなければ動くことができない生物」と定めている（第2条4項）。この定着性種族生物の解釈で対立があったのはカニやエビの甲殻類についてであった。すなわち，それらが同種族生物に含まれなければ漁獲が可能であるが，大陸棚資源とすれば沿岸国の許可なく採捕できなくなる。また，後述する北海大陸棚事件で，国際司法裁判所は，大陸棚条約の第1条から第3条までの規定は同条約採択当時すでに存在していた慣習国際法の規則を法典化したものであるとする見解を示したが，定着性生物資源についてそのようにいえるのかどうか見解の対立するところである。

2　国連海洋法条約と大陸棚

上述のように，大陸棚条約は大陸棚の範囲を水深200mと開発可能性の2つの基準を採用したが，その後の海底開発の技術は驚異的発展を示した。技術と資本力を所有する先進国が，開発可能性の基準を援用して大陸棚の範囲を拡大する懸念が出てきた。マルタのパルド国連大使は，1967年，後述のように国家の管轄権外に深海底制度の樹立を提案した。また，1969年の北海大陸棚事件判決において，国際司法裁判所は，大陸棚の範囲を沿岸国の陸地領域の海中に向かっての自然の延長を構成する部分までの海底区域と判示していた。第3次海洋法会議では，大陸棚の外縁につき200カイリまでの「経済水域」説や「水深・距離

併用」説も提案されたが，国連海洋法条約は，北海大陸棚事件判決で示された陸地の自然の延長を大陸棚の範囲とする考え方を踏襲した。

　すなわち，同条約は大陸棚の範囲について，沿岸国の領海を越えて，その領土の自然の延長をたどって大陸縁辺部（コンチネンタル・マージン）の外縁まで延びている海底およびその下，または大陸縁辺部が領海の幅を測定するための基線から200カイリの距離まで延びていない場合には基線から200カイリまでの海底およびその下，と定義を行った（第76条1項）。したがって，国際法の大陸棚の範囲は領海を除いた地質学上の大陸棚，大陸斜面，コンチネンタル・ライズを含んでいる。以上のように，沿岸国は海底の地形にかかわりなく200カイリまでの海底は大陸棚として，また大陸棚縁辺部がそれ以上にまで延びている場合にはその外縁までが大陸棚として認められるわけである。なお，国連海洋法条約では，沿岸国の基線から200カイリまでの水域を排他的経済水域として，その上部水域，海底およびその下の天然資源に関する主権的権利が承認されたことから，大陸棚の大部分がその範囲に含まれることとなった。

　以上のように，大陸棚の範囲の確定の基準として，結果として，陸地の自然の延長と距離（距岸）の2つが採用されることになった。後述のように，国連海洋法条約は，大陸棚の外側の海底について，その区域と資源を「人類の共同の財産」であるとした。また，広大な大陸縁辺部を有する沿岸国のみが200カイリを越えてその資源開発についての主権的権利を行使するという事態を是正するために，沿岸国の基線から200カイリを超える大陸棚の非生物資源の開発から得られる開発利益の一定割合を拠出させ，これを国際海底機構を通じてとくに後発開発途上国と開発途上の内陸国の利益とニーズに考慮を払って締約国に衡平に配分する（第82条）という拠出（レベニュー・シェアリング）の方式が規定された。なお，自国の大陸棚から生産される鉱物資源の純輸入国である開発途上国は，この拠出を免除される（第82条）。

3 大陸棚の境界

1958年の大陸棚条約では，相対するまたは隣接する諸国の領域に接続する大陸棚の境界線は，それらの国の合意によって決定される。合意がない場合には，特別の事情により他の境界線が正当と認められない限り，それぞれの国の領海の基線から等しい距離にある等距離（中間）線が境界になると規定していた（第

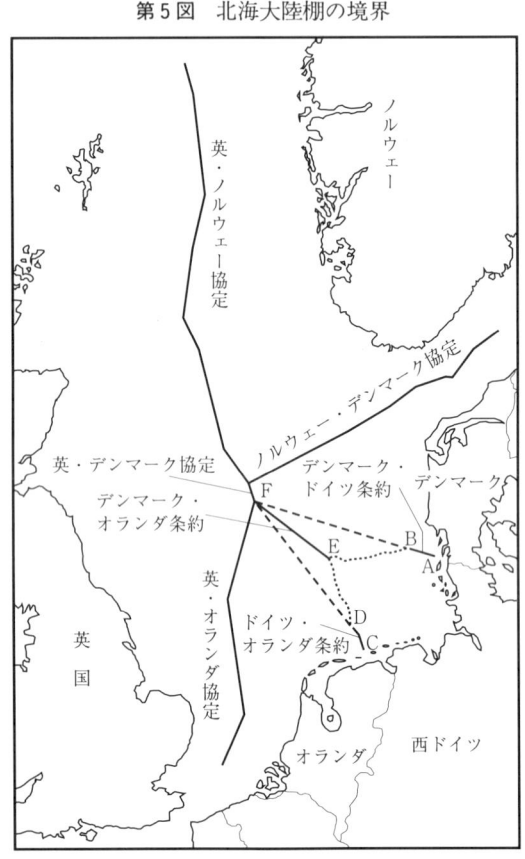

第5図　北海大陸棚の境界

6条)。

　ところで，条約第6条に規定するこの方式が条約をはなれても義務的となる慣習法規であるのかという問題に関し，1969年の北海大陸棚事件判決で判断が下された。同事件とは，1964年から1965年にかけて，当時の西ドイツとオランダ，西ドイツとデンマークの間で，陸地国境から一定の沖合までの部分的な境界が，主に等距離基準の適用により画定された。さらに，1966年にデンマークとオランダは西ドイツ(当時)沖合海域に等距離基準の適用による境界画定を行い(第4図のEF)，この境界線が西ドイツに対しても有効であると主張した。当時オランダとデンマークは大陸棚条約の当事国であったが，西ドイツは署名はしていたが批准はしていなかった。そこで，大陸棚の境界をめぐる3国間の紛争は国際司法裁判所に付託されたが，本件の係争点は，隣接国間における大陸棚の境界に関して，大陸棚条約で規定された等距離方式が西ドイツをも拘束する慣習国際法の規則であるか否かであった。

　国際司法裁判所は，1969年の判決において，大陸棚条約の第1条から第3条までの規定が同条約採択当時にすでに存在していた慣習国際法の規則を法典化したものであることを認めた。しかし，隣接国間における大陸棚の境界画定につき，大陸棚条約第6条2項に規定された等距離方式が，慣習国際法の規則であることを否定した。それに代わり，裁判所は，境界は，衡平の原則にしたがい，かつ，各当事国がその陸地領域の海中へ向かっての自然の延長を構成する大陸棚のすべての部分を，他国の陸地領域の自然の延長に侵入することなく，可能なかぎり残すようにすべての関連ある状況を考慮に入れて，合意によって決定されるべきである，と判示した。

　第3次海洋法会議では，等距離・中間線を主張する諸国と衡平の原則によるべきだとする諸国との激しい対立のため，国連海洋法条約は，「大陸棚の境界画定は，衡平な解決を達成するために，国際司法裁判所規程第38条に規定する国際法に基づいて合意により行う」(第83条1項)と規定した。そして，関係国は，合理的な期間内に合意に達しない場合には，同条約第15部に定める手続に付託しなければならないとしている(第83条2項)。なお，大陸棚の境界画定をめぐっ

ての紛争に関する国際裁判の判決として，上述の北海大陸棚事件，チュニジア・リビア大陸棚事件，メイン湾境界画定事件，グリーンランドとヤン・マイエンとの海域画定事件などのように国際司法裁判所による判決や英仏大陸棚事件のような仲裁裁判判決が存在する。一般に判決では，衡平の原則が適用される傾向が強いが，距離基準も衡平な解決を達成する上で有用な場合もあり，両原則の違いをことさら強調する必要はないとの指摘もなされている。

4　深海底制度の創設

　深海底とは沿岸国の管轄権のもとにある大陸棚の限界の外の公海の海底をいう。1960年代の半ば頃になると，深海底に，ニッケル，コバルト，マンガン，銅などを豊富に含有するマンガン団塊（マンガン・ノジュール）が大量に存在することが明らかとなり，海底資源の開発技術の発展と相まってこの資源の開発も時間の問題となった。深海底の問題が国連総会ではじめて取り上げられるようになったのは，1967年にマルタのパルド国連大使が提起した提案を嚆矢としている。彼は技術の急速な発展にともなって海底の探査・開発が可能となり，深海底が国家の取得の対象となるおそれがあり，また限りある海底資源が先進国の利益のために開発されることにもなるとし，このような事態を避けるためにも，国家の管轄権の外の深海底に有効な国際制度を樹立すること以外に方法はないと主張して，深海底の取得を禁止し，その資源を人類の利益のために開発することなどを規定する条約の作成を提案した。マルタの提案を契機として，1970年の総会において，「深海底を律する原則宣言」が採択された。前文と15項目からなる同宣言は，その後国連海洋法条約によって樹立された深海底制度の審議の基礎となった重要な文書である。

　1982年の国連海洋法条約は，深海底を「国の管轄権の及ぶ区域の境界の外の海底及びその下」と定義し（第1条1項(1)），第11部および関連の附属書で深海底制度について詳細な規定を設けている。同条約は，「深海底及びその資源は，人類の共同の財産（common heritage of mankind）である」（第136条）と規定する。

この原則は深海底制度の基本をなす原則であり，公海における公海自由の原則に基づく競争原理を排除した観念に立脚している。そのために，いずれの国も深海底とその資源のいかなる部分についても主権や主権的権利を主張したり，行使してはならず，また，いずれの国または自然人もしくは法人も深海底やその資源のいかなる部分も専有してはならないこととなっている（第137条1項）。また，深海底の資源に関するすべての権利は，人類全体に付与されるとし，国際海底機構は人類全体のために行動するとされている（第137条2項）。

　さらに，深海底における活動については，開発途上国の利益とニーズ，また完全な独立やその他の自治的地位を獲得していない人民の利益とニーズに特別の考慮を払って，人類全体の利益のために行われ，深海底活動から得られる金銭的利益その他の経済的利益の衡平な配分は国際海底機構を通じて行われることになっている（第140条）。このように，伝統的な公海自由の原則の下では，公海における資源開発に従事した国がその利益を自己のものにすることができたが，新しく構築された深海底制度はその伝統的な原理そのものを転換させたのである。

5　国際海底機構と開発方式

　国連海洋法条約は，深海底資源を管理し，深海底における活動を組織し，管理するために国際海底機構（International Sea-Bed Authority）の設立を規定している（第156条・第157条）。機構の主要機関として，総会，理事会および事務局が設置され，通常の国際組織と同様に三部会方式をとっている。また，深海底における活動（探査・開発）を直接に行う機関としてエンタープライズ（事業体）が設置される（第158条）。総会は，国連海洋法条約のすべての加盟国によって構成され，一般的な政策を定める最高機関である（第159条・第160条）。理事会は機構の執行機関であり，一定の選出基準に基づいて総会が選出する36カ国によって構成される（第161条・第162条）。なお，機構の所在地は，ジャマイカにおかれる（第156条）。

第3次海洋法会議では，深海底資源の開発方式をめぐって，先進国と発展途上国の主張が鋭く対立した。先進国は締約国または締約国の保証する企業が開発を行い，機構には登録または免許発給を与える権限にとどめるとするのに対して，途上国は機構が直接開発を行い，締約国またはその企業による開発を認めないと主張した。この開発方式に関して国連海洋法条約は，パラレル方式を採用することで解決を図った。すなわち，機構のエンタープライズが自ら探査・開発を行うほかに，機構の承認を得た締約国または締約国によって保証された企業も探査・開発を行うことができることとなった。また，エンタープライズと国家・企業との間で合弁事業を行うことも認められている（第153条，附属書Ⅲ第3条・第11条）。

　ところで，国連海洋法条約は，国家や企業が開発を行う場合，エンタープライズによる開発を容易にするために，開発鉱区の申請に関して，バンキング方式をとり入れている。すなわち，同等の商業的価値を有する2つの鉱区を申請し，その内の1つをエンタープライズによる開発のために留保し，他の1つを国家・企業に割り当てるとするものである（附属書Ⅲ第8条）。また，申請者である国家または企業には，エンタープライズおよび発展途上国への技術移転の義務を課し（第144条，附属書Ⅲ第5条），機構および発展途上国の職員に対する訓練計画の作成を求めている（附属書第15条）。また，国連海洋法条約は，深海底の資源開発によって影響を受ける同種資源を開発する陸上の国々を保護するために生産制限（年間生産上限枠）を設けている（第151条）。さらに，深海底の資源開発に関して，手数料や収益の一部を機構に拠出することが求められている（附属書Ⅲ第13条）。

6　深海底制度実施協定

　以上のような深海底制度の規定に対して，先進国，とりわけ米国は強く反発し，草案の段階からその見直しを要求していた。米国のレーガン政権は，海洋法条約草案のその他の部分は支持するが深海底に関する部分は受け入れられな

いとして，同条約に署名しないと決定した。1982年に国連海洋法条約は採択されたものの米国等が参加しない条約では無意味であることから，1994年には深海底資源の開発に関する規定を実質的に修正する「1982年12月10日の海洋法に関する国際連合条約第11部の規定の実施に関する協定」（深海底制度実施協定）を国連総会は採択した。

同協定の締約国は，同協定に従って国連海洋法条約第11部の規定を実施するものとされ（第1条），同協定と条約第11部の規定は単一の文書として一括して解釈・適用され，また両者が抵触する場合には同協定が優先することとなっている（第2条）。また，同協定の採択後は，条約の批准書，正式確認書または加入書はこの協定にも拘束されることについての同意の表明ともみなされ（実施協定第4条1項），またすでに批准している国に関しては簡易な手続による同協定への参加を認めている（同第5条）。

実施協定には詳細な附属書が付されてあり，これによって同条約第11部の規定を実質的に修正している。なお，附属書は同協定の不可分の一部を成すとしている。条約では，深海底資源の開発による同種資源を生産する陸上国家への影響を考慮して厳しい生産制限を課していたが，それらの規定は適用されないことになった（附属書第6節）。また，一定の手数料を除き，機構に拠出する支払い義務に関する規定も適用されないことになった（附属書第8節）。また，義務的な技術移転を定めた規定も適用されないことになり，先進国にも受け入れられるような技術移転の入手方法に代えられた（附属書第5節）。また，エンタープライズによる初期の採鉱の操業は合弁事業によって行うものとし，締約国のエンタープライズへの資金提供義務を定めた規定も適用されないことにされた（附属書第2節）。

レーガン政権の深海底資源の開発方式の見直しには政策決定機関の構成・手続についても含まれていた。とりわけ，機構の執行機関である理事会についてであるが，その構成国36カ国は，①深海底鉱物の消費国または輸出国から4カ国，②最大の8開発投資国から4カ国，③深海底鉱物と同じ鉱物輸出国から4カ国，④発展途上国6カ国，⑤地理的配分による18カ国，となっている。

国連海洋法条約では，表決手続は，実質事項については，特定の問題によって，出席しかつ投票する理事国の3分の2または4分の3とされていた(第161条8項)。しかし，実施協定は，チェンバー方式を採用し，たとえば途上国による数の多数で採決を強行するのを防止した。すなわち，原則として機構の機関の意思決定はコンセンサス方式とし，理事会では，コンセンサスのためのあらゆる努力が払われた場合，手続問題については出席しかつ投票する理事国の過半数，実質問題についてはコンセンサスによることを定めている場合を除いて出席しかつ投票する理事国の3分の2とした。そして，この後者においては，上記の①〜⑤の区分のいずれにおいても，その区分を構成する理事国の過半数による反対がないことを条件とした（附属書第3節）。

　また，国連海洋法条約は，深海底資源の最初の商業的生産が開始される年から15年後に，総会は同資源の深査・開発の制度についての再検討会議を招集することとしていた（第155条1項）が，附属書はその適用を排除するとともに以上の事項の再検討をいつでも行うことができることにした(附属書第4節)。さらに，附属書は，財政事項について適当な資格を有する15人の委員で構成される財政委員会を新たに設置している（附属書第9節）。

　以上のような実施協定を締結することによって，その後先進国の国連海洋法条約への参加も進み，2003年1月現在141カ国がその当事国となっている。

第13講

宇宙空間と南極大陸

POINT　放送衛星や遠隔探査衛星などの実用化に見られるように，宇宙空間は深海底と並んで人類の新しい活動空間となっている。宇宙条約は宇宙空間の領有の禁止とともにその探査・利用を全人類に認められる活動分野とした。その後，同条約の原則の細目を定めた関連条約の採択など，宇宙法の発展にはめざましいものがある。しかし，宇宙空間の軍事的利用の問題や宇宙残骸物の問題など残されている課題は多い。なお，本講では，宇宙条約の範ともなった南極条約体制についても考察する。

1　宇宙活動と宇宙条約

　1903年にライト兄弟による航空機の発明とその飛行によって上空に対する関心が高まった。上空の法的地位について，学説上，空域自由説（自由空説）と空域主権説が主張されたが，1919年の国際航空条約は「すべての国はその領域上の空間（airspace）において完全かつ排他的な主権を有することを承認する」（第1条）と明記した。今日では，国家が領土および領水の上空に対して領域権をもつことは一般国際法上の原則として認められている（第10講3参照）。
　その後上空における人間の活動は宇宙空間に及び，1957年10月，旧ソ連は人工衛星スプートニク1号を打ち上げた。翌年1月には米国がエクスプローラー1号を打ち上げ，1961年4月には旧ソ連のガガーリン少佐を乗せたボストーク1号が有人宇宙飛行に成功した。また，1969年7月には，米国のアポロ11号による人類初の月面踏査が行われた。また，現在では，後述のように軍事衛星の

ような軍事的な利用も行われているが，平和的利用としての通信衛星，放送衛星，遠隔探査衛星，新しいエネルギー源，などの実用化が行われている。

旧ソ連および米国による人工衛星の打ち上げ以降，国連総会は宇宙空間の探査・利用の問題をとり上げた。1958年12月，総会は，国連憲章の第1条と第2条に沿って，宇宙空間の探査・利用のための宇宙空間の平和的利用の原則を確立する国際協力と国際条約の必要性を認め，宇宙空間の平和的利用に関する法律的・技術的諸問題を研究する特別委員会を設けた。翌年12月，特別委員会は常設の宇宙空間平和利用委員会（COPUOS）とされ，同委員会構成国も当初24カ国であったがその後順次拡大され現在では53カ国となっている。同委員会の報告を基礎として，1963年12月，総会は宇宙空間の法的地位についての基本原則を掲げた「宇宙空間の探査及び利用における国家活動を律する原則宣言」を満場一致で採択した。同宣言の内容を条約化するために委員会は調整し，その条約草案を基に，1966年12月の総会は，「月その他の天体を含む宇宙空間の探査及び利用における国家活動を律する原則に関する条約」（宇宙条約）を採択した。

宇宙条約は宇宙活動の基本原則を定めたもので，いわば宇宙法の枠組を設定したものである。同条約は人類の「宇宙憲章」とか「宇宙のマグナ・カルタ」とも称せられるように，その後の宇宙法の発展の大きな礎石となった。1958年以降に国連が果たした立法的役割に示されるように，たとえば公海に関する国際法規の形成と異なって，宇宙活動に係わる科学技術の急速な発展と相まって，非常に短期間に条約が作成されたことは同条約の1つの特徴であろう。

2　宇宙条約の内容

宇宙条約は，宇宙空間の探査・利用についての基本原則を定めまた宇宙活動によって生じる国家責任などの法律問題についての規則を設けている。条約では，月その他の天体を含む宇宙空間はいかなる手段によっても国家による取得の対象とならないと，領有禁止原則が定められた（第2条）。同時に，条約は，月その他の天体を含む宇宙空間の探査および利用はすべての国の利益のために行

われるものであり，全人類に認められる活動分野であると規定する。また，すべての国が，宇宙空間において，平等の基礎に立ちかつ国際法に従って，自由に探査し利用できるものとし，また天体のすべての地域への立入りを自由として，宇宙利用の自由と平等の原則を規定した (第1条)。

また，条約は宇宙の軍備管理条約の性格をも有しており，宇宙空間と天体についての平和的利用に関する規定を設けている (第4条)。同規定に関して，「平和的」とは「非侵略的」を意味するのか，それとも「非軍事」を意味するのか対立があったが，その後米露の2大宇宙大国や多くの西欧諸国は前者の立場に立っている。もっとも，条約は，宇宙空間の一定の範囲の軍事的利用を禁止し，核兵器やその他の種類の大量破壊兵器を運ぶ物体を地球を回る軌道に乗せないこと，これらの兵器を天体に設置したり宇宙空間に配置してはならないことを規定するとともに，月その他の天体はもっぱら平和的目的のために利用すべきことを定めた。さらに，天体については，天体上に，軍事基地，軍事施設，防備施設を設置したり，兵器の実験を行ったり，軍事演習を実施することは禁止された。なお，科学的研究その他の平和的目的のために軍事要員を使用することができることになっている (第4条)。

以上のように，月その他の天体については一般に非軍事化されたが，宇宙空間については核兵器その他の大量破壊兵器を運ぶ物体を地球を回る軌道に乗せること，またこれらの兵器を宇宙空間に配置することを禁止しただけである。これら以外の方法での軍事的利用は禁止されていない。たとえば，人工衛星を偵察や通信など軍事的目的のために使用することは禁止されていない。また，大陸間弾道弾 (ICBM) は宇宙空間を通過するが地球の軌道に乗らないことから条約には抵触しない。そのほか，天体以外の宇宙空間に，宇宙物体を配備して軍事基地として使用すること，部分的核実験禁止条約により核実験は禁止されているがそれ以外の兵器の実験を行うこと，軍事演習を実施することは必ずしも禁止されてはいない。このように，天体以外の宇宙空間においては，ごく限られた範囲内での軍事的利用しか禁止しておらず，大幅な軍事的利用を放置していることは，宇宙条約の大きな欠陥であり，平和的利用原則の徹底は今後に

残された大きな課題の1つとなっている。

　また，宇宙条約は，国際協力の原則についての諸条項を設けている。まず，当事国は，宇宙飛行士を宇宙空間への人類の使節とみなし，事故，遭難，他の当事国の領域または公海における緊急着陸の場合，すべての可能な援助を同飛行士に与えること，同宇宙飛行機を登録国へ安全かつ迅速に送還する義務，また宇宙飛行士の生命または健康に危険となるおそれのある現象を発見した場合の通報義務を負うこととされている（第5条）。また，宇宙空間の探査・利用における援助と相互援助，他国の利益に対する妥当な考慮，有害な汚染の防止，有害な干渉を及ぼすおそれのある際の国際的協議，について定めている（第9条）。さらに，宇宙空間に発射された物体の登録国への返還義務（第8条），観測の機会の供与（第10条），情報の提供（第11条），月その他の天体上の基地，施設，装備および宇宙飛行機の相互主義に基づく他の当事国への開放（第12条）の規定を設けている。

　さらに，宇宙条約で注目される点は，法的準則に関する諸規則である。まず，宇宙活動は国連憲章を含む国際法に従って行われなければならないと規定する（第3条）とともに，「条約の当事国は，月その他の天体を含む宇宙空間における自国の活動について，それが政府機関によって行われるか非政府団体によって行われるかを問わず，国際的責任を有」するものとされ，民間団体についても当事国はその活動について直接国際責任を負うとする「国家への責任集中の原則」が定められた（第6条）。そのため，非政府団体の宇宙活動は関係当事国の「許可及び継続的監督」を必要とするものとされている。また，条約は，打ち上げ物体が他の当事国または他国民に損害を与えた場合の国の賠償責任についての規定を設けている（第7条）。

3　宇宙条約体制の発展

　以上のように，平和的利用原則の不徹底という問題点が存在するものの，宇宙条約は，宇宙活動の進歩が全人類の共同の利益であるとして，そこで適用さ

れるべき宇宙法に関する基本原則を規定した意義は強調してもしすぎるものではない。しかし，同原則は一般原則であって，今後の具体的な事態に対応するために原則の細目としての規定が必要であった。宇宙空間平和利用委員会はその後も任務を続け，その結果として，1968年に「宇宙飛行士の救助及び送還並びに宇宙空間に打ち上げられた物体の返還に関する協定」(宇宙救助返還協定)，1972年に「宇宙物体により引き起こされる損害についての国際的責任に関する条約」(宇宙損害責任条約)，1974年の「宇宙空間に打ち上げられた物体の登録に関する条約」(宇宙物体登録条約)，1979年に「月その他の天体における国家活動を律する協定」(月協定)の4つの関連条約が採択された。なお，宇宙救助返還協定は宇宙条約の第5条，宇宙損害責任条約は同条約の第6条・第7条，宇宙物体登録条約は同条約の第8条，および月協定は同条約の基本原則の全般について具体的かつ詳細に規定した。宇宙条約はこれらの関連条約の枠組を提供したわけである。

以上の関連条約の中で，国際法学上とくに注目されるのは，宇宙損害責任条約に掲げられている国家責任に関する原則である。すなわち，打ち上げ国は，自国の宇宙物体が地表において引き起こした損害または飛行中の航空機に与えた損害の賠償について無過失責任を負うとされたことである(第2条)。また，宇宙物体の衝突などにより，地表の第三国または飛行中の航空機に損害を与えた場合には，両方の打ち上げ国は連帯して第三国に対して無過失責任を負うこととされた(第21講参照)。なお，以上の原則に関係する事件として，コスモス954号事件がある。1977年，旧ソ連が打ち上げた原子炉衛星が大気圏内に突入し，カナダ上空で破壊された後，放射能で汚染された破片がカナダに落下したという事件である。カナダ政府は，旧ソ連へ賠償を求めたが，その請求理由の1つとして同条約の第2条を根拠とした。旧ソ連は賠償責任を否定しながらも，「好意による」(ex gratia) 金銭の提供を行った。

また，月協定にも留意する必要があろう。宇宙条約第2条は宇宙空間・天体に対する「国家による取得」の禁止を定めているが，それらの領有だけでなく，それに至らない排他的な利用や使用も禁止するものかについて争いのあるとこ

ろであった。米国のアポロ11号による月面着陸の成功を契機として作成された月協定は，月とその天然資源は人類の共同の財産である(第11条1項)とし，また月の表面もしくは表面下または月もしくは賦存する天然資源のいかなる部分も，いかなるものの所有にも帰属しない(第11条3項)と規定した。そして，月の天然資源の開発を律する国際制度については，その開発が実行可能となったときに設立することとした(第11条5項)。なお，月協定は，宇宙条約が規定する月その他の天体の非軍事化よりもさらにそれを強化する規定を置いている（第3条)。

4 宇宙空間の実用化と課題

今日，宇宙の開発と利用という宇宙の実用化が急速に進み，直接放送衛星が宇宙から直接地上に電波を流し，また遠隔探査衛星が地上の細部まで探査を可能とするなかで，種々の問題が発生してきた。また，このような衛星の実用化とともに，赤道諸国8カ国は赤道上空約3万6,000kmに位置する静止衛星軌道が宇宙空間に属さず有限な天然資源として自国の主権に属するとするボコタ宣言を1976年11月に採択した。しかし，その後，赤道諸国のこの主張は，静止衛星軌道の衡平な利用という主張に移行し，1993年には赤道諸国は同軌道に対する主権の主張を撤回した。

このように静止軌道の利用をめぐっての南北問題というべき様相が現われていたが，直接放送衛星についても発信国と受信国との対立として表出した。すなわち，西欧諸国を中心とする情報の自由を主張する発信国と自国にとって好ましくない番組や情報を国家主権（情報主権）の観点から規制しようとする受信国との対立である。また，目的とする放送範囲を超えて周辺諸国にまで電波が届くスピル・オーバーの問題もある。

1972年のユネスコ（UNESCO）総会が採択した「情報の自由な流通，教育の普及及び文化交流促進のための衛星放送利用の指導原則に関するユネスコ宣言」は，情報自由の原則に言及するものの，伝送の発信国以外の諸国の住民に対す

る直接衛星放送に関して事前の合意に達し，または達するよう努力することを求め，また商業広告については，その伝送は発信国と受信国間の合意によらなければならないとしている（第9条）。また，1982年に国連総会が採択した「国による国際直接テレビ放送のための人工衛星の利用を律する原則」と題する決議は，国際直接テレビ放送事業の開始は，発信国と受信国との間の協定に基づかなければならないとして，後者の立場に立っている（14項）。

　また，遠隔探査衛星の利用に関して，探査国と被探査国の間でそのデータの利用についての対立が存在していた。1986年の国連総会は，「宇宙空間からの地球の遠隔探査に関する原則」と題する決議を採択した。同決議は「遠隔探査」（リモート・センシング）を定義して，「天然資源管理，土地利用及び環境保護を改善する目的で，遠隔探査される物体から放射・反射または回折される電磁波の特性を利用して，宇宙から地球の表面を探査することをいう」としている（原則1）。同決議は，遠隔探査活動国は，地球の自然環境に有害なデータや自然災害に関する情報を関係国に提供しなければならない（原則X, XI）とするとともに，被探査国は自国の管轄下にある領域に関するデータに「無差別かつ合理的な費用でアクセス」する権利を認めた（原則 XII）。

　また，上述したコスモス954事件が発生した後，宇宙空間平和利用委員会は宇宙における原子力電源の利用に関する問題を審議していたが，1992年の国連総会は「宇宙空間における原子力電源の利用に関する諸原則」と題する決議を採択し，原子力電源の安全な利用のための指針と基準を提示する（原則3）とともに，安全評価の確保（原則4）や事故の際の情報提供（原則5）等についての定めをおいた。

　なお，常時有人の民生用国際宇宙基地の共同活動のための国際協力を確立するために，1998年に「民生用国際宇宙基地のための協力に関するカナダ政府，欧州宇宙機関の加盟国政府，日本国政府，ロシア連邦政府及びアメリカ合衆国政府の間の協定」（宇宙基地協定）が作成され，その枠組のための詳細な規定が設けられている。

　ところで，宇宙活動が活発化するなかで，宇宙残骸物（space debris）が極め

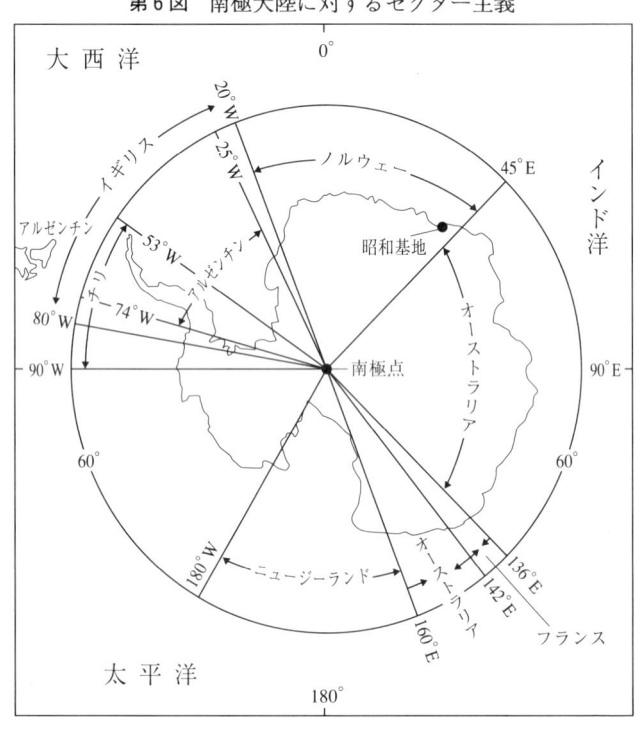

第6図　南極大陸に対するセクター主義

て重大かつ現実の問題として登場してきている。宇宙空間平和利用委員会の招請により国際学術連合会議（ICSU）の宇宙研究委員会（COSPAR）が提出した報告書によれば，20cm以上の大きさの物体は約7000個，10cmから20cmのもの約2000個，1cmから10cmのもの約5万個，また1mmおよび1mm以下の金属片や塗料片が何百万から何十億もあると見積もられ，平均時速約3万キロの0.5mmの金属片は宇宙服を突き抜け宇宙飛行士を殺傷しうるとしている。宇宙活動自由の原則を定めている宇宙条約第1条の解釈から，デブリは同条の趣旨に違反するとの見解や宇宙活動の協力を規定した同条約第9条の文言から，過度のデブリを生成しない義務を，少なくとも締約国には存在するという見解も存在する。しかし，第1条の規定は，デブリ問題解決への具体的な枠組設定のための原則的な規定となりえても，あまりにもその内容は一般的であり，また第9条もデブリ

問題に適用するには問題点が多く，同規定だけでは同問題の解決を導く法規則とするには困難である。宇宙空間平和利用委員会の科学技術小委員会や関係の国際機関はこの問題の検討を1980年代後半から取り組んでいるが，早急に対策を講じなければならない重要課題である。

5　南極大陸と南極条約

　近年，北極圏の気温が急激に上昇し北の海を覆う氷の面積が縮少していること，また南極大陸に積もった雪などが固まった氷床が海にせり出した棚氷が次々と崩壊している現象が続いているとの報道が相次いでいる。

　ところで，南極大陸は激しい気候条件のために人間の接近を許さなかったが，19世紀末までに植民地の分割が終るとともに，また科学技術の発達による極地の利用が可能になり，列強の目は南極大陸に向けられた。英国が1908年の特許状により南極大陸の一部に対する領有主張を行ったのを嚆矢として，ニュージーランド，フランス，オーストラリア，ノルウェー，チリ，アルゼンチンの7つの諸国が領有の主張を行った。

　これら諸国の主張は，南極大陸に対して厳しい気候的条件のために先占の法理を適用することが困難であったことから，セクター主義(sector principle)の適用を主張した。すなわち，極点を頂点として2つの子午線によって囲まれる扇形区域が自国に帰属するというものである。しかし，2つの子午線の引き方も恣意的でその必然性も明確なものではなかった。領有主張を行った英国，チリおよびアルゼンチンのセクターは重複し紛争が発生するという事態となった。

　1957年から1958年にかけての国際地球観測年(IGY)における南極観測に関する国際協力を契機として，1959年12月，同観測年に参加した12ヵ国(セクター設定の7ヵ国が含まれる)の間に南極条約が締結された(効力発生：1961年6月)。同条約でもっとも注目される重要なことは，各国が主張する領土権を肯定も否定もせず，条約の有効期間中それを凍結したことである(第4条)。条約の有効期間

は一応30年とされているが，同期間経過後も終了手続がとられていないことから，同条約体制は維持されている。なお，日本は1951年の平和条約第2条e項において南極地域に対する一切の請求権を放棄している。

次に，南極条約は南極をもっぱら平和的目的にのみ利用することとし，軍事的利用を禁止した(第1条)。また，南極での核爆発と放射性廃棄物の処分を禁止した(第5条)。このように，南極条約はいわゆる軍縮条約としての側面を有している。南極条約の締結当時は東西冷戦の厳しい時期であったが，南極という特殊な地域であったことから条約として結実したとも言えるであろう。さらに，南極条約は，南極における科学的調査の自由と国際協力について規定する(第2条，第3条)。そして，国際協力を促進するために，①科学的計画に関する情報の交換，②探検隊および基地の間での科学要員の交換，③科学的観測およびその結果の交換ならびに自由な利用，について同意された。

以上のように，領土権の凍結，平和的利用および科学的調査の自由と国際協力という3大原則を基盤とする国際制度の下に南極は置かれることとなった。この条約の規定の違反を防止するために，南極条約は徹底した査察の制度を設けている。原締約国の全部と新加入国のうちで科学的研究活動を実施する国は，査察を行う監視員を指名する権利を有し，同監視員は南極のどの地域にもいつでも出入りする完全な自由を有している(第7条)。さらに，条約内容を実施して条約体制を維持するために，上記に該当する国家は適当な間隔を置いて会合し，協議することとしている（第9条)。

以上のように，領土権の問題について南極条約は最終的解決を与えるものではないが，南極という特殊な地域としてまた東西冷戦に直接係わらない地域として，徹底した非軍事化と査察制度が設けられた。なお，南極条約体制は，上記の宇宙条約作成の際のモデルとされたものである。

南極条約の発効後，協議国は定期的に協議国会議を開催して，情報の交換，南極地域に関する共通の利害関係のある事項についての協議，条約の目的と原則を助長する措置の立案・審議を行ってきた。その結果，1964年に南極動物相・植物相の保存に関する合意措置が採択され，1972年にはあざらしの捕獲を禁止

した南極あざらし保存条約が採択され、また1980年にはオキアミなどの生物資源の保存を定めた南極海洋生物資源保存条約が採択された。このように生物資源の保存について一定の成果があげられた。一方、鉱物資源については合意はなかなかまとまらなかったが、1988年にいたって南極鉱物資源活動規制条約が採択されるにいたった。しかし、同条約に対して環境保護の立場から反対する声が高まり、条約の効力発生は見込めない状況となった。そのため、1991年10月、協議国特別会合において、「環境保護に関する南極条約議定書」(南極環境議定書) が作成されることとなった (効力発生：1998年1月)。同議定書によれば、議定書の効力発生の日から50年間、科学的調査を除くほか、鉱物資源に関するいかなる活動も禁止されることとなった (第7条・第25条)。

　なお、協議国会議は少数の先進国が参加する「閉鎖的」フォーラムであり、また討議内容や決定事項について外部に知らされない「秘密性」によって支配されていると途上国は非難し、南極地域の問題は国連総会などの公開性の高い場で審議すべきと主張した。協議国会議は、協議国会議への参加拡大や文書公開・情報提供などの制度改革を通じてその正当性を高めようと試みている。

第14講

国家機関

POINT 国際社会において国家を代表し，その意思を表明する国家機関として，様々な機関がある。ここでは，とくに重要と思われる元首等，外交使節団，領事機関および軍事機関を取り上げ，それらが外国においてどのような特権免除を享受するかについて考える。

1 国家元首・政府の首長・外務大臣

国家を代表し，その意思を表明するために外国に派遣される外交使節団(diplomatic mission)は，祝意や弔意を示すために派遣される儀礼使節団と政治的任務を遂行するために派遣される事務使節団に大別され，後者は外国に常置するもの（常置使節団）と一時的に派遣するもの（特別使節団）に細分される。常置外交使節団の派遣は，とくに重要であり，中世のイタリア都市国家間の慣行以来，「外交使節の席次に関する規則（ウィーン規則，1815年）」等を経て，慣習国際法が形成されてきた。その慣習法を法典化したのが，1961年の「外交関係に関するウィーン条約（外交関係条約，2005年4月現在183加盟国）」である。その他，特別使節団について，外交関係条約に準じる形で特別使節団条約が国際法の漸進的発達として1969年に採択された(1985年発効)。国際機構への常駐代表団や国際機構の開催する国際会議に派遣される代表団の特権免除について，1975年に「普遍的性質の国際機構との関係における国家代表に関する条約（ウィーン国家代表条約）」が作成された（1999年12月現在未発効）。

1 国家元首　　対外関係の全般にわたり国家を代表する最高機関として国家元首（Head of State）が存在し，その資格に基づく具体的行為

を決定するのは，各国の国内法である。君主制国家では君主（国王，皇帝）が，共和制国家では大統領が国家元首とみなされる。国家主席（中国）や国家評議会議長（キューバ）も元首である。米国大統領は，元首でありながら，政府の首長をも兼ねている。他方，ドイツ大統領のように，元首の役割は形式的・儀礼的なものに限られ，行政権は政府の首長（首相）に付与される場合もある。英女王エリザベス2世は，イギリスの元首であるとともに，カナダやオーストラリア等の英連邦14ヵ国の元首でもある。日本の場合，明治憲法は天皇を元首と明記していたけれども（第4条），現行憲法には元首規定がない。そのため，現在の象徴天皇が元首であるか否かについて学説が対立しているが，対外的には事実上，元首として取り扱われている。また，個人ではなく，合議体が元首の場合もある（スイスの連邦評議会，Conseil Fédéral）。

　国家元首は，外国において，儀礼・威厳，不可侵，管轄権免除（治外法権ともいう）といった特権免除が慣習国際法上認められている。儀礼として，君主は陛下と，大統領は閣下と尊称され，礼砲（軍事的敬礼）21発を受ける。滞在国は，元首の不可侵性から，その名誉および身体を保護するために私人以上の特別な注意義務を有し，加害行為に対して厳罰を科さなければならない（外交官等保護条約第1・2条）。管轄権免除に関して，元首は，公的行為も私的行為も外国の民事・刑事裁判権から免除され，広く課税権からも免除される。退位した元国家元首は，私的行為を除き，在職中の任務遂行行為について引き続き裁判権免除を享受する（ピノチェット事件，英国貴族院判決1999年3月24日）。しかしながら，ニュールンベルグ国際軍事裁判所，極東国際軍事裁判所および国連総会決議85(I)(1946年12月11日）で採択された「ニュールンベルグ原則」Ⅲは国家元首の刑事責任を免除せず，国際刑事裁判所（ICC）も元首の国際犯罪を裁くとしている（第27条）。国際犯罪に関する元首の刑事責任の追及方法と裁判権免除に関する従来の学説との調整が必要である。

　元首の配偶者は元首と同様の特権を有し，家族およびその随行員も外交使節団の職員と同様の特権免除が付与される。君主が海外にお忍び旅行（微行，incognito）した場合は，儀礼その他の特権はないが，君主はいつでもその身分を明ら

かにして，特権を享受できる。

2 **政府の首長・外務大臣**　近年，交通手段の発達に加え，サミット形式での外交交渉が多用される傾向から，政府の首長である総理大臣（首相）や対外事務の処理権限を有する外務大臣（外相，米国では国務長官）が外交交渉のために直接海外に赴く事例が増えた。首相および外相は，職務の性質上，元首からの全権委任状の提示を要求されることなく，国家を代表して条約交渉を行うことができる(条約法条約第7条2項)。その場合，首相も外相も，特別（臨時）外交使節として対外的に特権免除を享有する（ちなみに，首相の礼砲は19発）。逮捕状事件（コンゴ民主共和国対ベルギー）では，現職外相は外国の刑事管轄権からの完全な免除を享受することから，ベルギーによる逮捕状の発給がその免除および不可侵に違反すると判示された（ICJ判決，2002年2月14日）。

2　外　交　使　節　団

1 **外交使節団の任務・派遣・構成・階級**　外交関係条約によれば，諸国家間の外交関係の開設と常駐使節団の設置は，相互の同意により行われる（第2条）。その任務（第3条）は，①接受国で派遣国を代表し，②派遣国とその国民の利益を保護し，③接受国政府と交渉し，④接受国の諸事情を確認し，それを派遣国政府に報告し，⑤接受国との友好関係を促進することである。領事任務の遂行も可能である。

　外交使節団の派遣手続きとして，派遣国は，使節団の長の派遣時には，事前に接受国のアグレマン（agrément, 同意）を求め，それを確認する義務がある。接受国は，アグレマンを拒否する場合でも，派遣国にその理由を開示する義務はない(第4条)。派遣国は使節団の職員を自由に任命できるが，特別に陸・海・空軍の駐在武官（military attaché，日本の呼称は防衛駐在官）の任命について，接受国は，承認のため事前にその氏名の提供を要求できる(第7条)。外交職員は，原則として派遣国の国籍保有者でなければならない（第8条）。一方，接受国は，

いつでも理由を示さないで，派遣国に使節団の長もしくは使節団の外交職員がペルソナ・ノン・グラータ（persona non grata，好ましからざる人物）または外交職員でない職員が受け容れ難い者であると通告できる。その場合，派遣国は，その者を召還させるか，その者の任務を終了させなければならない。派遣国がその義務を履行しない場合には，接受国はその者の使節団構成員としての地位を拒否できる（第9条）。

　外交使節団は，使節団の長と使節団の職員から構成される（第1条）。使節団の職員は，外交職員，事務・技術職員（会計官，電信官など），役務職員（政府の雇った運転手，料理人など）である。そのうち，外交官とは，使節団の長と外交職員（公使，参事官，1等・2等・3等書記官，外交官補など）を指す。軍，通商，文化，報道等の専門職務を担当するアタッシェ（attaché）も，外交職員に含まれる。

　使節団の長の階級は，①国の元首に対して派遣された大使またはローマ法王の大使（nuncios），およびこれらと同等の地位を有する他の使節団の長，②国の元首に対して派遣された公使およびローマ法王の公使（internuncios），または③外務大臣に対して派遣された代理公使，の3つである（第14条）。英連邦諸国間で派遣されている高等弁務官（high commissioner）は，大使と同一の役割および法的地位を有し，①に該当する。使節団の長の階級は，席次や儀礼において関連するが，任務や特権には差異がない。その席次は，第1に階級により，第2に同じ階級の場合には，任務開始（信任状の提出）の日時の順序により決定される。ただし，法王の代表者が旧教国家において優先的席次を占め外交団（駐在する各国の外交使節全体）の団長となる慣行は，外交関係条約でも容認されている（第16条）。

2　外交使節団の特権免除

外交使節団は，接受国において特権免除（不可侵権と接受国の管轄権免除）が付与される。その目的は，個人に利益を与えるのではなく，①外交使節は派遣国を代表し（代表説），②外交任務の能率的な遂行を確保する（機能説）ためである（前文）。

　まず，使節団に直接関連するものとして，①国旗・国章を掲げる権利（第20条），②使節団の公館の不可侵（第22条），③公文書の不可侵（第24条），④移動の自由（第

26条），⑤通信の自由，公用通信・外交封印袋の不可侵（第27条）等がある。②の使節団の長の同意がなければ官憲の立入禁止という公館の不可侵規定に例外条項がないのは，例外条項の濫用防止のためであり，例外事態を一切認めないという趣旨ではない。1996年12月17日の在ペルー日本大使公邸占拠事件で，翌年4月23日にペルー軍が日本に事前連絡なく強行突入したが，日本はそれを遺憾としつつ理解した。接受国は，一般人による侵入や破壊に対して公館を保護する特別の責務を有する（1980年のテヘラン米人質事件，ICJ判決）。他方，公館側がその不可侵性を濫用することは許されず，公館は使節団の任務と両立しない方法で使用してはならない（第41条3項）。また，今日でも公館に逃げ込む者の事例が多数あるが，公館がその者を庇護すること（外交的庇護）は，慣習国際法上確立した権利としてみなされていない。その多くの場合，関係国間の協議により政治的に処理されている。⑤に関して，外交文書を輸送する外交伝書使（courier）は身体の不可侵を享有し，外交封印袋（diplomatic bag）は開きまたは留置することができない。また，暗号・符号による通信も利用可能である。

　つぎに，外交官個人に関連するものとして，①身体の不可侵（第29条），②個人的な住居・書類・通信の不可侵（第30条），③裁判権からの免除（第31条），④行政権からの免除（第34条〜36条），がある。①により，外交官は，いかなる方法によっても抑留しまたは拘禁することができない。③に関して，外交官は，接受国の刑事裁判権から絶対的に免除され，刑事法違反を侵しても訴追・処罰されない。民事・行政裁判権の場合，個人の不動産・相続・任務外の商業活動に関する訴訟を除くほか，免除される。外交官も刑事裁判権からの免除を濫用することは許されず，接受国の法令を尊重しなければならない（第41条1項）。対抗措置として，接受国は法令違反の外交官をペルソナ・ノン・グラータとして召還または解任させることができる。派遣国は，外交官の裁判権免除を放棄することができる。ただし，民事・行政訴訟の場合，裁判権免除の放棄は判決の執行免除の放棄を含まず，判決の執行のためには，改めて派遣国が後者の放棄をする必要がある（第32条）。④に関して，外交官は，間接税などを除き，すべての賦課金および租税を免除される。外交官個人や家族用の物品の関税や外交官の手荷物検

査も免除される。ただし，手荷物中に輸入禁止または規制の物品(たとえば，麻薬，火器，美術品など)が含まれていると推定される重大な理由がある場合には，接受国は，当該外交官の立会いの下で，手荷物検査をすることができる。外交官の義務として，接受国の国内問題への不介入(第41条1項)と営利活動の禁止(第42条)がある。

3 領 事 機 関

　外交使節団は，通常，派遣国を代表して接受国の首都に1ヵ所設置され当該政府と政治交渉するのに対して，領事機関は接受国の通商活動地や在外自国民の在留地に設置（複数可能）され自国・自国民の経済的利益の保護や行政事務を行う。従来，通商航海条約や領事条約によって規律されていた領事機関の法関係は，一応「領事関係にするウィーン条約」の採択（1963年）で体系化されたものの，なお個別の条約で本条約を確認，補足，拡大することが容認されている（第73条）。たとえば，1963年の日米領事条約がある。

1 領事機関の任務・活動・構成・階級

　領事関係の開設は相互の同意により行われる。別段の意思表示がない限り，外交関係の開設は領事関係の開設をも意味するが，外交関係の断絶は必ずしも領事関係の断絶を意味しない(第2条)。領事機関の所在地，種類および領事管轄区域は，接受国の承認が必要である(第4条)。領事任務は，①接受国における派遣国およびその国民（法人を含む）の利益保護，②接受国との通商上，経済上等の関係発展と友好促進，③当該活動状況の把握と派遣国政府への報告並びに利害関係者への情報提供，④派遣国の国民への旅券発給と派遣国への渡航希望者への査証発給，⑤公証人・身分事項登録者としての任務遂行等である（第5条）。接受国に領事機関がない場合には，外交使節団が領事任務を遂行する。他方，外交使節団がない場合に，領事官は，外交上の特権免除を要求できないけれども，接受国の同意を得て外交活動を遂行することができる（第17条）。

　領事機関の長は，事前のアグレマンは必要とせず，派遣国によって任命され

るが，接受国による任務遂行の承認が必要である。その手続きとして，領事機関の長が派遣国から付与された委任状（commission）を接受国に外交経路を通じて送付する。そして，接受国の認可状（exequatur）により，その任務の遂行が承認される（第11条・12条）。接受国は，領事機関の長の認可状を拒否し，領事官をペルソナ・ノン・グラータと，領事機関の他の職員を受け入れ難い者と通告できる（第23条）。ちなみに，1967年の日ソ領事条約は，領事機関の長について事前のアグレマンを要求している（第3条1項）。

ところで，領事機関とは，総領事館，領事館，副領事館または代理領事事務所を指し，領事官（領事任務を遂行する者で領事機関の長を含む），事務・技術職員および役務職員から構成される（第1条）。領事機関の長の階級として，総領事，領事，副領事，領事代理，の4つがある（第9条）。領事官には，本務領事官（career consular officer）と名誉領事官（honorary consular officer）の2種類があり，前者は本国から俸給をもらい領事任務のために接受国に派遣された者であり，後者は派遣国より領事任務を委嘱された者で，正規の報酬を受けず，接受国で商業に従事することが許され，現地の有力な商工業者が選ばれることがある。名誉領事官の任命および接受をするか否かは，すべて国家の自由である（第68条）。

[2] **領事機関の特権免除**　領事機関の特権免除は，任務の能率的遂行の範囲内で認められるけれども，国家の代表的性格を有しない分，外交使節団よりも一般的に狭い。たとえば，①領事機関の公館の不可侵（第30条），②通信の自由（第35条），③領事官の身体の不可侵（第41条），④裁判権の免除（第43条）等がある。①に関して，火災その他の緊急事態時に地方官憲の立入について領事機関の長の同意があるとみなす規定がおかれ，また，一定の場合に公館の収容が可能とされている。在瀋陽総領事館事件（2002年5月8日）では，日中間で同意の存否が議論の対象となった。領事官の個人的住居や書類の不可侵性は認められていない。②に関して，領事封印袋（consular bag）に公用書類等以外の物品を含んでいると信ずる十分な理由がある場合には，接受国はその開封を要求できる。③に関して，重大な犯罪の場合に司法当局の決定が

あれば，領事官の抑留や拘禁は可能であるし，自己についての刑事訴訟手続きが開始されれば，領事官は出頭義務がある。④は，領事任務の遂行上の行為に限られる。領事任務の特徴から，領事官は，自国民との通信および面接（逮捕・拘禁された場合にも）する権利があり（第36条），接受国も派遣国民の関連情報（死亡，船舶事故など）を通報する責務がある（第37条）。

4　軍事的国家機関

　国家の軍事機関を形成する軍艦，軍用航空機および軍隊は，国家を体現するものであり，他国の同意によらない限り，領海の無害通航権を除き，外国領域内に進入し駐留することはできない。他国の許可により入域および駐留する場合には，軍事機関は，本国の威厳を体現するとともに軍隊としての機能を維持するために，領域国より不可侵権および管轄権免除が付与される。

[1]　**軍艦**（warship）　軍艦が外国の領海内または港湾内にある場合，「浮かぶ領土（floating territory）」と称されるほど，不可侵権および裁判権や警察権からの免除が付与される。軍艦の不可侵権により，艦長の同意がない限り，外国の官憲は軍艦に立ち入ることができない。犯罪人が軍艦に逃げ込んだ場合でも，官憲は，犯罪人を逮捕するために艦長に乗艦の許可を得るかまたは外交経路を通じて艦長に犯罪人の捕獲および引渡しを要請するだけである。軍艦による外交的庇護は，在外公館と同様に，慣習国際法上認められない。

　管轄権免除に関して，軍艦内で生じた事件（民事・刑事とも）は，領域国ではなく，旗国の裁判管轄権に服する。軍艦の乗組員は，公務のため承諾を得て上陸し犯罪を起こした場合，同様に旗国の裁判管轄権に服するけれども，私用（休養や見物）のために上陸しそこで起こした犯罪については，領域国が刑事裁判権をもち，逮捕，訴追，処罰することができる（1952年の神戸英水兵事件，大阪高裁昭27・11・5裁時119・4）。

2　軍用航空機（military aircraft）　航空機は，1944年のシカゴ国際民間航空条約によって，国の航空機と民間航空機に大別される。前者は，1919年のパリ条約では，軍用航空機，税関用・警察用航空機，郵便その他の国の航空機に細分される。軍用航空機は，他国の同意により入域した場合，軍艦と同様に，不可侵権（機長の同意なく領域国の官憲の立ち入りは不可）と管轄権免除が付与される。税関用・警察用の国（公）の航空機は，軍用航空機ほどの特権を有しないけれども，特権のない民間航空機として取り扱われる郵便その他の国の航空機と異なり，一定の特権を有する。大統領機や政府専用機を一般的な公の航空機でなく，軍用航空機として運用するのは，付与される特権免除が最も厳格だからである。

　軍用航空機が領域国の許可なく侵入してきた場合は，その特権免除は認められず，機長は逮捕，機体は没収の対象となる（1976年9月6日のミグ25事件）。軍用航空機が領域国の許可なく遭難による緊急着陸した場合，不可抗力による着陸であると証明されれば，乗員の責任は問われないけれども，機体への立ち入り禁止といった特権が認められるか否か，重大問題である。一般的には領域国の同意がないので，軍用航空機の特権は認められないけれども，領域国が故意に遭難原因を発生させていたと立証されれば，遭難機の特権は認められるべきであろう（2001年4月1日の米中軍用機接触事件）。

3　軍隊（armed forces）　第二次世界大戦後に顕在化した東西冷戦下で，資本主義および社会主義それぞれの体制を維持・強化するために多数の軍事同盟条約が締結され，各体制内で外国軍隊の駐留および基地の設置が常態化してきた。代表例として北大西洋条約機構（NATO）があり，当該条約に附随して外国に駐留する軍隊の法的地位を明確にするために，NATO軍地位協定（1951年署名，1953年発効）が締結された。このように，駐留軍隊の法的地位を明確化するために，軍隊派遣国と軍隊受入国の間に「地位協定（Status of Forces Agreement, SOFA）」が締結される。

　軍隊構成員または軍属による犯罪が受入国で発生した場合，派遣国と受入国の刑事裁判権が競合する。その調整として，NATO軍地位協定は，公務中の作

為または不作為から生ずる犯罪について派遣国に第一次裁判権を認め，それ以外の犯罪について受入国に第一次裁判権を認めた(第17条)。日本でも，対日講和条約と抱き合わせの旧日米安保条約に基づき，在日米軍の法的地位を規定した日米行政協定（1952年4月28日発効）が締結された。しかし，同協定は，占領の残滓として，米軍人，軍属およびその家族による日本国内での犯罪すべてに対して米国の専属的刑事裁判権を認めた(第17条2項)。その後，日本国内での米兵犯罪に関する裁判権は，NATO並みに改正され(1953年)，新日米安保条約に基づく日米地位協定（1960年6月30日発効）第17条3項へと引き継がれている。

軍隊構成員の犯罪に対する派遣国の第一次裁判権の基準は，「公務中」である。その「公務中」とは，公務に従事している時間（勤務中）に発生しただけでなく，公務の執行過程において行われたことを意味する(1957年のジラード[相馬ヶ原]事件，前橋地判昭32・11・19判時131・4)。在日米軍問題の1つに，米軍基地内にいる公務外犯罪容疑者の起訴前の身柄引き渡し要求運動がある。現在は，起訴後の引渡しを規定した日米地位協定第17条5項を改正するのではなく，運用改善という紳士協定によって起訴前の身柄引渡しが「合意」されている。なお，民事事件に関して，軍隊構成員が第三者にあたえた損害に関する民事裁判権は，原則として受入国にある（同協定第18条）。

国連PKOの場合も，国連とPKO受入国との間で国連軍地位協定が締結される。国連による国連軍地位協定モデル案（A/45/594, 9. Oct. 1990）によれば，受入国でのPKO軍事要員の犯罪はすべて軍事要員派遣国の専属的管轄権としている(第47項b)。日本は，米軍を受け入れる一方で，自衛隊を国連PKOに派遣し，さらに国連の枠外でクウェートやイラクに自衛隊を駐留させている。今後在日米軍問題と同様に，在外自衛官の法的地位が充分検討されなければならない。

第15講

外国人の地位と庇護権

POINT　国家はその領域主権に基づき，外国人の受け入れや処遇，強制的出国について広い裁量を有している。しかし，この問題は，種々の理由で自国からの出国を余儀なくされ，外国に保護や生活の場を求める人々や，外国で外国人として生活する人々の人権の問題でもある。人の国境を越えた移動の増加，とりわけ難民の恒常的発生や移住労働者の増大等の状況は，従来国内管轄事項とされてきた出入国管理の諸側面における国際法の規律を拡大させつつあるのである。

1　領域主権と外国人

　個人は，国籍によって法的に特定の国家に結びつけられる。どのような者に国籍を与えるかは，各国家が国内法において決定する事項（国内管轄事項）とされている。他方で，自国籍でない者の入国を認めるか否かもまた，国家の領域主権に基づき，また国家の国内秩序の維持や公衆衛生等に関わる問題として，国内管轄事項とされてきた。国家は一般国際法上，外国人の入国を認める義務を負わず，また逆に，入国を拒む義務も負わない。もっとも，通商条約等の条約上の義務として国家が特定の外国人の入国，滞在等を認めることはある。

　国家は，外国人に入国や滞在を認めるに当たって，たとえば期限を付したり，労働することを制限したり，貧困者や伝染病患者を除外したりするなどの条件を設定することができる。

　国家は，原則として，自由意思による外国人の出国を禁止してはならない。もっとも，犯罪の被疑者や受刑者，債務不履行者の出国は制限できるし，また

戦時において敵国民の出国を制限することも行われてきた。外国人の出国はまた，犯罪人引渡しや退去強制の場合のように，当該個人の意思に反して強制されることもある。犯罪人引渡しは，通常引渡しの請求に対応して行われる。一般国際法上，国家は，犯罪人であれ他国に引き渡す義務を負わないが，条約や国内法に基づいて引渡しは行われている。外国人に国外への退去を強制することについては，国家は広い裁量を有するが，たとえば迫害が待つ場所に向けて送還してはならないというノン・ルフールマンの原則が，慣習国際法規則となっているという見解も強くなっている。

2 在留外国人の法的地位

外国人は滞在国の管轄権の下にあり，義務教育など国民のみを対象とする義務を除き，納税の義務など，当該国国民と同様の国内法上の義務を負う。他方で国家は，入国を認めた外国人に対し，生命や身体を損なわれない権利や，裁判を受ける権利等を認めなければならない。国家は外国人の身体や財産に対する侵害を，相当の注意（due diligence）をもって防止する義務を負う。この義務には，事前の防止の他，侵害がなされた場合，行政措置や，公正な裁判の保障などにより，事後の救済を保障する義務が含まれる。外国人に必要な司法的保護が与えられない場合は，裁判拒否（denial of justice）となる。もっとも，国家がどの程度の権利を外国人に保障し，どの程度外国人を保護する義務を負うのかについて，いわゆる国際標準主義と国内標準主義の対立は解消されておらず，一般国際法上の基準は必ずしも明確であるとはいえない。しかし他方で，内外人平等を原則とする人権の国際的保障の発展が，外国人の権利保障に一定の影響を及ぼしつつある。国連総会は，1985年に採択した「外国人の権利宣言」（総会決議40／144）で，世界人権宣言や国際人権規約等が定める人権が外国人にも確保されるべきであるとし，特に生命及び身体の安全，プライバシーの保護，通訳の無料の援助を含む司法機関における平等，文化的アイデンティティの保持等は，滞在が合法であるか違法であるかを問わず保障されるべきであると述

べている（第5条。ただし社会権の享有は合法滞在者に限定（第8条））。また通商条約等により，最恵国待遇や内国民待遇というかたちで外国人に経済活動に関する権利など一定の権利が付与されることもある。

　日本では，憲法上の人権でその性質上外国人にも国民と同じく認められるべきものは，外国人に保障されることが判例上確立している（マクリーン事件，最判昭53・10・4民集32・7）。近年，定住外国人の参政権や公務就任権の可否が盛んに論じられ，公務就任権については地方自治体レベルで部分的には認められるようになっている。経済活動については法制上種々の制限がある。外国人が漁業や鉱業を営むことは原則として禁じられており，銀行や証券業等については許可が必要である。弁理士業など，外国との相互主義に基づいて開業が認められる業種もある。

　外国人の法的地位をめぐる，日本特有の問題として，在日韓国・朝鮮人，台湾人等の地位の問題がある。1952年，対日平和条約の発効に当たり，法務省民事局長の通達によって，従来朝鮮および台湾籍であった者は一律に日本国籍を失った。このことには，領域の移転に際して住民に国籍の選択を認めることが広く行われていたことにかんがみて，一方的な措置であったという批判がある。1965年に日韓両国は日韓基本条約とともに「日本国に居住する大韓民国国民の法的地位及び待遇に関する日本国と大韓民国との間の協定」（日韓地位協定）を締結し，1945年8月15日以前から日本に居住している大韓民国国民とその一定の直系卑属には，一般の永住資格よりも有利な「協定永住」と呼ばれる資格を与えた。しかしその後も，とりわけ外国人登録の際の指紋押捺義務等をめぐって批判がなされてきた（指紋押捺拒否による再入国不許可処分と，日本帰国後の協定永住資格剥奪を争った崔善愛事件など）。1991年に日韓両国の覚書で指紋押捺の廃止と永住資格の改善が合意されたのを受けて「日本国との平和条約に基づき日本国籍を離脱した者等の出入国管理特例法」（入管特例法）が制定され，要件に当てはまる在日韓国朝鮮人および台湾人に対し「特別永住」資格を設定して，退去強制や再入国許可における特例が設けられた。また1993年の外国人登録法改正により，永住者及び「特別永住」者には指紋押捺義務が廃止された。更に2000

年4月1日施行の外国人登録法改正は，指紋押捺義務を全廃した。しかし，外国人登録証携帯義務は継続し，不携帯に罰則が規定されていることなどがなお批判の対象となっている。

3 犯罪人引渡し

　犯罪人が外国に逃亡した場合，それを追跡して外国で警察権を行使することは，当該外国の領域主権を侵すことになる。そこで，その者を逮捕，処罰するためには，当該外国から，身柄の引渡しを受ける必要がある。ところが既述のように，一般国際法上国家は，領域主権に基づき，外国で犯罪を行って自国に逃亡してきた者を引き渡す義務を負ってはいない。しかし，国際関係が緊密化し，交通手段が発達した今日，一般に引渡しが得られないとすれば，各国の司法秩序の維持に支障を来すことになりかねない。実際には諸国は，2国間または多数国間で結ばれる犯罪人引渡条約に基づき，また条約がない場合でも国内法や国際礼譲に基づいて，引渡しを行っている。

　犯罪人引渡しが行われるのは，普通犯罪に関してであり，その中でも軽微な犯罪については引渡しの対象とならない。また通常，当該行為が引渡請求国と被請求国の双方において犯罪であることが必要とされる（双方可罰性（double criminality）の原則）。また引渡しの理由となった犯罪以外の犯罪について拘禁したり，刑罰を科したりしてはならないという，特定主義が条約や国内法に規定されることが多い。自国民は引き渡さないことを原則とする諸国もあるが，コモンロー諸国では自国民も引渡しの対象としている。

　犯罪人引渡条約や関連国内法では，ほぼ例外なく政治犯罪人は引き渡してはならないと規定される。この政治犯罪人不引渡の原則は，市民革命期後の19世紀前半頃から慣行となったものである。それ以前，欧州諸国がすべて君主国であった時期には，政治犯罪人は引き渡すのが通常であり，逆に，交通手段が未発達でもあったその頃には，普通犯罪人の引渡しはむしろ行われなかった。しかし，思想良心の自由等基本的人権概念の確立に伴い，また，いつ革命が生ず

るかしれない不安定な政治状況の下で，政治犯罪人は引き渡さない慣行が生まれ，他方で交通手段の発達により国外逃亡が容易になったことから普通犯罪人の引渡しが行われるようになった。今日，政治犯罪人不引渡しは，慣習国際法上の原則となっており，不引渡しの権能だけでなくその義務を内容とする，という見解が有力である。ただ，日本の判例では，ユン・スギル事件第１審判決（東京地判昭44・1・25行集20）が政治犯罪人不引渡しを慣習国際法上の原則と認めたが，第２審以後（東京高判昭47・4・19判時664号，最判昭51・1・26判タ334号）では否定されている。

　政治犯罪は，禁止された結社の結成や反逆の企図など，政治体制の変革や政策への影響を目的とした行為で犯罪とされる，純粋の政治犯罪と，君主制打倒のために君主を殺害するといった，普通犯罪の要素をあわせもつ，相対的政治犯罪に区別される。後者にも不引渡しの適用は否定されないが，元首やその家族に対する加害行為は政治犯罪と見なさないという，加害条項（ベルギー条項）が条約等に挿入されることもある（ヨーロッパ犯罪人引渡条約第３条３項等）。ハイジャック等の政治テロ行為については，その防止と処罰のための諸条約で，当該行為を引渡犯罪に含める，あるいは引渡しとの関係で政治犯罪と見なさないと規定され，締約国に引渡しか，訴追か（aut dedere aut judicare）の二者択一が要求されることがある（航空機の不法な奪取の防止に関する条約（1970年）など）。東京高等裁判所は，相対的政治犯は行為の目的および行為と目的との直接的関連性等を考慮の上，政治犯罪の要素が普通犯罪の要素をはるかにしのぐ場合にのみ不引渡しの対象となる，という判断を行っている（張振海事件。東京高決平2・4・20判時1344号）。公式ではない引渡しの要望に対応して，あるいはそのような要望がない場合でも本国における処罰が客観的に確実であると認められる状況の下で，引渡しを主たる動機としつつ，退去強制手続がとられる場合があるが，これは偽装引渡しと呼ばれ，不引渡原則あるいは後述するノン・ルフールマンの原則が適用されるべき場合に当たるといえよう。

　犯罪人引渡しに関して近時，人権条約との関連が論じられている。市民的および政治的権利に関する国際規約（自由権規約）や人権及び基本的自由の保護の

ための条約（ヨーロッパ人権条約）等の人権条約には，拷問や非人道的取扱い，刑罰等を受けない権利を管轄下の個人に保障する締約国の義務が規定されているが，たとえば犯罪人引渡請求に従って引渡しが行われた場合，請求国において非人道的刑罰が科されるのであれば，被請求国は引渡しを行うことによって条約に違反することとなる，というのである。この論点は，ヨーロッパ人権条約の実施機関によってまず取り上げられた。リーディング・ケースとなるのは，ヨーロッパ人権裁判所が1989年7月7日に判決を下したゼーリング（Soering）事件である。本件の申立人は，アメリカのヴァージニア州で殺人を犯し，イギリスに逃亡したが，英米間の犯罪人引渡条約により引渡しが行われれば，死刑判決を受ける蓋然性が高く，非人道的刑罰を受けることとなると主張した。ヨーロッパ人権裁判所は，死刑自体を非人道的刑罰と認定しなかったが，死刑の執行の形態，犯罪の重大性との間の均衡性および，死刑判決確定後，執行までの間，受刑者がおかれる状況（毎日執行の恐怖にさらされながら過ごす状況（「死刑の順番待ち現象（death row phenomenon）」））等を総合的，累積的に考慮した上で，非人道的刑罰として認定することがあり得るとして，本件では申立人を引き渡すことはイギリスの条約違反（ヨーロッパ人権条約第3条違反）となる，と判示した。

このように，引渡しを行うことで非人道的取り扱いや刑罰を禁ずる人権条約規定の違反が構成され得るという判断は，その後自由権規約の下でも行われており，人権条約の域外適用を意味するのか否か（上記の諸判断は否定している），あるいは，引渡条約に人権条約は優先するという趣旨なのか否か（相互主義に基づく引渡条約に，客観的制度を設立している人権条約は優先するという考え方があり得るが，一般国際法上このような条約の効力の優劣関係は確立しているとはいえない），といった議論の余地を残しつつも，人権条約の解釈として既に確立していると考えられる。

では，引渡しに関連して問題となる人権条約の規定は，このように非人道的取扱いや刑罰の禁止に限られるのか，あるいは人権条約で保障される他の基本的人権が侵害される蓋然性が認められる場合にも，引渡しが禁じられることがあり得るのか。1990年に国連総会で採択された犯罪人引渡しに関するモデル条

約（総会決議45／116）第3条は，公正な裁判を受ける権利を保障した自由権規約第14条が請求国において遵守されない場合を，非人道的取り扱いや刑罰を受ける場合と並んで，引渡しを行ってはならない場合に含めている。しかし，その他の人権条約諸規定がどの程度関連してくるのかについては，現在のところ必ずしも明らかであるとはいえない。

4　難民の保護

　国籍国を逃れ，外国に保護を求める難民の大量発生，大量移動という現象は，ロシア革命後の難民発生をきっかけに，国際的な問題となった。国際連盟時代，探検家ナンセンが難民保護のイニシアティブをとり，ナンセン難民国際事務所はナンセン旅券と呼ばれる難民のための旅行許可証の発給等の作業を行ったことがよく知られている。

　第2次世界大戦後，国連は1950年に国連難民高等弁務官事務所（UNHCR）規程を採択（総会決議428(V)）し，1951年には難民の地位に関する条約（難民条約）が採択されて，現行の難民保護制度の枠組みができあがった。難民条約は，1951年1月1日以前に生じた事件の結果発生した難民に適用を制限しているが，1967年に難民の地位に関する議定書（難民議定書）が成立し，この制限を解除した。

　難民条約第1条は，難民を「人種，宗教，国籍若しくは特定の社会的集団の構成員であること又は政治的意見を理由に迫害を受けるおそれがあるという十分に理由のある恐怖」のために国籍国（無国籍者の場合は常居所国）の外にいる者で国籍国の保護を受けること（常居所国に帰ること）ができないかあるいはそれを望まないものと定義している。この定義に当てはまる難民（条約難民）で締約国内にいるものに対し，締約国は，雇用について最恵国待遇を与え，社会保障等について内国民待遇を与える（以上はすべて合法的に滞在する難民に与えられる待遇だが，合法的に滞在しているのではない難民にも，裁判を受ける権利等についての内国民待遇など，一定の保障が及ぼされる）など，一般の外国人に対するよりも

かなり有利な待遇を保障する義務を負う。また合法的に滞在する難民には滞在国外への旅行のための旅行許可証が発給される。

難民条約はさらに，難民を「人種，宗教，国籍若しくは特定の社会的集団の構成員であること又は政治的意見のためにその生命又は自由が脅威にさらされるおそれのある領域の国境へ追放し又は送還してはならない」と規定する（第33条1項）。これはノン・ルフールマン（non-refoulement，送還禁止）の原則と呼ばれ，難民に関するその他の国際文書にも挿入されている。もっとも，難民条約では例外が規定されており，締約国の安全にとって危険であるとされる者等はこの原則の適用を受けることができないとされている（同条2項）。

難民条約は，それが締約国に対し，ヨーロッパの難民にのみ適用を限るという選択を許容している（第1条B項）ことからもうかがえるように，採択当時のヨーロッパの状況，すなわち冷戦下における東側諸国から西側に向けた難民流出への対応を主として念頭に置いている。しかし，人々が国籍国（常居所国）から逃れることを余儀なくされる原因は，難民条約の定義で尽くされるものではない。たとえば戦争や内戦のために居住地を追われ，戦火を逃れるためには国外に出ざるを得ない，といった事情でも，難民は（時に大量に）発生する。UNHCRは，がんらい難民条約の履行確保を任務とすべく設置されたが，その後，1970年代に入る頃から国連総会や経済社会理事会の授権等によりその活動領域を拡大し，条約難民以外の難民（流民（displaced persons），事実上の難民（de facto refugees）などと呼ばれる）も保護活動の対象としてきた。今日，UNHCRの活動対象は，難民（条約難民＋活動対象とすることを授権された難民），帰還民（難民であったが自発的に帰国した人々。通常帰国後2年間は援助の対象となる），国内避難民（国境を越えていないが難民と同様の立場にある人々）及びその他の援助対象者（難民認定を待つ人々など）に及んでいる。UNHCR規程は，難民問題の恒久的解決方法として，自発的帰還，最初の受け入れ国での定住または第三国での定住を挙げているが，UNHCRは，近時しばしば起こる難民の大量発生に対しては，自発的帰還を最も重要視している。

5 移住労働者の保護

　経済的理由で国外に出る人々は，時に経済難民といわれることもあるが，難民条約の定義にも当てはまらず，また UNHCR の保護の対象にもなっていない（ただし，1969年のアフリカ統一機構（OAU）難民条約や，1984年の米州機構の難民に関するカルタヘナ宣言は経済難民を保護の対象としている）。また，難民ともいえない，もっぱら高賃金等の利益を求めて国外に出る人々も多い。しかし，諸国間に存在する経済発展段階の格差が，その低い方から高い方へ向かう人の流れを不可避的に生じさせているという状況には，何らかの対応が必要とされる。国内労働市場の保護の要請などから，外国人の就労に制限を設けるのが諸国の一般的な実行であるが，事実上，不法なかたちで就労する者は存在しており，彼らが不法労働者であるがゆえに受ける搾取からの保護が，たとえば必要である。

　移住労働者の保護は，国際労働機関(ILO)等によっても取り組まれてきたが，1990年に国連総会が，93カ条からなる，移住労働者の権利の包括的保障を意図した，すべての移住労働者とその家族の権利の保護に関する国際条約（移住労働者保護条約。総会決議45／158）を採択した。移住労働者保護条約は，保障されるべき諸権利を，すべての移住労働者に保障されるものと，合法な（documented or in a regular situation）移住労働者に追加的に保障されるべきものに分類して規定している。このように，不法労働者とその家族にも最低限の権利保障を確保しようとする点（ただし，不法労働者の合法化を含意するかのように条約の規定を解釈してはならない（第35条）し，締約国は不法入国・就労を防止する義務を負う（68条））が，同条約の特徴である。すべての移住労働者に保障されるべき権利として生命権，身体・精神の自由，プライバシーの保護，公正な裁判を受ける権利などのほか，集団的追放の禁止，法律に基づく権限ある当局の決定による以外の追放の禁止，賃金その他の労働条件における内国民待遇等広範な権利が規定されている。合法な移住労働者については，以上に加えて居住移転の自由，参

政権等が保障されている。また履行確保のための措置として，国際人権規約等の人権諸条約と同様の政府報告制度および通報制度を採用し（国家及び個人の通報については選択条項），そのための機関として「すべての移住労働者とその家族の権利の保護に関する委員会」を設置するとしている。同条約は，2003年7月1日に発効し，同年10月末現在の批准国数は23であるが，現在の批准国のほとんどは，移住労働者送出国である。

6　庇護権

国家は，外国人にその領域内で庇護を与える権利を有する。これを領域的庇護権というが，このような国家の権利としての庇護権は，領域主権から導き出される。しかし今日では，人権保障の文脈において，庇護権を国家の権利に止まらず，個人の権利（国家の義務）として構成しうるかどうかが問題となる。

世界人権宣言第14条は「すべての者は，迫害からの庇護を他国に求め，かつ，これを他国で享受する権利を有する」と規定しているが，難民条約は，難民に対する一定水準の処遇を規定する一方で，国家が難民を受け入れる義務を規定することはなかった。国際人権規約に庇護を受ける権利を挿入する試みが挫折した後，1967年に国連総会が採択した領域内庇護宣言（総会決議2312(XXII)）は，庇護を平和的かつ人道的行為として，国家が与える庇護は他国によって尊重されねばならないとしつつ，庇護を与える理由の評価は各国が行うとした。国連では更に領域内庇護条約の採択が試みられたが，庇護の付与を国家に義務づける規定案が支持を集められず，結局条約作成作業自体断念されることとなった。また，ヨーロッパ審議会閣僚委員会により1977年に領域内庇護宣言が採択されたが，そこでも庇護権は国家の権利としてのみ位置づけられている。

庇護を受ける個人の権利が国内法で規定されることがある。たとえば1993年の改正までのドイツ連邦共和国基本法第16条2項は「政治的に迫害された者は，庇護権を享有する」という規定を置いていた。しかしこの条項も，庇護を求める者（アサイラム・シーカー asylum seeker）の慢性的な増加及び特定国への集中

傾向を意識して行われたと思われる1993年の改正で，新設された第16a条の1項に移され，2項以下に庇護を受ける権利の制限（難民条約とヨーロッパ人権条約双方の締約国から入国する者は庇護権を援用できない，政治的迫害等が行われていないと連邦法で認定される国から入国する者は，迫害を受けている者ではないとの推定を受ける，など）が広範に列挙されることとなった。

　自国領域内で庇護を与える領域的庇護に対し，外国領域内の公館や軍艦等に逃れてきた者を保護することを外交的庇護といい，とりわけラテンアメリカで行われることがある。国際司法裁判所は，外交的庇護を与える国家の権利について検討した際，慣習国際法上確立した権利ではなく，むしろ領域主権の侵害となるという判断を行っている（庇護事件判決　1950年11月20日）。

7　ノン・ルフールマン（送還禁止）の原則

　迫害が待つ領域に送還を行ってはならないという，ノン・ルフールマンの原則が規定された例は，国内法では1905年のイギリス外国人法（Aliens Act）に遡ることができるが，条約で初めて規定されたのは第1次世界大戦後，1933年の難民の国際的地位に関する条約においてである。その後に成立した難民に関連する諸条約は，難民条約（第33条）をはじめとして，ほぼ例外なくこの原則を規定している。また，拷問や非人道的取扱い・刑罰を禁止する人権条約の規定が，既述のように犯罪人引渡しについてだけでなく，ノン・ルフールマンに関連しても適用される（条約に政治的庇護の権利は直接規定されていないが，関係個人がもし追放されれば送還先で拷問や非人道的取扱いを受ける実質的な危険があると信ずる実質的根拠が示される場合，条約の関連規定が適用される）ということは，少なくともヨーロッパ人権条約においては判例上確立しており，自由権規約人権委員会も同様の解釈を行っている。

　ノン・ルフールマンの原則をめぐって問題となる点として，その適用はすでに入国している者の退去強制等の場合に限られるのか，国境での入国の際にも適用されるのか，ということがある。1933年条約は，退去強制と並んで国境で

の入国拒否にも同原則を適用する趣旨の規定を置いていたが，締約国は8カ国に止まり，その中でもイギリスは，国境での入国拒否への適用に反対する宣言を行っていた。難民条約でも，起草過程で入国拒否への不適用を主張する意見があり，第33条はこの点について明示の規定を置いていない。論者の見解も分かれているが，諸国の実行においては，難民条約上の難民と認めがたいが送還が（少なくとも即時にそれを行うことが）不適切であると考えられる場合に滞在許可を認めるところが少なくない（たとえばイギリスでは「例外的滞在許可（ELR Exceptional Leave to Remain)」の制度がある）。

　難民条約第33条2項は，締約国の安全にとって危険であると認めるに足りる相当な理由がある者または特に重大な犯罪について有罪判決が確定し，当該締約国の社会にとって危険な存在となった者には，ノン・ルフールマンの原則の適用はないと規定している。このような適用除外の場合を規定する文書は，その他にも国連の領域内庇護宣言をはじめとして少なくないがアフリカにおける難民問題の特定の諸側面を規律するアフリカ統一機構条約（1969年）や，米州人権条約（1969年）には，適用除外の規定はない。この点で注目すべき事柄として，ヨーロッパ人権裁判所によるヨーロッパ人権条約第3条の解釈が挙げられる。同裁判所は，インド国籍のシーク教徒の退去強制の可否が争われた1996年のチャハル事件判決で，条約第3条は民主社会の最も基本的な価値を規定しているものであり，同条は例外規定を置かず，そのことは追放の事案においても同様であって，同条の保障は難民条約よりも広いと判示している。

第16講

人権その1　国際標準の設定作業

POINT　本格的な人権の国際的保障は，国連を中心とする国際標準の設定作業から始まった。当初それは，ヨーロッパ的人権章典の国際版として構想されたが，とりわけ非植民地化の進行とアジア・アフリカ諸国の発言力の増大に伴って，人民の自決権，自由権と社会権の相互依存性，第3世代の人権と，種々の論点が提起されてきた。何故，人権は国際的に保障されなければならないのか。

1　国際関係における人権

　伝統的国際法においては，国家は入国を認めた外国人に一定の保護を与える義務を負うが，それに対し，自国民をどのように処遇するかについては，国内管轄事項（国内問題）として，国際法の関与するところではないとされてきた。たとえば，イギリスで20世紀初頭に刊行され，今日まで改訂を重ねているオッペンハイム『国際法』は，その初版（1905年）においては，人権（rights of man）は国際法の下で保護を享受することはできない，と記述している。

　もっとも，歴史上，自国民の取扱いが条約で規定された例は散見される。17世紀ヨーロッパでは，1648年のウエストファリア条約をはじめとして，新教徒（プロテスタント）の礼拝の自由を保障する条項を含む諸条約が締結されたし，1814年のオランダ・ベルギー合併条約は，すべてのキリスト教諸宗派に対する平等の保護を新国家に義務づけた。これら諸条約はいずれも，個人の権利としての信教の自由を保障した諸例として位置づけることもできるが，むしろ，度重なる宗教戦争にも導いた新・旧教徒間の対立の先鋭化が，ヨーロッパの平和，

安定に影響を与えるという，安全保障上の考慮から生み出されたものと考えられる。

　第1次世界大戦後には，東欧に支配を及ぼしていた諸帝国の崩壊により新たに独立国となった諸国と，主たる同盟及び連合国との間に，一連の少数者保護条約が締結された。これらは，当事国たる東欧諸国内に居住する民族的少数者に対する保護の義務を規定する趣旨の条約であり，ポーランド，セルビア・クロアチア・スロベニア，ルーマニア，ギリシャおよびチェコスロバキアについて締結された。またバルト3国，アルバニアおよびイラクは，国際連盟加盟時に少数者を保護する趣旨の宣言を行っている。これら諸条約は，民族的少数者に対し，その言語の使用や教育施設の開設，維持を保障する義務を規定するほか，少数者を含めた住民一般，国民一般について，信教の自由，思想・信条の自由，法の前の平等などが保障されるべき旨を定めており，条約違反の疑いがある場合には国際連盟理事会が適当で効果的な措置をとることとしていた。しかし，これら諸条約の場合も，東欧諸国に多数居住するドイツ系少数者に対する弾圧や差別的取扱いが，ドイツの介入を招き，ヨーロッパの平和，安定を損なうという，これも安全保障上の考慮から締結されたものと位置づけるのが妥当である。諸条約自体，東欧諸国のみが義務を負い，主たる同盟及び連合国の側は，各々の国内において民族的少数者は居住しているにもかかわらず，義務を負わない，片務的なものであったし，このような制度を普遍的なものへと拡大しようとする主張も実現することはなかった。

　このように，第2次世界大戦前までの時代において，自国民の取扱いについて締約国に義務を課する趣旨の諸条約は，宗教的，民族的少数者といった，関連するカテゴリーに属する人々に対する取扱いの如何によって，国際関係，とりわけ地域の平和，安定に直接，間接に影響が及ぶという配慮の下に作成されてきた。逆に言えば，そのような事情がない限り，国家は他国による当該他国民の取扱いに関心を有することはなく，また自国民の取扱いについて義務を負うことを拒んできたということができる。

　それに対し，第2次世界大戦後には，全く性格の異なる展開が生じた。すな

わち，普遍的な制度となるべく意図された人権条約その他の国際文書に基づき，「すべての者のため」(国連憲章第1条) に基本的人権を国際的に保障しようとする動きが始まったのである。

2　人権の国際的保障の黎明

　第2次世界大戦は，人権を問い直す大きな契機となった。ナチスの支配下にあるドイツおよびその占領地域において，ユダヤ人が受けている取扱いは，早くから連合国の知るところとなっていた。第1次世界大戦後の世界で人権保障において最も先進的な憲法であったワイマール憲法を有する「文明国」ドイツにおいて，極端な人種主義的傾向を持つナチスが台頭し，政権の座に着いた上で「ホロコースト」を実行し，かつ第2次世界大戦を引き起こしたことにより，第2次世界大戦における連合国は，その戦争目的として，人権の擁護を掲げることとなった。

　連合国は，1942年の連合国共同宣言において，敵国に対する勝利が「生命，自由，独立及び宗教的自由を擁護するため並びに自国の領土及び他国の領土において人権及び正義を保持するために欠くことのできないものである」と述べ，連合国にとって第2次世界大戦が，全体主義に対して人権を擁護するための戦いであると位置づけた。その連合国 (the United Nations) がドイツ，日本の降伏前の1945年4月にサンフランシスコに参集して設立を決定した国際連合 ((the Organization of) the United Nations) は，その目的の1つとして「人種，性，言語または宗教による差別なくすべての者のために人権及び基本的自由を尊重するように助長奨励することについて，国際協力を達成すること」を掲げた (憲章第1条3項)。「人間の尊厳」(同前文) に基づく普遍的概念としての人権を承認し，その「すべての者」のための保障を国際的な制度において図っていくという作業が開始された。そのために人権の国際標準を設定する作業は，経済社会理事会の下部機関である国連人権委員会 (Commission on Human Rights) において開始されることになるが，その経緯については次項で述べる。またそ

のように設定された国際標準は，国際的な制度においてその実現が図られることとなるが，それは次講で取り扱う。

　このようにして，人権の国際的保障はその端緒につくこととなるが，この第2次世界大戦後の時期においては，人権を侵害する国家または政権は，すなわち平和を乱すものである，という定式があった。既述のように連合国は，第2次世界大戦を全体主義に対する戦いと位置づけたのであり，戦後の国際秩序を維持していくためには，全体主義の復活を防止することが不可欠であると考えた。そこで，全体主義＝人権の侵害→平和の破壊という図式が描かれ，人権の保障を確保することが平和の基礎である，という理念が生ずる。第18講で詳述するヨーロッパにおける人権の国際的保障制度の確立に貢献したフランスのテットジャン（Pierre-Henri Teitgen）が，「我々の関心は，我々の国内において行われる個々の不正なまたは違法な行為をただす権限のある欧州司法当局の設立というよりも，我々の中にファシズム，ナチズム型の政権が生まれることを防ぐことにある」「条約から離れていこうとする民主社会は知らず知らずのうちに全体主義に移行していく危険に陥っている」と述べていることは，当時の支配的な意識をよく反映している。この理念自体は，たとえば大規模な人権侵害が平和に対する脅威を構成することがあり得るのであって，今日においても有効なものである。ただ，意識がこの段階に止まる限りにおいて，人権の問題は，国際の平和や安定の考慮との相関関係においてのみ捉えられ，平和や安定に直接関わる限りにおいてのみ国際的な場で取り扱われるという，従来にも見られた現象から大きく発展することは，あるいは望めなかったともいえよう。しかし，今日までの展開は，人間の尊厳に基づく独立の価値としての人権の保障と発展が追求されてきていることを示している。人権の国際標準設定作業は，全体主義への対抗という点で問題とされてきた自由権に止まらず，経済的，社会的及び文化的権利に拡大され，さらに社会的弱者の保護等にも目が向けられているのであり，また，個人からの人権侵害の申立が，それが可能な制度の下では盛んに利用される一方，国家が他国の人権侵害について申立を行う制度は，逆にほとんど利用されていないといってもよい。

従来，各国の憲法上の問題であって国際法が取り扱う問題ではないとされてきた人権を国際的に保障することが，第2次世界大戦後の時期において，理念として諸国の承認を得られた背景には，自然権としての人権の捉え方が再び重視されつつあったということが挙げられる。「人は，自由かつ権利において平等なものとして生まれ，そして生存する」というフランス人権宣言第1条の表現にも示されるように，人権は本来，人が生まれながらにして有している，前国家的権利として構成される。絶対王政への対抗概念として登場した人権の概念がかような位置づけを与えられることには必然性があった。しかし，その後の展開においてそのような位置づけが必ずしも維持されてきたわけではないのであって，憲法に保障される限りにおいて保障される，あるいは，自由なるものは一般に反射的利益または恩恵である，との位置づけさえも与えられてきた。しかし，とりわけ「文明国」ドイツにおける大規模な人権侵害といった経験を経た第2次世界大戦後の時期においては，自然権，前国家的権利としての人権の捉え方が再び脚光を浴びるようになりつつあった。そのような人権の捉え方が，人権の国際的保障を受け入れる素地となっていたことは疑いのないところだと思われる。

3　国連の標準設定作業

[1] **国際人権章典**　国連憲章は，国連の目的の1つとして，人権及び基本的自由の保障の助長奨励のための国際協力を規定しているが，それは，経済的及び社会的国際協力の分野における国連の活動の目的に関する第55条で繰り返され，更に第56条において加盟国は，この分野における目的の達成のために国連と協力して共同及び個別の行動をとることを誓約している。この第56条によって，加盟国は人権を保障する法的義務を負ったという見解も存在したが，当該規定はあまりに一般的であり，具体的な義務を課したものとはみなし得ないという議論も有力であった。国連では，人権保障の具体的義務を設定するために国際文書を作成する作業を，憲章第68条に基づいて経済

社会理事会の下部機関として設置された国連人権委員会（Commission on Human Rights）に委託することとなった。

　その作業は，国際人権章典（International Bill of Human Rights）として構想され，それは諸国が保障すべき人権を列挙する，法的拘束力を伴わない「宣言」，法的拘束力を有する「規約」と，「規約」の履行確保のための「実施措置」から成るとされた。その「宣言」は，1948年に世界人権宣言として，国連総会第3会期で決議として反対なしに採択された（社会主義諸国，サウジアラビア及び南アフリカ連邦（当時）は棄権）。世界人権宣言は前文と30カ条からなり，自由権と社会権をともに内容とする包括的な文書であって，その後の国連その他国際機構，国際会議の諸文書にしばしば引用されたり，新たに独立を達成した諸国の憲法に編入されたりすることを通じて，本来法的拘束力を持たない文書ながら，人権の国際的保障に関する最も基本的な文書として，本講4で述べるように一定の規範性を獲得しているとも評価されている。

　世界人権宣言の採択後，「規約」の起草が開始されたが，その作業が終了し，「実施措置」を含む国際人権規約が成立するまでには，その後18年を要した。1966年に成立した国際人権規約は，その間の国際社会の趨勢の変化を様々に反映したものとなった。それは特に，「規約」が2つに分かれ，互いに異なる義務と実施措置を規定したこと，および，分かれた両規約の共通第1条に人民の自決権に関する規定が挿入されたことに表れている。

　自由権と社会権双方の重要性をどのように考えるかということについては，自由権を重視する自由主義諸国と，両者の不可分性を強調する社会主義諸国とが見解を異にした。その一方で，非植民地化の進展とともに国連で多数を占めつつあった発展途上国にとっては，財政的負担を伴う社会権について，厳格な保障義務を課されることに反発があった。そのような経緯から国際人権規約は経済的，社会的及び文化的権利に関する国際規約（社会権規約）と市民的及び政治的権利に関する国際規約（自由権規約）に分けて作成され，かつ社会権規約では漸進的実現が規定されるに止まった（ただし，1990年に社会権規約委員会が採択した，締約国の義務の性質（第2条1項）に関する一般的意見は，当事国がその充足の

確保を要求される中核的な義務（core obligation, 最低限の食糧や保健など）を課せられているという見解を明らかにしている）のに対し，自由権規約は即時実施義務を定めた。また，社会権規約は当事国に規約の実施状況を報告する義務のみを課したのに対し，自由権規約はそれに加え，当事国からの他の当事国の規約違反に関する通報を処理する手続を選択条項として（第41条）規定し，さらに市民的及び政治的権利に関する国際規約の選択議定書（第１選択議定書。1989年に死刑の廃止をめざす第２選択議定書が採択された）で個人からの規約違反の通報を処理する手続をも用意した。

世界人権宣言は，個人の属する地域の政治上，管轄上または国際上の地位に基づく差別を認めない趣旨の規定を置いているが（第２条），それは植民地の存在を前提とし，植民地の存在自体と人権との関連が直接問題とされていたというわけではない。それに対し，非植民地化を支える理念として国際法上の原則としての地位を獲得しつつあった自決権が，人権保障の前提として自決の実現が不可欠である，という趣旨の下に規約中に挿入されるべきであるということについては，規約起草の比較的初期から合意を見ていた。最終的に成立した共通第１条は，人民が自らの政治的地位を自ら自由に決定する権利としての，政治的自決権に加え，天然資源に対する永久的主権に関する規定をも置いて，経済的自決にも言及するものとなっている。この共通第１条をめぐっては，非植民地化の過程がほぼ終了したといわれる今日においても，いわゆる「内的自決」をもカバーする規定としての意義を有しているといわれている。すなわち，独立国においても，非民主的体制の下にある人民は自らの政治的地位を自由に決定できる地位にあるとはいえないのであって，自決権は参加権や抵抗権を正当化する役割を果たしうるともいえるのである。

両規約は1976年に効力を発生した。日本は1978年に両規約に署名，1979年に国会の承認を経て批准を行ったが，批准に際して，高等教育の無償化，消防職員の結社の自由・団結権などについて留保を付した。また第１選択議定書については，普遍的制度となるかどうかについての疑問や，司法権の独立との関係などを理由として当事国となっていない。2006年１月現在，自由権規約の当事

国155のうち議定書当事国は105となっている。

2 差別防止諸条約　　市民革命によって人権の保障を実現した欧米諸国は，その一方でアジア，アフリカで植民地獲得競争を繰り広げ，時にそれら地域の人民を奴隷化してきた諸国でもあり，その過程で人種差別に基づく制度が生み出され，また差別感情が醸成された。国際連盟の創設に当たり，日本は連盟規約中に人種差別の禁止を規定することを主張したが容れられなかった。

　第2次大戦後，植民地状態を脱し，国連などの場で植民地主義の払拭を唱える発展途上国にとって，人種差別の撤廃もまた大きな関心事であった。とりわけ，南アフリカ連邦（後に南アフリカ共和国。南ア）において実施された人種隔離政策（アパルトヘイト）は，国連では当初インド系住民に対する差別を訴えたインドと，南アとの2国間の問題であるとされていたが，次第に制度そのものが非難の対象となった。また奴隷身分からの解放以後も種々の差別に苦しんできたアメリカの黒人による公民権運動の進展も，国際社会における人種差別撤廃への主張に大きな影響を及ぼした。国連における人種差別撤廃に関する議論はこのような状況を背景に急速に進展し，1963年に総会が人種差別撤廃宣言を採択した翌々年には，あらゆる形態の人種差別の撤廃に関する国際条約（人種差別撤廃条約）が成立した。人種差別撤廃条約は，当事国の政府及び地方公共団体が人種差別の行為，慣行に従事しないことを規定するほか，当事国に対し，立法を含むすべての適当な方法により，個人，集団または団体による人種差別を禁止し，終了させる義務をも課している。また同条約は実施措置として報告制度と国家，個人の通報処理制度を設け，人種差別撤廃委員会をその作業に当たらせることとしており，国連による人権条約で最初に稼働した実施措置として重要である。

　日本は，人種差別を助長，扇動する団体等を禁止する旨を規定した第4条と，集会・結社の自由，表現の自由との抵触を主な問題として人種差別撤廃条約の当事国となることを躊躇してきたが，1995年に第4条について留保を付した上で加入書を寄託した。

人権は，当初から必ずしも女性を享有主体として意識されていたわけではない。フランス革命期，「人権（droits de l'homme）宣言」に対して「女性の権利（droits de la femme）宣言」が作成されたことがそのことを物語っている。その後，産業革命期には，女性と児童はとりわけ劣悪な条件の下で労働に従事することが多かった。女性の保護のための国際的取組みは労働関係において始まり，家族関係や政治的権利へと拡大していった。1930年の女性深夜労働条約，1953年の女性参政権条約，1957年の既婚女性国籍条約，1962年の婚姻同意最低年齢登録条約などの諸条約を例として挙げることができる。国連憲章は第1条3項で性に基づく差別のない人権の享有を謳っているが，女性差別そのものへの取組みとして1967年に総会決議として女性差別撤廃宣言を採択し，1975年の国際婦人年に続く1976年からの国連婦人の10年の期間中，1979年に女子に対するあらゆる形態の差別の撤廃に関する条約（女子差別撤廃条約）を成立させた。同条約は政治的，経済的および社会的諸分野における差別の撤廃を包括的に規定し，人種差別撤廃条約と同様，国や地方公共団体が女子に対する平等の待遇を保障するだけでなく，個人，団体または企業が行う差別的行為の撤廃のためすべての適当な措置をとることを義務づけている。実施措置は，女子差別撤廃委員会の審査による報告制度のみが規定されていたが，1999年に採択された女子に対するあらゆる形態の差別の撤廃に関する条約の選択議定書（女子差別撤廃条約選択議定書）により，個人からの条約違反の通報を同委員会が処理する手続が設けられた。

日本は1980年に署名，1985年に批准を行った。署名から批准までの期間に，国籍法の両性平等・血統主義への改正（検討された当初の動機は，自由権規約の下での第1回報告書審査での指摘であったが），男女雇用機会均等法の制定，家庭科を男女ともに履修する趣旨の学習指導要領の改訂などの措置がとられている。

4　人権の国際的保障と不干渉原則

既述のように，自国の管轄下にある者に対する人権保障の問題は，外国人の

待遇に関わる問題を除いて、他国や国際社会の干渉が許されない国内管轄事項と見なされてきた。しかし、第8講でも述べられているように、国内管轄事項とはある時点において国際法が規律していない事項を指し、その意味で流動的なものであるとするならば、人権保障の問題も国際法の規律を受けるようになればその時点で国内管轄事項ではなくなる、ということになる。後述のように、国連の枠組みにおいて、あるいは地域的人権保障体制の下で、多数の人権条約が成立しており、このような諸条約の当事国は、一定の人権保障義務を条約上負っているが、問題は、条約を離れて人権保障の問題は依然国内管轄事項であるのか否か、ということである。この問題について、以下では2つの側面から考えてみよう。

第1に、一般国際法のレベルでの問題として、国家の人権保障義務が、慣習国際法上の義務として確立してるのか否か、ということが問題である。1948年の世界人権宣言は、既述のように国際連合総会の決議として採択され、それ自体法的拘束力を持たない文書であるが、その内容は慣習国際法となっているという見解がある。世界人権宣言の内容が戦後独立した諸国の憲法にしばしば取り入れられていることなどがその根拠として挙げられる。しかし、世界人権宣言は自由権、社会権にわたる幅広い諸権利を取り扱う文書であって、その内容のすべてが慣習法化しているという議論は必ずしも成り立ち得ない。ただ、世界人権宣言にも織り込まれている、基本的人権の中でも「核」となる一定の諸権利の保障については、慣習国際法規則となり、さらには国際法上の強行規範（ユス・コーゲンス）となっているという議論は有力である。この「核」となる諸権利は、生命および身体の尊厳・自由に関する諸権利と、差別禁止が含まれるとされることが多い。

たとえば、1980年6月30日のアメリカ連邦控訴裁判所判決（フィラルティガ事件）では、拷問を受けない権利が慣習国際法の一部であると述べているし、1987年に作成されたアメリカの対外関係法第3リステートメントは、その第702条で、①集団殺害（ジェノサイド）、②奴隷制度・奴隷取引、③殺人・非自発的失踪、④拷問またはその他の残虐な、非人道的なもしくは品位を傷つける取扱いもし

くは刑罰，⑤長期にわたる恣意的な拘禁，⑥制度的人種差別，⑦国際的に認められた人権の継続的かつ重大な侵害，を国家が行い，あるいは奨励，容認する場合には慣習国際法違反となると記述している。また国際法上の強行規範に反する条約の無効について規定した条約法に関するウィーン条約のコメンタリーにおいて，国連国際法委員会は，強行規範に反する条約の例として，奴隷売買や集団殺害を規定した条約や，国際犯罪を実行する趣旨の条約を挙げており，国際法委員会による国家責任に関する暫定条文草案第19条は，国家の国際犯罪の例として，「奴隷制度，集団殺害及びアパルトヘイトを禁止する義務のように，人間を保護するために不可欠の重要性を有する国際義務の重大な違反」を挙げていた。これらはすべて，「核」となる諸権利の慣習国際法化，強行規範化の有力な証拠として位置づけることができるのであって，これら生命および身体の尊厳・自由に関する諸権利の保障と，人種差別の禁止に関しては，少なくとも国内管轄事項ではもはやないという議論に説得力が認められる。ただ，このことと関連して，他国における人権侵害を停止させるために国家が行う干渉行為（いわゆる人道的干渉）が，武力行使禁止の例外として許容されるのか否かについて議論があることに注意すべきである。

　第2に，国連憲章との関わりにおいて，人権保障のための国際的手続のうち，条約に基づかないもの，とりわけ国連の機関による人権保障制度が，どの程度において諸国に受け入れられているか，ということが問題となる。国連憲章は，第1条3項で人権および基本的自由の保障の助長奨励のための国際協力について規定する一方，第2条7項において，「この憲章のいかなる規定も，本質上いずれかの国の国内管轄圏内にある事項に干渉する権限を国際連合に与えるものではな」いとも規定している。国連憲章は既述のように，第55，56条で人権及び基本的自由の尊重，遵守に関する国連の活動に対する加盟国の協力義務を規定しているが，その規定自体が加盟国に人権を保障する法的な義務を課している（したがって国連憲章上の問題として国内管轄事項ではない）という解釈は少数に止まっており，とりわけ国連の初期には，人権侵害を国連が取り上げる際に，第2条7項を援用する議論がしばしば見られた。しかし，国連はある問題が国

内管轄事項に属するか否かの問題に明確な回答を与えることは避け，憲章の規定に抵触するような事態が生ずるとか，諸国間の友好関係や平和を危うくすると考えられる場合には当該問題を「国際関心事項」と規定し，討議や勧告等を行ってきた。ただ，次講で述べるように，国連の機関が個人からの人権侵害の通報に対応する行動をとることについては，国連は慎重な態度をとってきている。すなわち，国連機関が訴えを取り上げることができるのは，大規模かつ系統的な人権侵害の「事態」の存在が認定される場合に限られるのであって，いわば偶発的な個別の「事件」については取り上げられない（もっとも後述のように，若干の変化は見られるが）。このことは，逆に言えば，少なくとも大規模かつ系統的な人権侵害の事態に関する限り，それは明らかに国内管轄事項ではないと捉えられている証左であるともいえる。そして，大規模かつ系統的な人権侵害は，主に生命や身体の尊厳・自由に対して，またしばしばアパルトヘイトのように人種差別に関わって生ずることにかんがみれば，人権侵害の通報に対する国連機関による手続の及ぶ範囲は，たとえば上記の対外関係法リステートメントのリストにほぼ対応しているということもできよう。

第17講

人権その2　国際標準の実現

POINT　人権の国際的保障は，標準設定，促進の段階を越え，国際的保護の段階へと至ったといわれて久しい。普遍的人権条約では，市民的および政治的権利に関する国際規約で設置される自由権規約人権委員会などが，次第にその活動を評価されるようになっており，他方で国連の政治的機関による人権・人道活動も積み重ねられている。人権保障のための国際的手続の発展は当然に重要であるが，国際的手続は国内的手続に対してあくまでそれを補完する地位にあるとすれば，国内的実施もまた重要である。国内裁判所は，いかに自覚的に国際標準を利用しているのだろうか。

1　人権条約の国際的実施

1　報告制度

世界人権宣言以後，国連の枠組みで採択された人権関連文書は多数に及び，とりわけ20を超える人権条約が採択されている。それらの諸条約にみられる，条約の履行確保のための手続（実施措置）は，①報告制度と，②通報制度に分類することができる。また，実施措置のために，条約上，個人資格の委員からなる委員会（自由権規約人権委員会，人種差別撤廃委員会，女子差別撤廃委員会，児童の権利委員会，拷問等禁止委員会など）が設けられることが多い。社会権規約では，報告書は経済社会理事会で審議されることとなっており，定期的な報告提出に関する規定もなかったが，1985年に自由権規約人権委員会にならって個人資格の委員からなる社会権規約委員会が設置され，5年ごとの報告書提出を当事国に求めている。

報告制度は，条約上保障されるべき諸権利に関する当事国の履行状況を定期的に報告させ，それを審査する制度である。報告すべき事項としては，たとえば自由権規約の場合には，条約上保障される権利の実現のためにとった措置，権利の享有についてもたらされた進歩および権利の実現に対する障害（自由権規約第40条1・2項）が挙げられている。報告書は，自国について条約が効力を生じたときから1年または2年（児童の権利条約）以内に最初の提出が求められ，その後の定期報告は，2年（人種差別撤廃条約），4年（女子差別撤廃条約，拷問等禁止条約），5年（自由権規約（1981年以後），児童の権利条約，社会権規約（既述））のように数年の期間をおいての提出となる。定期報告のほか，「人権の緊急事態」と認められるような場合には臨時の報告が求められることがある（自由権規約人権委員会手続規則第66条2項）。

　最初の報告書は，当該条約の実体規定のすべてをカバーするものが求められるのに対し，第2回目以後は，拷問等禁止条約では補足報告と位置づけられているが，いずれにせよ過去の審査を前提として行われることになる。たとえば自由権規約の場合，第2回目以後の審査は，それまでの審査結果を前提として自由権規約人権委員会が作成した質問表が事前に政府宛送付され，政府代表がそれに答えるかたちで進められる。政府代表の発言に対し，委員が質問を挟むかたちで議論が深められる。

　報告制度は，当事国の条約違反の有無を認定する制度ではなく，報告書審査において当事国と実施機関が条約上の諸権利の実現の促進のために「建設的対話」を行う場を設ける手続である。そこで，報告制度が有効に機能するためには，一方で，①当事国が誠実に自国の国内状況を実施機関の前に示す報告書を作成することと，他方で，②実施機関が審査に当たり当該国の客観的状況を把握して，適切に問題点を指摘することが必要である。①については，制度の発足当初は極めて詳しい報告書を提出する国がある一方，もっぱら国内法制に関する数ページの簡単な記述に止まる国もあり，提出期限をかなり過ぎても提出しない国も見られた。この状況に対処するため，自由権規約人権委員会では，報告書作成のためのガイドライン（国内法制の概観と，各実体規定ごとの実施状況

の記述に分ける)を策定しているし，また複数の条約の下での報告書提出に追われる当事国の事情に配慮して，当事国の基本的情報については1つの文書(コア・ドキュメント)を各実施機関が共通に利用するという措置もとられている。また提出義務の不履行が甚だしい諸国については，特にリストを作成して提出を促す措置もとられてきているが，諸国は全般に，報告義務を誠実に履行する傾向にあるといってよい。②については，実施機関が審査対象国の政府以外から情報を得ていることが不可欠である。具体的には，当該国内外の非政府組織(NGO)が有益な情報源となる。しかし，実施機関が政府の報告書以外から情報を得ることは，公式には認められてこなかったのであり，もっぱら非公式な接触が図られてきたが，自由権規約人権委員会では1993年以降NGOからの情報も委員に公式のかたちで配布されるようになっている。

　報告書審査の終了後，実施機関が何らかの見解を表明しうるのか否かについては，当事国から抵抗が示されてきた。自由権規約では，自由権規約人権委員会は報告書審査後「一般的な性格を有する意見(general comment)」を当事国宛に送付すると規定されているが(第40条4項)，1970年代末の報告制度発足時，とりわけ社会主義諸国からの強い反発があり，その結果，「意見」は当事国ごとに作成されるのではなく，報告書審査の一定の蓄積に基づいて条文や事項別に作成されることとなった。もっとも，この「意見」は，自由権規約人権委員会の権威の確立とともに，自由権規約の有権的な解釈とでも位置づけ得るような地位を得てきている。たとえば，「意見」で述べられている委員会の解釈は，次に述べる通報制度の下での審理における委員会の判断に反映するのであり，当事国は当該解釈を尊重すべく促されることになるのである。そのように独自の機能を有するようになった「意見」とは別に，自由権規約人権委員会は，1992年以来，報告書審査毎に委員会としての所見(comments, concluding comments, concluding observations)を公表するようになっており，他の諸委員会も同形式の所見を表明する傾向にある。

2 通報制度　　通報制度(申立制度ともいわれるが，国連では，非難の意味合いが強いともとられる「申立」「請願」などの用語を避けて中立的な「通

報」を用いるので，本講では「通報」に統一して用いる）は，当事国の条約違反に関する個人または他の当事国からの訴えを処理する手続である。通報を処理する実施機関として，次講で取り上げるヨーロッパ人権条約や米州人権条約においては人権裁判所が設置され，当事国を法的に拘束する判決を与える権限を与えられているが，国連の下で成立した人権諸条約においては，通報を処理する実施機関は，各条約で設けられた委員会であり，法的拘束力を伴う判断を行う権限は付与されていない。国連の下で成立した人権条約で，国家間の通報制度を備えている条約は，人種差別撤廃条約，自由権規約（選択条項）および拷問等禁止条約（選択条項），個人の通報制度を備えている条約は，人種差別撤廃条約，自由権規約（第1選択議定書），拷問等禁止条約，移住労働者保護条約および女子差別撤廃条約（選択議定書）である。国家間の通報制度は，国連の下で成立した人権条約についてはほとんど機能していない。唯一機能しているのは，次講で扱うヨーロッパ人権条約のそれだけであるといってよい。ここでは国連の諸条約の下での個人の通報制度について，自由権規約の制度を中心に説明する。

　通報制度の下で訴えることができる条約違反は，国家間の通報の場合には条約上の義務の不履行全般にわたるが，個人の通報の場合には，通常条約上保障されるべき権利を規定する実体規定のいずれかの違反に限られ，また通報を行うのは被通報国の管轄の下にあるその違反の被害者でなければならない（第1選択議定書第1条）。もっとも，被害者本人が拘禁中であるとか失踪しているなどの理由で通報を行うことができない場合には，家族等による，あるいは外国からの通報が認められることがある。通報が受理可能（admissible）となるには，①同一の事項が他の国際的手続において審議されていないこと，②当該個人が利用し得るすべての国内的救済措置を尽くしたこと，が要件とされる（第5条）。①は，同一の事項が他の手続で同時に並行して取り扱われている場合を除く趣旨と考えられるが，ヨーロッパ人権条約当事国には，第1選択議定書の当事国となる際，ヨーロッパ人権条約の下で過去に取り扱われたことのある事項をも排除する趣旨の留保を行っている国が多い。②は，本来外交的保護の発動要件の1つであるが，個人の通報制度を規定するすべての人権条約において受理可能

性要件となっている。このことは，人権条約の国際的実施措置は国内手続に対して補完的な地位にある，という国際的措置の位置づけを示すものである。

自由権規約の個人通報制度では，以上の要件を満たして（その他匿名の通報，通報を行う権利の濫用あるいは規約の規定と両立しないと認められる通報は排除される）検討の対象となった通報については，非公開の書面審理が行われる。被通報国は通報について自由権規約人権委員会から注意喚起があったときから6カ月以内に説明または声明を提出することを求められ，通報者はそれへの反論を6週間以内に行う。委員会は以上の審理に基づき，委員会としての「見解(view)」を公表する。「見解」には法的拘束力がないが，「見解」で違反が認定された場合，被通報国は当該認定に基づいてとった救済措置について180日以内に委員会に報告するよう求められ，また報告書審査の場でも通報に関連する情報が要請される。

自由権規約人権委員会は，既述の「一般的な性格を有する意見」において，ヨーロッパ人権条約の下での動きに触発されるなどして規約に積極的な解釈を施す傾向にあり，それは「見解」においても同様である。たとえば，失業給付における男女間差別が問題となった事件で委員会は，自由権規約第26条の平等条項は，社会権規約上の問題についても，立法その他の措置がとられる際に差別があってはならないという趣旨で適用がある，と判断している（Broeks v. Netherlands 事件，1987年）。

2　人権条約の国内的実施

前節で国際的実施措置の補完的地位について言及したように，人権条約上の諸権利の保障は第一義的には各当事国に委ねられている。これら諸権利の実現には，国の立法，行政，司法機関，さらには地方公共団体など種々の機関が関係しており，たとえば最近では人権保護のための独立行政機関がオーストラリア，ニュージーランドなどで設置され注目されている。しかしここでは，人権条約の国内司法機関による適用にしぼって論じ，その面における日本の問題状

況に触れることとしたい。

　条約に国内的効力が認められるか否か，認められるとして，国内法秩序の中でどのような地位を与えられるかについては，条約一般の問題として第6講で論じられるので，ここでは詳述しない。変型体制をとる国においては，条約はそのものとして国内で効力を有することも，適用されることもない。それに対して一般的受容の体制をとり，条約に国内的効力を認める国においては，条約そのものの適用が可能であり（ただし，アメリカは人権条約の批准に当たって国内裁判所による適用を排除する趣旨の宣言を行っている），当該国の国内法秩序内における人権条約の序列とともに，とりわけ国内裁判所による人権条約の直接適用が論点となる。

　条約が国内法秩序内でどのような地位を与えられるかについては，第6講でも論じられているように，国によって，①憲法と同位または憲法に優位，②憲法より下位で法律より上位，③法律と同位，というように，さまざまの位置づけがあり，条約が国内法に与える影響は，上位の地位を与えられている国において一般に大きいともいえるが，このような位置づけだけで人権条約の国内法への影響ははかれない。たとえば，①に属するオランダの裁判所は，1970年代まで人権条約に無関心であったし，逆に，③に属するドイツでは，連邦憲法裁判所の判決により，人権条約，とりわけヨーロッパ人権条約およびその判例法については，実質的に憲法と同等の地位を与えられている。

　人権条約が国内的効力を有する場合，すべての条約が，また条約のすべての実体規定が国内において直接適用可能（＝自動執行的 self-executing）とされるわけではない。条約またはその規定が自動執行的であるためには，問題となる規定が権利義務関係を明確かつ具体的に規定していると判断され，また適用について憲法上，法令上の障害が存在しない，といった要件が必要であるといわれる。もっとも，そのような要件が備わっているか否かにかかわらず，条約自体，あるいは条約起草時の状況が，自動執行性を否定している場合には，それに従うことになる。ヨーロッパ審議会が1994年に作成した少数者保護枠組条約などがこれに当たる。

日本においては，1979年の国際人権規約批准以来，人権条約の裁判所における適用が問題となってきた。日本のように一般的受容の方式をとる諸国においては，上記のように条約または条約規定の自動執行性が認められる限り，司法機関による人権条約の積極的適用が期待されることになる。とりわけ人権条約で保障されている権利が国内法上必ずしも十全に保障されているとはいえない場合，このことは重要である。日本の裁判所は，1980年代から90年代にかけて，徐々に自由権規約などの自動執行性を承認する立場を示すようになってきている。たとえば，外国人登録の際の指紋押捺の要求について，それが自由権規約第7条で禁じられる「品位を傷つける取扱い」にあたらないという判断は，定着したものとなっている（大阪高判平6・10・28，判時1513号ほか）が，他方で，受刑者と弁護士との接見制限について，自由権規約第14条1項違反を認定した1996年3月15日の徳島地方裁判所判決なども注目される。しかし，裁判所は，一般に自動執行性を否定しないまでも，規約等を直接適用するまでもないという立場をとることが多い。この点で，裁判所の憲法その他国内法規定解釈と，自由権規約人権委員会その他関連国際機関の規定の解釈とが食い違う場合などが問題となる。たとえば，自由権規約第14条3項(f)の，裁判所で使用される言語を解しない被告人が「無料で」通訳の援助を受ける権利について，規約第14条に関する「一般的な性格を有する意見」において自由権規約人権委員会は，当該条項は立て替え払い後の請求を許さない完全な無料を規定しているという解釈を行っており，この解釈はヨーロッパ人権条約の関連規定に関するヨーロッパ人権裁判所の解釈に一致しているが，浦和地方裁判所1994年9月1日決定（判タ867号）は，当該規約条項は，有罪判決確定後に被告人に対し通訳料を請求することを妨げないと解し，関連国内法規定との間に齟齬はないという立場をとっている（東京高等裁判所1993年2月3日判決は逆の立場）。

3　国連人権委員会の活動①—国別手続

　国連経済社会理事会の下部機関として設置された国連人権委員会は，その下

部機関として個人資格の委員からなる国連人権小委員会（正式名称は人権の伸長と保護に関する小委員会（Subcommission for the Promotion and Protection of Human Rights））を伴っている。委員会には，発足当初から，人権侵害に関する通報が毎年多数寄せられていたが，委員会は20年あまりにわたって，これらの通報に基づいて行動をとる権限を自ら否定してきた。1967年になって，委員会は「すべての国における人権侵害の問題」を毎年議題とする趣旨の決議を採択し，それは同年の経済社会理事会決議1235で承認された。決議1235は，人権の継続的形態の侵害を示す事態が存在する場合に限定して（したがって個々の通報者の直接の救済は行えないことになる），審議し，研究する権限を委員会に付与したのである。この決議に基づき，委員会はそのような人権侵害の事態に関し公開での審議，事実調査などを行うことが可能となったので，この手続を1235手続と呼ぶ。その後1970年の経済社会理事会決議1503は，通報処理手順を具体化し，他方で審議を非公開とする手続を定めた（2000年6月の経済社会理事会決議2000／3により処理手続の合理化が図られている）。この手続は1503手続と呼ばれる。

　1503手続の下では，国連に寄せられた通報（毎年万単位から10万単位で寄せられる）は，国連人権高等弁務官事務所で整理された後，国連人権小委員会委員からなる通報作業部会で選別され，国連人権委員会で検討される。検討の結果，一貫した大規模な人権侵害の事態が存在すると認める場合，委員会は徹底的な研究を行うか，アドホック委員会による調査を行うか，いずれかを決定することができる。最終的には経済社会理事会が事態の改善に関する勧告を行うことができる。1503手続自体は非公開で，この手続によって進められる限り，検討対象の国の名は，少なくとも問題とされる事態と結びついたかたちでは公表されない（1978年以来，検討中及び検討を終えた国については非公開審議の後国名が公表されている）。

　1503手続については，非公開であること，1503手続にかかっている国，事態については公開の手続では取り扱わないとされていたこと（1979年以来，1503手続の決定と資料に言及しない限り1235手続でいかなる国の事態でも取り上げることができるとされるに至ってはいるが），といった理由により，特定の国の人権状況

第17講　人権その2――国際標準の実現　　197

を改善することに貢献したとされる事例はほとんど聞かれない。近時むしろ活発なのは1235手続の方で，大規模人権侵害の事態が存在すると認められた国について，この手続の下で特別報告者などが任命され，人権状況の監視に当たっている。

4 国連人権委員会の活動②―テーマ別手続

以上のような国別の手続とは別に1980年以来，1235手続の一環として，人権侵害の形態別に検討を行う，テーマ別手続が，非自発的失踪，拷問，恣意的拘禁など重大な問題をめぐって委員会により展開されている。テーマ別に作業部会または特別報告者が任命され，それらの機関はNGOなどを含むさまざまな情報源から得た個々の事件に関する情報に基づき，実効的に対応するとされている。つまり，ここでは人権侵害の「事態」ではなく個々の「事件」を取り扱うことが行われているということである。ただ，上記の機関の活動は，政府側の責任追及ではなく，政府の協力を得た上での事件の解明，解決に向けられることが多いが，1991年に設置された恣意的拘禁に関する作業部会は，調査の対象となっている拘禁が恣意的なものであるか否かについて判断する権限を与えられている。

国連人権委員会の活動は，特定の条約に基づくものではなく，国内管轄事項不干渉の原則（国連憲章第2条7項）とのかかわりで委員会の活動の正当性が問題になるが，大規模人権侵害の事態は，前講で論じたとおりもはや憲章第2条7項の国内管轄事項ではないということについては，従来広く承認されてきたといってよいだろう。実際，活動の公平性を問題にする国はあっても，活動自体を非難する国はない。しかし，テーマ別手続は，「事態」ではなく「事件」を取り扱っている。しかも，恣意的拘禁に関する作業部会の任務は，拘禁の恣意性の判断という，政府の行動の評価を伴っている。このことは，憲章第2条7項との関係で問題を生じさせるとも思われるが，作業部会が事実調査をしばしば行っていることは，憲章第2条7項の解釈の変更を示すと評価することも不可

能ではないように思われる。

　国連総会は2006年3月15日，国連人権委員会に代わる機関として人権理事会（Human Rights Council）を設立する決議を採択した。同委員会は廃止され，同理事会がその業務の全部または一部を引き継ぐことになる。

5　その他の国連機関の人道的活動――人権高等弁務官と国連安保理の行動

　とりわけ冷戦終焉後，国連機関は「人権の緊急事態」が生じている地域での現地活動を積極的に行っている。

　1993年にウィーンで開催された世界人権会議は，国連総会に対し人権高等弁務官の設置を検討するよう勧告を行い，それを受けて総会は国連人権高等弁務官の設置を決定した。

　人権高等弁務官が行う作業は，「人権の緊急事態」に関する早期警告，特別報告者や作業部会による現地調査，それらの報告に基づくフォローアップ及び助言・技術サービスの提供である。高等弁務官（およびその特別代表）は，1994年から翌年にかけてのルワンダ，ブルンジなど「人権の緊急事態」の存在する多くの地域を訪問し，ブルンジやマラウィには事務所を開設した。1999年3月現在，高等弁務官の現地活動，プレゼンスは20カ国において行われ，技術援助は40カ国に及んでいる。高等弁務官は，自らの任務を1235手続等とは別個のものととらえ，「人権の緊急事態」にいち早く対応し，幅広く政府との対話を重ね，現地でのプレゼンスを継続する，フィールドワークに力点を置いた活動を行っている。

　第24講で示されるように，冷戦の終焉後，国際の平和と安全の維持の分野における国連の役割を増大させようとする傾向は，1つには平和維持活動の活動領域を広げるように働いてきた。従来の停戦監視を中心とする任務に止まらず，紛争の双方当事者による人権尊重の監視や選挙監視，新たな統治機構の確立の援助に至るまでの幅広い活動が，ブートロス=ガリ前事務総長の「平和への課題」

(第24講参照)の表現でいえば紛争後の「平和建設 (peace-building)」あるいは「平和の制度化 (institutionalization of peace)」のための重要な要素として，冷戦後内戦状況への対応が多くなってきた平和維持活動の活動に組み込まれてきた。カンボジア（国連カンボジア暫定統治機構UNTAC），エルサルバドル（国連エルサルバドル監視団ONUSAL）などがその成功例として挙げられる。1991年10月に締結されたカンボジア紛争の包括的政治解決に関するパリ協定は，UNTACが人権の尊重が確保される環境をかたちづくることに責任を負うと規定していたし（UNTACの任務終了後は引き続き国連人権委員会が人権状況を監視するとも規定していた），ONUSALは，人権に関する部局を持ち，1990年7月に内戦当事者間で締結された人権に関するサンホセ協定の両当事者による遵守を監視し，違反を報告する任務を負っていた。ただ，その活動に当たって政府の協力を必要とする平和維持活動が人権監視の任務を負うことについては，とりわけエルサルバドルのように国内紛争の一方当事者が政府である場合，政府側の人権侵害を摘発することをも求められることから，しばしば困難を伴うことが指摘されている。

　国連安全保障理事会が国連憲章第7章に基づいて行動を起こす際にも，冷戦後，人道，人権との関連がしばしば見られるようになっている。安保理は，1966年のローデシア（現在のジンバブエ），1977年の南アフリカ共和国に対する制裁発動に当たって，大規模な人権侵害が平和に対する脅威を構成するという論法を用いているが，冷戦後はその頻度が大幅に増してきている。1991年4月の安保理決議688は，イラクの，クルド人居住地域における文民に対する抑圧が平和に対する脅威となると述べ，抑圧を中止することをイラクに要請した。この決議をイラクが遵守しなかったことで，アメリカ，イギリス，フランスは軍事行動（決議自体は承認していなかった）に出ることとなり，結局イラクは国連のプレゼンスとクルド救援物資の国内通過を認めることになった。また1994年6月の安保理決議929は，ルワンダにおける人道上の危機が平和に対する脅威を構成するとして，加盟国に対し，人道目的の達成のための一時的な活動を行うために事務総長と協力することを認めた。これがフランスによる介入の法的根拠となっ

た。

　このような傾向の背景には，冷戦後において大国の協調が可能となり，必ずしも厳密な論理構成を必要とすることなく決議を成立させやすくなったということがある。また「人権の緊急事態」に対し安保理が憲章第7章の下で行動しようとする場合，現行の国連憲章の下では平和に対する脅威という，ある意味ではフィクションを使うよりほかないということも事実である。人道の危機が必ずしも平和に対する脅威であるとは限らないという観点から，フィクションを介在させることなく安保理が大規模人権侵害に対して人道的動機のみによって行動することができるように憲章を改正すべきであるという見解もある。

第18講

人権その3　地域的人権保障制度

POINT　人権の国際的保障は，ヨーロッパ等の地域的枠組みでも行われ，ヨーロッパと米州では法的拘束力ある判決を下す人権裁判所が機能している。特にヨーロッパ人権裁判所は「ヨーロッパ共通標準」の追求を通じて当事国の人権状況を主導する役割を担いつつある。国連における全世界を対象とした制度とは別に何故地域的制度が誕生し，機能しているのだろうか。アジアもまた地域的人権保障機構を持ちうるのだろうか。

1　ヨーロッパの人権保障体制

いわゆる「西欧の没落」という現実を前にして，ヨーロッパを統合し，ヨーロッパ連邦（ヨーロッパ合衆国）を建設しようとする運動（ヨーロッパ統合運動）は，第2次世界大戦前から見られた。それはオーストリア貴族で日本人を母に持つクーデンホーフ-カレルギーによって始められ，次第に西欧各国の政治的指導者の支持を得るようになっていた。イギリスのチャーチルは1948年，ヨーロッパ各地の運動団体を結集する会議（ヨーロッパ大会 Congress of Europe）の開催を提唱した。オランダのハーグで開かれたその会議は「ヨーロッパ人への呼びかけ」を採択して「人，思想，ものの自由な移動」が確立される統一されたヨーロッパを要求し，また「思想，集会，表現の自由及び政治的反対派を形成する権利」を保障するヨーロッパの人権憲章の採択を求め，「呼びかけ」の実現のための機構としてヨーロッパ審議会（Council of Europe）の設立が求められた。

1949年5月5日に設立条約が署名されたヨーロッパ審議会は，しかし，連邦主義的主張と，政府間の協議機構に止めるべきであるとする主張の間の妥協に

基づくものとなった。審議会はヨーロッパの共通利益を代表する機関という建前の下に各加盟国の議会から選出される協議総会（Consultative Assembly）を設置したが，同総会には決定権限は付与されず，決定権限は各加盟国の閣僚で構成される閣僚委員会に与えられることになった。このようにして，ヨーロッパに共通の問題を広く審議し，条約を作成していくことで，緩やかな統合へと向かう国際機構として，ヨーロッパ審議会は機能することとなった。

　ヨーロッパ審議会規程は，その第1条で，審議会は「加盟国の共同の世襲財産である理想及び主義」の擁護と実現を目的とし，その目的は「経済的，社会的，文化的，科学的，法律的及び行政的の事項につき並びに人権及び基本的自由の維持及び一層の実現」についての合意と共同行動によって追求される，と規定している。審議会が最初に起草に取りかかった条約の1つが，ヨーロッパ人権条約であった。国際人権規約の初期の草案を参照して，自由権の保障を内容として作成されたヨーロッパ人権条約は，1950年に署名され，1953年に発効した（社会権については後にヨーロッパ社会憲章が成立したが，国家に課される義務，実施措置においてヨーロッパ人権条約とは大きく異なる）。条約はその後，14の議定書により改正または補完されて今日に至っている（第14議定書は2006年1月現在未発効）。条約の前文では，人権及び基本的自由の保障を平和の基礎と位置づけ，政治的伝統，法の支配等について共通の遺産を有するヨーロッパ諸国として，世界人権宣言に述べられる権利の若干のものを集団的に実施することが決意されている。ヨーロッパ人権条約における人権の集団的保障は，西欧諸国に共通の価値の保持であるとともに，冷戦状況が進展していく中で，新たな「全体主義」としての東欧社会主義を意識したものであった。第16講で言及した，テットジャンの発言は，この意識を背景にしている。とりわけヨーロッパ人権条約第17条は，条約が，条約で認められる権利及び自由の破壊等を目的とする国，集団，個人に利益を与えるものではないと規定している。ヨーロッパ人権委員会は初期の事例で（1957年），この規定に基づき西ドイツ（当時）の連邦憲法裁判所によるドイツ共産党に対する解散命令を正当と判断したこともある。また，実施措置において，国家間の申立制度を選択的とせず，他方で個人からの申立

制度を選択的としたことも、この意識の反映と見ることができる。しかし、「全体主義」に向かう傾向には機敏に反応しなければならないが、「民主社会」においてそのような傾向とは関係なく偶発的に生ずる権利の侵害は基本的に各国政府が対処すべき問題である、というテットジャンなどの立場は、条約の実施措置が本格的に稼働していくにつれて背景に退き、実施措置において取り扱われる事例は、個人からの「「民主社会」における偶発的な」侵害に関する申立が中心となっていく。そして、1970年代頃から、ヨーロッパ人権条約の実施機関は、次項で述べるように、事例の積み重ねの中で条約に「発展的解釈」を施すことなどを通じて、ヨーロッパの人権標準を引き上げていく役割を担うようになっていくのである。

　当初10カ国、1980年代末に20数カ国であった当事国数は、冷戦の終焉後、中・東欧諸国がヨーロッパ審議会に加盟し、人権条約の当事国となることで急増し、2000年初頭には41カ国と、10年間でほぼ倍増した（2006年１月現在46カ国）。この、ヨーロッパ審議会の地理的拡大に伴う当事国の増加は、申立件数の増加をもたらして実施機関の負荷を増すだけでなく、政治的伝統、法の支配等について共通の遺産を有するとは必ずしもいえない諸国の加入により、従来確立してきたヨーロッパの人権標準の画一的適用が適切か否かという問題を意識させることとなった。そこで一方では次に述べるような実施機構の改革が急がれ、他方ではヨーロッパ審議会の新規加盟国となるべき諸国について、自由主義体制への転換に当たって法整備等を援助する作業が進められてきている。

2　ヨーロッパ人権条約の実施

[1]　**実施措置の概要**　　ヨーロッパ人権条約は、実施措置として国家と個人の申立制度を備えている。実施機関としては、ヨーロッパ人権委員会とヨーロッパ人権裁判所が設置され、前者は主に申立事件の当事者間の友好的解決を図ることを任務としていたが、1994年に成立した第11議定書に基づく改正により、実施機関は新たに設けられるヨーロッパ人権裁判所に一

本化されることとなった(議定書発効は1998年11月)。また，個人の申立を受理するヨーロッパ人権委員会の管轄権及びヨーロッパ人権裁判所の義務的管轄権については，選択条項となっていたが(旧第25・46条)，新たな裁判所は当然に義務的管轄権を有することになった。このような実施機構の改革は，1990年代に入ってほぼすべての当事国が裁判所の義務的管轄権を受諾するようになったことで，実施機関を司法機関たる裁判所に一本化するかたちでの発展が図られたと位置づけることができるが，他方で，急増する申立件数(国家間の申立はこれまで7件に止まっている(同一の事態につき複数の申立が行われた場合もある)が，個人からの年間申立件数は1980年代から急速に増え始め，冷戦終焉後の当事国数急増がそれに拍車をかけることが懸念された)を前にして，事件の迅速な処理のためにとられた措置という一面も有している。以下に，ヨーロッパ人権条約の新たな実施措置の概略を示す。

　個人(または非政府団体，個人の集団)からの申立が行われると，3人の裁判官で構成される委員会が，受理可能性の審理を行う。申立が受理される要件は，①国内的救済が尽くされていること，②国内での最終の決定から6ヵ月の期間内に行われていること，③個人からの申立については，(i)匿名である，(ii)裁判所が既に審理したか，または既に他の国際的調査若しくは解決の手続に付託された事案と実質的に同一で，新しい関連情報を含んでいない，(iii)条約または議定書の規定と両立しない，(iv)明白に証拠不十分である，(v)申立権の濫用と認められる，のうちいずれかに該当しないこと，である(第35条)。

　委員会は更に審理を行う必要なく決定できる場合，申立の不受理を決定する(第28条)。国家間の申立及び委員会が不受理を決定しなかった個人からの申立については，7人の裁判官からなる小法廷で，受理可能性及び本案の審理が行われる。受理が決定された申立については，本案審理が行われるとともに，事案の友好的解決のため，裁判所を当事者に利用させる(第38条)。友好的解決が成立した場合には，事件は総件名簿から削除される(第39条)。小法廷は，条約または議定書の解釈に影響を及ぼす事案及び判例変更をもたらす可能性のある事案について，当事者のいずれかが反対しないことを条件として，判決前に大法廷

（17人の裁判官で構成）に管轄権を移管することができる（第30条）。小法廷の判決は，次の手続に従って大法廷への付託が行われない限り，終結となる（第42，44条）。申立のいずれの当事者も，例外的な事件の場合には，小法廷の判決後3カ月以内に大法廷に事件を付託するよう請求できる。請求が行われた場合，大法廷の5人の裁判官からなる審査部会が請求受理の可否を決定する（第43条）。大法廷の判決は終結とされる（第44条）。判決は当事国を拘束し，判決の執行監視は，ヨーロッパ審議会閣僚委員会が行う（第45条）。

　裁判所は，申立事件を処理するほか，閣僚委員会からの要請に基づいて，条約及び議定書の解釈に関する法律問題について勧告的意見を与える権限を付与されている（第47条）が，この制度はこれまで利用されていない。

2　実施機関の活動　　既述のように，とりわけ1970年代に入って，ヨーロッパ人権条約の実施機関，特にヨーロッパ人権裁判所は，ヨーロッパの人権標準を引き上げる作業を行ってきている。

　裁判所は，ヨーロッパ人権条約及び議定書の解釈に当たり，条約法に関するウィーン条約に規定される条約の解釈規則（第31～33条）に依拠しているとしつつ，ヨーロッパ人権条約の前文やヨーロッパ審議会規程に表れているヨーロッパ条約の目的を参照して目的論的解釈への傾斜を見せている。

　裁判所は，個人の人権の保護のための文書としての条約の趣旨及び目的は，その規定が保障を実際的にし，実効的にするように解釈適用されることを要請する（ゼーリング事件判決），民主社会の理想と価値の実現というヨーロッパ審議会の設立目的に照らし，民主社会の前提としての法の支配は裁判所へのアクセスの権利を内包している（ゴルダー事件判決）などと，しばしば条約の趣旨及び目的を参照しているが，とりわけ人権標準の引き上げに影響を与えているのは，いわゆる「発展的解釈」である。裁判所は，条約は生きている文書であって，今日的条件に照らして解釈されねばならないと述べることで，条約解釈は動的な形で行われるべきであるとの方針を示し，それは前文に述べられている条約の目的，「人権及び基本的自由の‥一層の実現」によって正当化されると論じられる。この解釈手法に基づいて，これまで嫡出子と非嫡出子の相続等における

差別的取扱いの禁止（マルクス事件），成人男子の間のホモセクシュアルを刑罰の対象とすることの禁止（ダジョン事件ほか）などの判断が導き出されている。裁判所は，各当事国の人権状況について第一義的に責任を負うのは当事国自身であって，実施機関は補完的に国内当局の行為を審査するという役割を果たす，という実施機関の基本的な役割の認識に基づき，国内状況と直接的かつ継続的に接触している当事国当局は，とるべき人権制限措置を決定するについてよりよい立場にあるがために，当事国にはそのような措置の決定に際して一定の裁量が認められるという，いわゆる「評価の余地」理論を採用しているが，「発展的解釈」が適用される場合には，この「評価の余地」は狭く解されるということになる。

　その他，裁判所は，条約の文言が当事国の国内法において有している意味とは別の自律的意味を有すると論じて，「民事上の権利及び義務の決定または刑事上の罪の決定」について公正な裁判を受ける権利を保障している条約第6条の適用を，行政訴訟や軍隊など組織内での懲戒手続等について認めたり（ケーニヒ事件，エンゲル事件ほか），犯罪人引渡しや退去強制が行われる場合，引渡先または退去先で拷問や非人道的刑罰，品位を傷つける取扱いが行われる蓋然性がある場合には，引渡しまたは退去強制を行う国に条約第3条違反が認められると判断して，実質的に外国人を強制的に出国させる国家の権利に制限を加えたり（第15講）して，当事国の国内諸制度にインパクトを与えてきている。

　このようにして蓄積されている裁判所の判例は，条約，議定書の本文と並んで当事国において一般に尊重されている。たとえば，前講で言及したように，ドイツでは連邦憲法裁判所の判断により，ヨーロッパ人権条約・議定書と並んで実施機関の判例にも高い権威が付与されている。

3　米州の人権保障体制

　1959年に開催された第5回外務大臣協議会議において，米州機構（OAS）は，米州諸国の調和が，人権及び基本的自由と代議制民主主義の各国における実現

によって初めて実効的となるという認識の下に，地域的人権条約の作成と米州人権委員会の設置を決定した。米州人権委員会は，1960年に発足し，1965年には，OAS 諸国の人権状況を1948年の第9回米州会議（OAS を発足させた）において採択されていた米州人権宣言に照らして調査し，個人等からの人権侵害の通報その他の情報を検討して勧告を行う権限を与えられた。委員会はこの権限に基づき，人権状況が問題となっている米州機構諸国について調査を行い，国別の報告書を作成する作業を行ってきた。軍事クーデター後のチリ，ハイチなど，1995年までに委員会が報告書を作成した国は，OAS 加盟国35のうち，16カ国にのぼっている。

米州人権条約は，1969年に成立し，1978年に発効した。米州人権委員会は，条約の発効に伴い条約上の機関としての位置づけを与えられたが，条約非当事国には，従来の実践と，OAS 憲章（1967年の改正により米州人権委員会に主要機関としての地位を与えた）に基づく管轄を引き続き有することになった。

米州人権条約が保障する人権は，自由権が中心であるが，社会権については，1967年のブエノスアイレス議定書で改正された OAS 憲章が黙示する諸権利の実現を，漸進的に達成するための措置をとることを当事国が約束する趣旨の一般的な規定が置かれるに止まっていた（第26条）。しかしその後，1988年に経済的，社会的及び文化的権利の分野における米州人権条約追加議定書が採択された（1999年発効）。その他1990年に死刑の廃止のための米州人権条約議定書が採択され，1992年に発効している。

米州人権条約の実施機関は，米州人権委員会と米州人権裁判所である。実施措置は，国家及び個人の申立制度が規定されている（第26条に規定される社会権については，米州経済社会理事会及び米州教育科学文化理事会（1993年のマナガ議定書により統合され，米州総合発展理事会となっている）に提出される年次報告，研究の写しが委員会に送付されることになっている（第42条））が，ヨーロッパ人権条約の場合とは逆に，国家の申立制度が選択的とされ（第45条），個人の申立制度は選択的となっていない（第44条）。この，個人の請求を客観的制度の下で処理することをまず重要視する立場は，ラテンアメリカ諸国が，外交的保護を利用した欧

米諸国の介入を受けてきた歴史と関連しており，米州の人権保障制度確立の主たる動機がここに表れている。国家の申立制度はこれまで利用されていないが，個人からの申立制度は機能している。申立権者は，被害者に限定されておらず，「いかなる」個人，個人の集団及びOAS加盟国で法的に承認されている非政府団体にも認められている(第44条)。米州人権委員会は，申立が行われた場合，受理可能性(要件はヨーロッパ人権条約とほぼ同様)を決定するが，委員会の実行上，受理可能性の検討は，当事者または事務局が異議を提出した場合にのみ行われている。受理した事件については友好的解決が図られる。友好的解決がならなかった場合，委員会は違反の有無に関する委員会の結論と当事国への勧告，提案を含む報告書を当事国に送付する。報告書はこの段階では非公開であるが，送付から3カ月の期間内に問題が解決されないか，米州人権裁判所への付託が行われない場合には，委員会は多数決により違反の有無に関する意見，結論を公表することができる（第51条）。

米州人権裁判所（義務的管轄権の受諾については選択条項となっている（第62条））は，委員会による手続の後付託される事件を処理するほか，勧告的意見を与える権限を有している(第64条)。ヨーロッパ人権裁判所の勧告的機能と比較して，米州の場合は，勧告的意見の要請権者も，対象事項も広範である。意見の要請は，米州機構の諸機関が各々の活動分野に応じて行うことができるほか，条約当事国も行うことができる。また対象となる事項は，米州の人権関連条約すべてに及び，関連国内法規定と条約との両立性についての意見を与えることもできる。裁判所には，当事国からの勧告的意見の要請が，国内法の問題も含めしばしば寄せられている(2006年1月現在，勧告的意見18のうち当事国から要請されたもの12)。申立事件について裁判所は，1987年から2005年末までに139件の判断を行っている。

4　アフリカの人権保障体制

地域的人権保障体制としては，既述の2つのほか，1986年に発効した人と人

民の権利に関するバンジュール憲章に基づくアフリカの人権保障体制が稼働している。同憲章は実施措置として報告制度及び通報制度を規定し，実施機関として人と人民の権利に関するアフリカ委員会をおいている（さらに裁判所（人と人民の権利に関するアフリカ裁判所）を設置するための議定書が1998年に採択されている）。アフリカの地域人権条約としてのバンジュール憲章の特徴は，その実体規定に示されている。すなわちその名称からもわかるように，同憲章は発展の権利や平和と安全に対する権利など集団の権利としての人民の権利が多く規定され，他方社会に対する個人の義務に関する規定がおかれている。また社会権を重視しているのも，当事国が全て途上国である同憲章の特色である。

5 アジアの人権保障体制の可能性

アジアでも地域的体制を作るべきであるという議論が強い。地域的人権保障体制は，各々の地域に特有の事情に応じて生み出されてきたものであるが，ヨーロッパは勿論，米州においても一般に，ヨーロッパを起源とする人権概念を「共通の遺産」（ヨーロッパ人権条約前文）として，地域的体制を発展させてきているということができる。

他方，アジアにおいては，普遍的概念としての人権を否定し，地域に独自の概念をもってそれに代えようとする議論が，特に東南アジアの指導者から表明されてきた。マレーシアのマハティール，シンガポールのリー・クアンユーといった指導者がこれにあたる。彼らは，東洋の文化的伝統を強調し，「個」の尊重よりも社会，国家といった集団を重んずるという立場から，個人の権利はアジアには適合しないという議論を展開した。1993年にウィーンで開催された世界人権会議に向けて，このような主張は論議の的となった。しかし，同会議の採択したウィーン宣言には，すべての者のためにすべての人権及び基本的自由の普遍的な尊重，遵守及び保護を促進する義務を履行する旨の国家の誓約を確認する第1部1節で，これら権利及び自由の普遍的性格は疑いを容れないと断定する文言が入れられた。また，人権の普遍性を否定する主張自体，一方でア

メリカなどの強硬な人権外交に反発し，他方で政治的安定と経済発展のためには民主主義の制約が必要であるという意識の下に，政治的指導者によって「上から」唱えられた主張に過ぎない，普遍的人権概念を否定した上でそれに代わるものは必ずしも提示されておらず，人権の不遵守を正当化する議論に他ならない，といった批判を受けている。

　2006年1月現在，東南アジア諸国連合（ASEAN）諸国で国際人権規約の当事国となっているのは，10カ国のうちカンボジア，フィリピン，タイ，ヴェトナムの4カ国と，半数に達しておらず，その他にも，アジアでは特に中国に，自由権を中心とする欧米の考えに対する反発が見られることなどの実状に照らし，アジアの人権保障体制が確立されるべきものであるとしても，その道のりはなお遠いといわざるを得ないのである。

第19講

南北問題に関する国際法規

> POINT　第2次世界大戦後の国際社会のもっとも大きな構造変化の1つは非植民地化であり，60年代には南北問題が登場した。途上国は，経済的自決権としての天然資源に対する永久的主権を主張したが，その後戦後の国際経済秩序に替わる新国際経済秩序の樹立を要求した。それは，一般特恵待遇をはじめとする実質的平等を求めるものであった。また，発展（開発）は人権や環境との係わりでも問題とされた。しかし，南北格差は，とりわけ市場経済のグローバル化で拡大し続けている。

1　非植民地化と南北問題の登場

　第2次世界大戦後の国際社会のもっとも大きな構造変化の1つは，民族解放運動の高揚による非植民地化であった。大戦が終った1945年，世界人口の約半分は従属地域に居住していた。戦後まずアジアで始まった非植民地化の波は，中東・北アフリカへ，ついでサハラ砂漠以南のアフリカへと波及した。1960年には民族開放運動はピークを迎え，同年は「アフリカの年」ともいわれるように，国連にその年加盟した17カ国のうちキプロス以外はアフリカの諸国であった。この勢いで，同年，国連総会は，「植民地独立付与宣言」を採択した。同宣言は，「非植民地化のマグナ・カルタ」ともいわれ，「いかなる形式及び表現を問わず，植民地主義を急速かつ無条件に終結せしめる必要がある」（前文）と表明し，「従属下の人民が完全な独立を達成する権利」（4項)を規定した。翌年の1961年に，総会は「植民地独立付与宣言履行特別委員会」を設立し，同委員会は活発な活動を行うことによって，非植民地化への体制は強化された。

ところで，1959年に英国のロイド銀行頭取であったオリバー・フランク氏が，戦後続いている東西問題に対して，南北問題という用語を初めて用いたとされている。植民地支配から独立した「南」の国々は，法的には独立したものの，政治的，経済的，文化的な諸側面でなお従属的な位置におかれていた。「北」の先進国に対して，「南」の国々はとりわけ経済的に「後進」の発展途上国であった。このように，南北問題は，戦後の非植民地化という時代背景の中で，1960年代に顕著な国際問題の1つとして登場してきた。

なお，南北問題は，その後の展開にもかかわらず解消しておらず，逆に今日ではより突出した先鋭な問題となっている。国連開発計画が公表した「人間開発報告」(1999年版) によれば，西側の経済大国7カ国 (G7：カナダ，フランス，ドイツ，イタリア，日本，イギリス，アメリカ) は世界人口に占める割合は11.8%にすぎないが，世界の国内総生産(GDP)に占める割合は64.0%にのぼっている。これに対して，開発途上国などの77カ国 (G77) は世界人口の76.0%を占めているが，世界のGDPに占める割合は16.9%にすぎない (1997年現在)。また，豊かな国に住んでいる20% (12億人) と貧しい20% (12億人) の収入の格差は20世紀初めには11対1であったが，1990年には61対1，1997年には74対1に拡大している。また，1日1ドル以下の生活水準の人口は，1993年現在13億1,600万人で，それらの人々の比率 (1990～96) は，南アジアで42%，サハラ以南のアフリカで39%，世界全体では26%となっている。

2　天然資源に対する永久的主権

戦後独立した新興国に共通する特徴は経済的に発展が遅れていることである。これらの諸国は経済的な自立なくして真の独立はありえないとして，経済的自決権を主張した。1962年，総会は「天然資源に対する永久的主権」と題する決議を採択した。同決議は経済的自決権の中核をなす「天然の富と資源に対する永久的主権」の観念を認め，永久的主権への権利は当該国の発展と人民の福祉のために行使されるべきこと，またその侵害は国連憲章に違反すること，

を認めた。

　また，同決議は外国人財産の国有化に関する規定を設けている。新興国の資源が外国の企業によって開発されている場合，これら諸国は経済的な自立を求めて国有化を行うことがある。国家は，外国人財産を国有化する権利は主権の行使として有しているが，そのためにはそれは公共のために行われること（公益の原則），自国民の財産と外国人の財産とにおいて差別してはならず，また外国人の間においても差別をしてはならないこと（無差別の原則），さらに没収であってはならず，一定の補償が支払われなければならないこと（補償の原則），という3つの要件が国際法上必要とされている。これらの中でもっとも議論のあるのは補償の問題であり，従来から西側諸国は，この点に関し，「十分な・実効的な・迅速な補償」が伴わなければならないと主張していた。この中でもっとも問題になるのは，「十分な補償」に関してである。十分な補償であれば国有化当時の国際市場価格に見合う補償を支払わなければならず，資金の乏しい開発途上国としては事実上外国企業を国有化することができないことになる。「天然資源に対する永久的主権決議」は，国有化において「適当な補償」を支払うものと規定した。この適当な補償の程度はかならずしも明確ではないが，少なくとも「十分な補償」という意味ではなく，国有化した国の種々の事情を考慮しうる余地を残した合理的な補償を意味するものと考えられている。

　「天然資源に対する永久的主権」決議では国有化問題が中心におかれていたが，永久的主権の適用対象は拡大されることとなる。1974年の資源問題特別総会の「新国際経済秩序の樹立に関する宣言」や同年の通常総会の「諸国家の経済的権利義務に関する憲章」は，永久的主権の対象として天然資源だけでなく「すべての経済活動」を含めるにいたった。

　また，永久的主権の対象は，当初陸上の資源を意味していたが，1970年代には海洋の資源に対して主張されるにいたった。第3次海洋法会議では途上国の200カイリ排他的経済水域の主張にそれは理論的根拠を与えることとなった。従来の海洋法の体制は，海洋を「狭い領海，広い公海」と2分し，広い公海には「公海自由の原則」が支配した。途上国はこの原則がこれらの諸国にとって不

利な原則であると考え，資源水域としての排他的経済水域の制度の設置を求めた。1982年の国連海洋法条約の体制は，領海と公海とは別に排他的経済水域の制度を認め，海洋は3分割の時代となった。

　ところで，後述のように，第2次世界大戦後の国際経済秩序の基礎を構成したブレトンウッズ・ガット体制は米国を中心とした自由主義体制であり，それを機構的に支えたのが国際通貨基金（IMF），国際復興開発銀行（IBRD：世界銀行）およびガット（GATT）であった。しかし，途上国の開発・発展問題を専門的に扱う機関は存在しなかった。途上国の強い主張により，1964年に総会は国連貿易開発会議（UNCTAD）の開催を承認した。会議はこれを恒常機関化するとともにこの会議を契機に途上国は「77カ国グループ」と呼ばれる交渉グループを形成した。UNCTADは総会の補助機関ではあるが自立的機関として，一般の国際組織と同様に，総会，貿易開発理事会（通称TDB）および事務局の3部構成となっており，現在南北問題を全般的に扱う中心的な機関となっている。

　その他にも，1965年の総会決議により，途上国の社会経済発展を促進するための事務計画に技術援助し，資金を供与し，さらに国連諸機関による実施を調整する国連開発計画（UNDP）が1966年に設立された。また，1966年の総会決議により，途上国の工業開発の促進および種々の工業開発協力の促進のために国連工業開発機関（UNIDO：なお1985年には国連の専門機関として発足）が設立された。また，石油危機を契機として1977年には「第4世界」のための専門機関ともいわれる国際農業開発基金（IFAD）が設立されている。

3　新国際経済秩序（NIEO）

　以上のように，途上国は経済的自決権としての「天然の富と資源に対する永久的主権」に基づく主張を行ってきたが，南北問題は解決するどころか，先進国との経済的格差はいっそう拡大した。したがって，途上国は第2次世界大戦後の国際経済秩序そのものを変革する必要があると考えた。

　1974年の第6回特別総会（「資源総会」）で，途上国は「新国際経済秩序（NIEO

の樹立に関する宣言」およびその行動計画,同年の通常総会では「諸国家の経済的権利義務に関する憲章」(経済権利義務憲章),また翌年の第7回特別総会で「開発と国際経済協力」に関する決議を採択させた。戦後の国際経済秩序に対抗して主張される新国際経済秩序(NIEO)とはこれらの国際文書に示される原則に基づく経済秩序である。「新国際秩序の樹立に関する宣言」は,「開発途上国は,世界の人口の70%を占めているが,世界の所得の30%を得ているのみである。現行国際経済秩序の下では調和のとれた衡平な発展を実現することは不可能である」(1項)とし,「国際共同体に関するすべての決定の形成及び適用における開発途上国の積極的,完全かつ平等な参加」(2項)の必要を述べるとともに「新国際経済秩序は,次の諸原則の完全な尊重に基礎をおくべきである」(4項)として,20の基本原則を列挙している。

第2次世界大戦後の国際経済秩序は,米国のドルを基礎にした自由主義経済を旨とし,「自由・互恵・無差別」の原則に基づく経済秩序であった。法的には,一般最恵国待遇や相互主義という伝統的な国家平等原則を基礎とする形式的平等を意味していた。しかし,このことは「不平等なものを対等に扱うことの不平等」を意味する。もっとも主要なNIEOの法的内容は,途上国に一般特恵待遇を与えたり,1次産品生産国同盟に参加する権利を認めたり,非相互主義に立脚することによって,実質的平等を確保しようとするところにある。すなわち,先進国と途上国の経済的力量と格差を考慮して,両者の間に異なる原則や二重基準(double standard)を導入することによって,実質的平等を達成し,経済格差の解消と調和のとれた衡平な発展を実現しようとするものである。

以上のような法的内容をもつNIEOは,国連総会決議によって構築された枠組であって,法的拘束力を有する国際条約に基づくものではない。したがって,NIEOは,いわばプログラム的性格またはあるべき法(lex ferenda)としての性格のものと考えられる。なお,後述のように冷戦終結後の「市場経済のグローバリゼーション」をはじめとする国際社会における政治経済関係の展開の中で,NIEOの樹立は困難となってしまった。

4　南南問題の登場と実態

　上述のように，1960年代に南北問題が登場したが，また同期間を通じて途上国の間においても経済的格差がますます拡大する傾向をみせていた。すなわち，南南問題である。途上国の中でも開発が進んでいない国を「後発開発途上国」（国連用語では LDC，OECD 用語では LLDC）と呼んでいる。1970年に，国連総会は開発計画委員会に LDC の確定作業を要請した。翌年，総会は，同委員会の作業結果に基づいて，開発途上国の中でもとくに経済・社会状況が厳しい LDC として，24カ国を指定した。

　開発計画委員会が LDC を確定するに際して採用した基準は，①1人当り国内総生産（GDP）が100ドル以下，②GDP に占める製造業のシェアが10％以下，③非識字率が80％以上，の3つである。その後，LDC として指定を受けた国は追加され，2001年1月現在48カ国が該当している。また，それぞれの基準についても見直され，①については3年間の平均で1人当り865ドル（1997年現在）以下，③については成人の非識字率以外に，平均余命，1人当りカロリー消費量および小中学校への就学を取り入れ，また②については製造業のシェア以外に，工場労働のシェア，1人当り電気消費量および輸出集中度（export concentration ratio）をとり入れている。

　1970年代を通じて，先進国と途上国の間で，また途上国の中でも経済的・社会的格差がますます大きくなり，南南問題の解決なくしては NIEO の樹立は困難との認識が深まってきた。こうした状況の下で，1981年9月，国連 LDC 会議がパリで開催された。同会議は，「LDC のための1980年代の新実質行動計画」をコンセンサスで採択した。同行動計画は，前文，第1章「国内的措置」，第2章「国際的支援措置」，第3章「フォローアップ措置」からなっている。

　前文では，NIEO の基本的枠組を提示している1974年および1975年の3つの国連総会決議に言及している。次に，LDC の開発についての第1次的な責任は，これらの国自身にあるとして自助（self-reliance）努力の必要性を強調している。

また，集団的自助の一環として，開発途上国間の経済協力と技術協力がLDCの開発に大きく寄与しうることを強調している。

国内的措置では，LDCの経済の構造的変革の必要性について触れ，またLDCの定義，LDCの構造的特徴，行動計画の主要目的，達成目標等について定めている。国際的支援措置では，まず基本的な考え方として，LDCの自助努力を基本とするが，この国内的レベルでの行動を支援し，補充するのが国際的支援措置であるとする。そして，このような措置は，資金移転の増加，援助の態様の改善，技術移転の促進，国際貿易構造の改善，開発途上国間の協力の推進といった面でとられなければならないとする。また，フォローアップ措置では，国内的レベル，地域的および世界的レベルに分けて記し，この10年間の終りには世界的レビュー会合（第2回国連LDC会議）の開催について述べている。

第2回国連LDC会議は，1990年9月にパリで開催され，そして1990年代のLDCに対する新しい行動計画を採択した。新行動計画が1981年行動計画と異なる点は，前者が人権の尊重，民主主義と民営化の必要性，開発における女性（WID）の役割，および人口政策に関する新しい考慮を，発展を促進するための基本的要因として，強調していることである。また，LDCの発展には，NGOの役割の必要が前の計画以上に強調されている。そして，新行動計画は，LDCへの提供国の支援の増額のために4つの選択肢を有する「メニュー方式」（menu approach）をとり入れている。なお，国連総会は，第3回国連LDC会議を2001年に開催することを決めている。

5　発展の権利と持続可能な発展

1980年代は，南の諸国にとって「失われた10年」とも名づけられたように，途上国の経済成長率は最低を記録するという経済的困難に見まわれた。また，NIEOは，国際経済秩序の民主的な変革を求めたことで革新的な意義をしていたが，他方先進国とは位置する条件の相違にもかかわらず自らの発展方法を先進国のそれと同様にみていたこと，また途上国の国内構造についての等閑視が

しばしば開発独裁を生み出し、民主主義や人権の観点から由々しき事態が現出していたことが指摘された。このような中で、発展 (development) を単に経済の発展や成長ではなく、経済的側面に加えて社会的・文化的・政治的側面をも含み、人間の基本的ニーズや福祉の向上・増進をもたらす包括的な過程を意味するものとして把えられるにいたった。

もっとも、発展と人権の密接な関連性は比較的早い段階で言及されており、1968年に世界人権宣言採択20周年を記念して開催された国際人権会議が採択したテヘラン宣言では、「人権の実施における永続的な進歩の達成は、経済的及び社会的発展に関する、健全で実効的な国内的及び国際的政策に依存する」と発展と人権との不可分性を指摘する。また、1977年、ユネスコの人権部長であったK.ヴァサク (K. Vasak) が連帯の権利である第3世代の人権の1つとして「発展の権利」をあげたことからとりわけ注目されることになった。このような展開のうえで発展の権利を人権の範ちゅうの中で把握する気運が高まり、1986年の国連総会は「発展の権利に関する宣言」を採択することとなった。

宣言は、前文と本文10カ条からなっている。そこでは、「発展の権利」が「譲ることのできない人権」であるとされ、この権利に基づいて「それぞれの人間及びすべての人民は、あらゆる人権及び基本的自由が完全に実現されうるような経済的、社会的、文化的及び政治的発展に参加し、貢献し並びにこれを享有する権利を有する」(第1条1項)とされている。また、続けて、「発展への人権は、また、2つの国際人権規約の関連規定に従い、すべての天然の富と資源に対する完全な主権についての譲ることのできない権利の行使を含む、人民の自決権の完全な実現を意味する」(第1条2項)としている。

発展の権利とはこれまでに形成された人権で発展という項目の下に結集した権利の総合体であるとする見解が有力である。また、発展を享有する立場の人が発展の過程に積極的に参加すること、裏返していえば受益者の意思や意向を無視して発展が進められてはならないこと、さらに発展の権利は国内的側面だけでなく、その実現のために国際社会全体の協力が必要であるという国際的側面を有することが指摘される。しかし、発展の権利の主体は個人であるのかま

たは人民であるのか，それともその双方であるのか，また国家との関係についてはどうであるかについて，さらにその権利の具体的な内容および権利に対応する義務の担い手とその内容について明確ではなく，多くの課題を今後に残している。なお，世界人権宣言採択45周年を記念して1993年に開催された世界人権会議が採択したウィーン宣言は，発展の権利が普遍的かつ不可譲の権利であって，基本的人権の不可分の一部をなすことを再確認している。

また，先進国の飛躍的な経済発展にともなって引き起こされた環境破壊と資源の枯渇は，発展と環境との関連についての議論を生み出した。この問題については，「かけがえのない地球」(Only One Earth)のスローガンの下に1972年に開催された国連人間環境会議が採択した人間環境宣言においても両者の調和についてすでに言及されていた。しかし，その後も続く環境の悪化の中で，国連は1984年に「環境と発展に関する世界委員会」（通称，ブルントラント委員会）を設置した。同委員会が，1987年に提出した報告書『地球の未来を守るために』(Our Common Future)は，「持続可能な発展」(sustainable development)の概念を提起した。それは，「将来の世代がその欲求を満たす能力を損うことなく，現代の世代の欲求を満たす発展」と定義されている。ここには現代世代間の衡平だけでなく，現代世代と将来世代間の衡平の概念が包含されている。

また，1992年に開催された環境と開発に関する国連会議が採択した「環境と開発のリオ宣言」は，人は自然と調和しつつ健康で生産的な生活を営む権利を有すること，開発の権利は現在および将来の世代の開発と環境上の必要性を衡平に満たすことができるよう行使されなければならないこと，持続可能な開発を達成するために環境保護は開発過程の不可分の一部を構成しておりそれから分離しては考えられないものであること，と定めている。これらの内容は一般的であり，またとくに将来世代に関する権利について解明すべき多くの問題が残っている。しかし，これらは発展について考察する際の重要な手がかりを我々に与えているといえるであろう。

6 市場経済と世界貿易機関

　1989年11月に東西対立の象徴ともいうべき「ベルリンの壁」が開放され，同年12月には米国と旧ソ連の首脳によりマルタで冷戦の終結が宣言された。冷戦終息後の国際社会では市場経済と自由貿易を原則とした国際経済秩序が推進されるようになっている。そのもっとも象徴される動きの1つが，1995年の世界貿易機関（WTO）の活動開始であった。

　第2次世界大戦後，米国を中心にして，戦後の国際経済秩序を支える国際機構として，国際収支の面を担当する国際通貨基金（IMF）や開発金融の面を担当する国際復興開発銀行（IBRD：世界銀行）とともに国際貿易の面を担当する国際貿易機関（ITO）の設立が構想された。ITO憲章（ハバナ憲章）は採択されたが，米国をはじめ多くの国が批准しなかったことから未成立に終った。そのため，同機構の設立までの暫定的な取り決めとして「関税及び貿易に関する一般協定」（GATT）が締結された。

　同協定は，自由かつ平等な貿易関係を多数国間で実現することを目的とする。そのため，関税などにつき一般的最恵国待遇を与えることにより加盟国相互を平等に扱い，また貿易交渉により関税引き下げを約束し，物品の貿易の自由化を達成する。また，関税以外の貿易障害（非関税障壁）を原則として禁止し，さらに租税などにつき内国民待遇を与えて，国内において国内産品と輸入産品の無差別待遇などによって保護貿易主義を抑制するというのがGATTの基本的な枠組となっている。

　GATTは枠組み条約であり，自由貿易を実現するために関税その他の貿易障壁を削減するための交渉を行うことがGATTの重要な機能となっている。そのためラウンドと呼ばれる多角的貿易交渉が行われてきたが，1986年から始められた8回目のウルグァイ・ラウンドでは，サービス貿易，知的所有権の貿易関連側面（TRIP），貿易関連投資措置（TRIM）という新しい分野が交渉項目とされ，また国際機構の設立，紛争処理手続の整備などがとり上げられた。同ラ

ウンド交渉は8年後の1994年に「世界貿易機関（WTO）を設立するマラケシュ協定」（WTO協定）として合意され，1995年1月の効力発生により新しい国際機構としてWTOが発足した。

　WTO協定はWTOの組織・権限について規定した16カ条の協定であり，貿易などに関する原則や規則は4つの附属書に含まれる多数の協定で規定されている。WTOは，附属書に規定された諸協定を実施することが主たる任務となっている。GATTはそれまで物品について扱っていたが，WTOはその中に繊維や農業の分野も組み入れた。また，物品以外に，サービス分野についても自由化交渉の対象とし，さらに投資や知的所有権などの関連分野も含められることとなった。このような中で，もはやNIEOについて語られることはなく，自由主義経済の強化と普遍化が，先進国の主導の下で展開されているのが現在の国際経済秩序の潮流といえるであろう。

第**20**講

環境保護のための国際法規

POINT　人々の間での環境を保護するという意識の芽生えと，環境の著しい悪化というきびしい現実とは表裏をなしていると思われる。その現実はまず学者の研究によって明らかにされ，地球環境の汚染について警鐘を鳴らして人々に知らしめ，啓蒙したからである。多くの国際機構や政府機関の研究や勧告をうけて，環境保護のための二国間・あるいは多数国間条約が締結された。

本講では環境保護（＝環境悪化）に対する人々の意識の目覚め方に歩調を合わせる形で，まず大気の汚れに関しての国際法規から入り，次いで河川の利用（灌漑などの消耗的利用と汚染などで水質を変化させる非消耗的利用）を経て，地域海における海洋汚染の防止と保護を中心に海洋汚染について述べ，さらに地球をとりまく環境の一層の拡がり（大気圏のオゾン層など）や人類と共存する動植物・自然の生態系を含む天然資源の保護にいたる国際環境法規について触れる。

1　大　気　汚　染

1950年代初頭より欧州大陸の内ではスカンジナビア半島，北米大陸では米・カナダ間で，有害な酸性化合物といった汚染物質が空気中に含まれ，風に乗って遠距離まで運ばれるという型の大気汚染が重大な環境問題となるにいたった。両者はいずれも酸により影響を受けやすい土壌と湖から成り立っており，前者はバルト海をはさんで対岸のドイツなどの工業地帯から，後者はカナダの熔鉱所地帯や米東部工業地帯から排出される汚染物質に侵され，酸降下の現象

が生じた。発生源の工場では，排出物を拡散希釈の目的で煙突を高くしたことなどから，汚染物質は広域的な越境汚染の問題となった。その後，学者などの研究から明らかになった酸降下現象をもたらす酸性雨は，自動車等の排気ガスからの窒素酸化物（NOx）と火力発電所や熔鉱所から排出される硫黄酸化物（SOx）が上昇して空気中の湿気と結合し，化学変化をおこして硝酸や硫酸となり，雨や雪などの気象現象として大気を降下していることが判明した。これを米・ニューヨーク州とカナダ・ケベック州の間の酸性降下物に関する協定（1982年7月26日　モントリオール）は，窒素酸化物や硫黄酸化物の付着物を含む酸の降下現象を意味する，と定義している。

　大気汚染に関しての環境問題と法が直接結びついたのは，古くは1273年に煤煙規制法が制定された英国エドワードⅠ世の時代にまで遡るといわれる。人々の密集する地域には何らかの環境問題が存在していたことを示しているが，何といっても環境悪化が著しくなったのは，18世紀末以後における手工業から機械工業への変化をもたらした産業革命による大量生産がその出発点となっている。

　国際法の分野での先駆とされるのはトレイル熔鉱所事件（Trail Smelter case）の判決（1941年）である。カナダ・トレイルの熔鉱所からの煙霧（二酸化硫黄ガス）が気流に乗って国境を越えて運ばれ，米国が被った損害救済のためにどのような措置がとられるべきかを決定する際，仲裁裁判所は附随意見の中で「事件が重大な結果をもたらし，その損害が明白にして確信される証拠により確認される場合は，いかなる国家も他の国の領域・財産等に対し，煙霧による損害を惹起するような方法で自国領域を使用する権利を有せず，また使用を許してはならない。…本件の事情を考慮して，本裁判所はカナダがトレイル熔鉱所の行為に対し，国際法上責任を負う」と述べたのである。この判決は，国家は排他的管轄権を有するが故に，他国や他国民に対して損害を与えてはならず，そのために適切な未然の防止策をとるよう促し，国家の領域使用に関する管理責任を明確化したものとして評価されている。

　越境大気汚染の概念は，1979年の「長距離越境大気汚染条約」（ECE（ヨーロッ

パ経済委員会)条約)第1条によれば大気汚染とは「健康を害し,生物資源や生態系及び物質的財産を害し,環境の快適さ及びその他の適法な利用を妨げあるいは害するような性質の有害な降下に帰着するような物質又はエネルギーの大気中への直接又は間接の,人間による持込みを意味する」とし長距離越境大気汚染とは「大気汚染の物理的発生源が,一国の国内管轄権下の領域内に,全面的あるいは部分的に存在し,そして個々の排出源又は排出群の寄与を一般に識別することができないほどの距離にある他の国の管轄権下の領域に悪影響をもたらすものをいう」と定義されている。ヨーロッパ経済委員会(Economic Commission for Europe＝ECE)は,自動車類から生じる排気ガス汚染への規制の取組みを大気汚染問題へ進展させ,硫黄排出物による汚染を軽減させるための措置の適用を求める勧告を採択し,酸による汚染の影響の大きいスカンジナビア諸国のイニシアティブの下に,酸性雨(や雪)に関しての最初の大規模な国際協定として,ECE条約は加盟34カ国によって調印された。北東西ヨーロッパと北米のすべての国を含む環境的合意の嚆矢として,人間とその環境の保護を目指している。大気汚染の制限のための具体的な数字で表される目標や限度,軽減措置や実施の規定を持たない弱点を有しつつも,その後,硫黄・窒素酸化物・揮発性有機化合物などの削減のための数多くの議定書の作成によってその弱点を補う努力が続けられており,ともあれ亜硫酸ガスの軽減をめざす最初の国際協定として重要である。

　1909年に米・加国際合同委員会(International Joint Commission＝IJC)は2国間での国境水にかかわる水の利用といった分野のために設立されたが,1928年ブリティッシュ・コロンビアのトレイル熔鉱所からの煙霧による米・ワシントン州の損害の程度についての調査と報告を求められ,31年までの損害の補償額の報告書を提出し,排出低減の改善的措置についても勧告した。IJCはさまざまの活動を行ったものの,米・加が連邦国家であるために,大気汚染の問題を政策レベルに持ってゆくことは迅速ではなく,両国政府による78年の大気汚染物質の長距離移動に関する2国間調査研究諮問グループの設置が両国政府の公式の協力的アプローチであった。79年ECEの加盟国のそれぞれの一員とし

てECE条約に連なっているものの，お互いに相手国発生源からの大気汚染の低減をキャンペーンするなどの協力は必ずしもうまく噛み合っていないとされる。しかしながら米・加間の境界水域に関する米英条約 (the Boundary Waters Treaty of 1909) は，水・大気の分野での汚染に対する環境保護を目指す最初の国際文書として注目される。新しいところでは「大気質に関するアメリカ合衆国とカナダとの間の協定」(米・加大気質協定1991) がある。

ECE条約を締結させたヨーロッパ経済委員会のような，欧州に重点を置く地域的レベルの国際組織はこの他に経済協力開発機構 (OECD)，ヨーロッパ審議会 (Council of Europe)，ヨーロッパ共同体 (EC) がある。

1961年発足のOECDは，72年のストックホルム会議 (後述) に先立つ70年にすでに環境委員会を設立し，理事会から委員会へ越境汚染に適用しうる国際法の諸原則を一層精密にするよう指令し，これらを考慮に入れた国際協定の締結のため加盟国に協力するようにとの勧告や，国境地方の環境保護に関する協力の強化と題する勧告，74年には汚染者負担の原則を含む環境政策に関する宣言など，環境保護と取締措置の効果的な発展や改善などに関し，加盟国の関係国内立法の成立に影響を及ぼす価値ある国際機構として役立っている。

1949年に創立のヨーロッパ審議会 (理事会もしくは評議会と訳されることもある) は，62年に設立の自然と天然資源の保存のための欧州委員会が環境問題に関して，66年には大気汚染に関する専門家委員会が設立され，同様の任務をもって大気汚染問題にかかわっている。この委員会の準備した大気汚染規制に関する原則宣言を68年に閣僚委員会が採択したが，汚染者の責任原則，国内立法の一般的指針となることを予定している予防の原則などが確認された。60年代初頭から環境問題に積極的に取組み，多くの問題を喚起し，欧州におけるアイディアの実験室の役割を演じているといわれる。

1951年創設のヨーロッパ石炭鉄鋼共同体 (ECSC) と58年のヨーロッパ経済共同体 (EEC)，ヨーロッパ原子力共同体 (EURATOM) の3つが67年に共通の機関を設け，その総称としてヨーロッパ共同体(EC)とした。93年1月発効のマーストリヒト条約のG条でEECをECに改称することになったため，ECは3

共同体の総称でなくかつての EEC を意味することになった。共同体は他の国際組織とは異なり，独自の EC 法を有し，中でも EEC（現 EC）条約は憲法的地位を占めているとされる。3つの共同体は各々異なった法的権限を有し，越境的汚染問題や限りある地球資源の保存のため太陽エネルギーといった新しい技術の研究を支持し，代替エネルギー源の開発のためのプロジェクトに財政的支持を与えるなど，直接酸性雨の防止や軽減を目指すほどではないにしても，EC 内で執られる措置は，地球の生態系の悪化の緩和のために疑いもなく寄与しているといえる。90年に持続可能な開発に関する閣僚宣言を行った。

このように国際機関は，絶えず現実と人々の意識の半歩先を進んで改革を促し，ともすれば国家エゴ・会社エゴ・個人エゴに陥りがちな社会において緩衝地帯の役目を果たすことが期待され，大気汚染が水汚染の原因ともなっていることに着目し，そのことを広く人々に知らしめた点でも功績がある。

2　河川水の利用

1　転流

河川利用の古い形は，可航部分での海や大陸への接近を確保する目的での船舶の航行であった。また灌漑や水力発電のために河川を転流させることにより，川の自然の流れを変えること自体，今日の土木技術としてありふれたことであるが，それが国際河川（国際法協会のヘルシンキ規則の第2条によれば「国際河川流域とは，地表水及び地下水を含むそれらのすべてが共通の終点に流水する水系の流域の限界により決定される二又はそれ以上の国に拡がる地理学的範囲である」とされる）である場合，上流沿岸図の転流は下流沿岸国への水の供給は減ぜられるわけであるから，この水に依存している程度に応じてそれらの利害は衝突せざるをえず，水の転流による紛争は偶然のことではない。

1906年の米・メキシコ間のリオグランデ河水利条約，1944年にリオグランデ河・コロラド河の水利用に関する米・メキシコ条約，前述の1909年のカナダのために英国が米国と締結した米・英条約，コロンビア河の水資源の有益な開発を協力して行うことに関する1961年の米・英条約，1953年シリア・ヨルダン間

のヤルモウク川水利協定，1954年のチェコスロバキア・ハンガリー間の条約，1959年のアラブ連合とスーダンによるナイル河の利用に関する条約，1960年インダス河に関してのインド・パキスタン水利条約，1963年ニジェール河流域9カ国による同河川の利用に関する協定など多くの条約が結ばれている。そしてそれらは国際河川の沿岸諸国が共にその河川の利用にあずかる権利を承認されていることに，共通の特徴がみられる。とりわけナイル河水利協定は，①現存の利用の保護，②現に利用されている水を考慮に入れた余剰水の公平な配分，③河川の水の最大限の開発と利用のための沿岸国の協力，④締約国以外の沿岸国が水の分前を求めてきた場合，締約国の現存の利用を再考慮する，といった規定を設けており，すべての沿岸国に公平な水の配分を決定するための一般的規則たりうる数少ない事例のように思われる。

2　汚染　国際河川流域諸国の人口の急激な増加や農・工業による水需要の急速な増大は，河川流域の水資源の開発を促し，その速度が早まるとともに，流域全域の地表水・地下水にいたるまで開発利用されると同時に，利用に供せられる水資源の質に著しい低下すなわち汚染をきたしている。たとえばかつて美しさを讃えられたラインの流れも，有機物・塩化物・重金属やその他の化学物質によって汚染されている上に，最近は火力・原子力発電所などからの冷却水の温排出による新しい型の汚染も加わっている。こうした汚染が河川流域の生態学的バランスはもとより人間にとって不可欠の水資源を脅かしているのである。

ECの水資源汚染防止に関する理事会命令（1976年5月4日）は「人の健康を害し，生物資源や水の生態系を害し，快適さを損ない又は水のその他の適法な利用を妨げる結果を生ずるような物質又はエネルギーの，水環境への人間による直接的又は間接的な排出」を水汚染として定義している（水環境へ―を大気中へと置きかえると79年 ECE 条約の大気汚染の定義とそっくり重なり合う）。

河川に関する古い条約では，1816年のオランダ・プロシヤ間の国境画定条約，1854年のバーデ大公国・スイス間の国境画定条約が河川水の利用における優先順位，つまり灌漑かエネルギー生産かについて言及しているにしても，それら

はほんの一部分を占めるのみで主として航行の自由の保障に関するものであった。他の国境画定条約や国境水路協定の中の1パラグラフ分の規定にしかすぎなかった汚染防止を定める条約規定は、レマン湖に関するフランス・スイス条約第6条1項(1904年)、国境水に関する米・英(加のための)条約第4条2項(1909年)、ソ連・フィンランド協定第13条(1948年)、ソ連・ノルウェー協定第14条(1949年)、ソ連・ハンガリー協定第17条 (1950年)、オーストリア・バーデン=ヴルテンベルグ・バヴァリア・スイス間の条約第1条2項(1960年)、ソ連・フィンランド条約第15条(1960年)など数多くあるが、年代が進むにつれソ連を一方の締約国としたアフガニスタン条約第13条(1958年)は酸や廃物, 対ポーランド条約第19条(1961年)は工場又は産業施設からの化学物質又は廃棄物や亜麻・大麻を国境水域にひたすこと、同対ポ協定第10条 (1964年)で共通の水質基準の作成規定などの条文の具体化がみられるようになった。ソ連・フィンランド間の国境水路協定第4条 (1964年)は「国境水路が未処理の工業排水・家庭用排水, 浮游木や船舶からの廃棄物による水路の埋まりや漁業資源に対する損害…景観・公衆衛生を害し、住民や経済に有害な結果をもたらすおそれのある物質による汚染防止の処置をとること」といった、より詳細な規定を挿入している。

汚染による損害の賠償義務規定をもつ条約はユーゴスラビアとハンガリーの協定第5条 (1957年)、西独・オランダの国境に関する条約第63条1項 (1960年)、ソ連・フィンランド条約第16条(1960年), 同ソ連・フィンランド条約第5条(1964年) などあまり多くない。

沿岸国が互いに通航を許容することに始まった河川の国際化は、次第に非沿岸国をも沿岸国並みに扱う傾向と同時に、河川の行政統一のための中央統制機関であるライン河中央委員会 (1815年)とダニューヴ河下流(海ダニューヴ)に水路改修と水上交通行政とを行うヨーロッパ委員会(1856年)を発足させた。エルベ (1821年)、シエルト (1839年)、オーデル (1919年)、ニーメン (1919年)およびダニューヴ河の欧州委員会管轄より上流 (川ダニェーヴ)にそれぞれライン河中央委員会に類似の委員会の設立をベルサイユ条約で規定した。欧州以外では米・加国境河川, ナイル (1960年)、インダス (1960年) の国際河川委員会が汚

染防止などの管理を目的としている。63年ウンターゼー（コンスタンツ湖の流出口）より下流の水質保全のためのライン河汚染防止委員会が設立され，従来からのライン河航行中央委員会，モーゼル川汚染防止国際委員会，ザール川保護国際委員会，コンスタンツ湖保護常設国際委員会と協力してライン河の汚染調査やとるべき措置，将来の取極の基礎作成の任務が与えられている。この委員会の活動の成果は仏・アルザスのカリ鉱山からライン河へ流入する塩負荷を引下げるための，塩の排出を減少させる措置に関する条約（1976年，塩条約）と特定有害物質の排出を規制する条約（1976年，化学条約）を成立させたが，これは63年に飲料水に端を発したオランダからの主張に基づくものであった。

　化学条約では有害物質を除去すべきもの（ブラックリスト），減少させるもの（グレーリスト）に分け，ブラックリスト物質の排出は関係国の事前の承認に，グレーリスト物質は国内当局による規制にそれぞれ服せしめられることが定められている。塩条約はライン河へ流入する廃棄塩の濃度を引下げるための方策として，アルザスの下層土中への流入システム取付けのの費用をフランス30％，西ドイツ30％，スイス6％，名物のチューリップの温室栽培にも同河川を利用の被害国オランダも34％の割合で分担することになった。実質的義務としての財政的負担による汚染防止のための国際河川における国際協力の事例である。

　米・メキシコが分有するリオグランデ河，コロラド河の内，特に後者の水の割当は困難をきわめていたが，南西アリゾナから流水した高塩度の水がメキシコ側で穀物を脅かしているとして争われた。米・メ国境水域委員会の調査・勧告の末，コロラド河の塩分の除去と軽減のため，塩度の濃い水を下流に流すためのバイパス作成の費用，農地として不適当となった土地からの塩分除去のための費用の米側の負担による協力を，コロラド河の塩度の永久的・確定的解決に関する米・メキシコ協定（1973年）として実らせるにいたった。

3　海　洋　汚　染

　国際法の中でも最も新しい分野である国際環境法は，1972年にストックホル

ムで開催された国連人間環境会議（ストックホルム会議）をその出発点とみる見解が一般的である。それまでにも大気汚染のもたらす酸性雨や，国際河川の汚染が流域諸国に及ぼす影響について，身近に体験した国々によって個別的に汚染防止等の条約を締結していることはこの講のはじめで述べた通りである。

　海洋汚染を惹起する原因の内，油によるものは，1954年の油による海水の汚濁の防止のための国際条約（海洋油濁防止条約），放射性廃棄物は，公海に関する条約（1958年）の第25条を手始めに，廃棄物その他の物の投棄による海洋汚染の防止に関する条約（1972年，ロンドン海洋投棄条約），船舶からの汚染は，1973年の船舶による汚染の防止のための国際条約（MARPOL条約）が締結されてきたものの，不可分一体をなす海洋にもかかわらず一般に公海海域のみを扱うものであった。その後，地球上最も大きな部分を占める海洋の，陸上に起因する汚染についての防止のための法的措置が着手され始めたが，陸上起因汚染が国際的関心をひき始めたのは60年代に入ってからである。海洋環境の保護の努力に関し国連の専門機関の国連食糧農業機関（FAO），世界保健機関（WHO），政府間海事協議機関（IMCO，82年国際海事機関（IMO）に改称）が汚染から地域海を保護するための地域海行動計画や条約の採択をめざす地域的会議に代表を送るなどしてかかわってきたが，ストックホルム会議後，採択された行動計画の勧告をうけて国連環境計画（UNEP）が設立され，漁業資源と海洋汚染は深いかかわりを有するが故に，FAOによって開始されていた海洋汚染の防止と規制に関する枠組条約の採用のための責任を引き受けたのである。WHOの大気汚染モニタリング，世界気象機関（WMO）の気象変動に関連した汚染物質モニタリング，FAOの世界の土壌と植生モニタリングをそれぞれ協力支援しているが，UNEPが最も力を注いでいるのは国際環境法の発展である。海洋投棄規制，海洋汚染防止，野性動植物取引規制などの国際条約がUNEPの積極的な働きかけと資金援助を受けて締結された。環境保護のための世界的調整機関として出発したUNEPが諸国家の協力を進展させ結実させた地域海計画には，①汚染に対する地中海の保護のための条約(1976年，バルセロナ条約)，②ペルシア／アラビア湾に関して，汚染からの海洋環境の保護に関する協力のためのクウェー

ト条約(1978年，クウェート条約)，③ギニア湾に関して，中西部アフリカ地域の海洋及び沿岸環境の保護と開発における協力のための条約（1981年，アビジャン条約），④南東太平洋の海洋環境及び沿岸海域の保護のための条約(1981年，リマ条約)，⑤紅海及びアデン湾の環境保存のための地域条約(1982年,ジェッダ条約)，⑥広域カリビア海域の海洋環境の保護と開発のための条約（1983年，カルタヘナ条約），⑦インド洋に関して，東アフリカ海域の沿岸域の環境の保護・管理・開発のための条約(1985年，ナイロビ条約)，⑧南西太平洋に関して，南太平洋の海域の天然資源及び環境の保護のための条約（1986年，ノーメア条約）がある。これらの条約は枠組条約または傘条約とも呼ばれ，一般的義務を国家に課し，汚染の特定発生源や防止のための具体的な基準値などの詳細な規則は後で採択される議定書(例えば，バルセロナ条約のためのアテネ議定書，リマ条約のためのキート議定書など）に委ねている。

　UNEPのかかわりなしに締結された同じ主題の地域条約として，陸上源からの海洋汚染の防止のための条約（1974年，パリ条約）とバルト海域の海洋環境保護に関する条約（1974年，ヘルシンキ条約）がある。条約の改正の所でも触れたが，1992年にパリ条約と船舶及び航空機からの投棄による海洋汚染の防止条約（1972年,オスロー投棄条約）とを合体させ,ヘルシンキ条約もその刺激をうけて，より厳しい環境基準を採用するなどし同年に改正した。それは両条約の形態と内容が時代遅れになりつつあるという事実,たとえば伝統的なブラック・グレーシステムと新産業部門アプローチとの関係をはじめ予防原則の委員会による決定や勧告に及ぼす効果，NGOオブザーバーの地位など，さまざまの新しい争点が条約改正への圧力を高めたのである。オスロー条約やロンドン投棄条約にならい（河川ではライン河の化学条約も同様）70～80年代の条約でのブラック／グレーリスト・システムは有害物質の規制において特徴とされるものであった。しかしその後すべての海洋汚染を防止すべき目標に反するとして批判の対象となり，特に放射性物質の規制のため92年両条約は，より厳しい基準を採用するにいたった。

　最も規模の大きい陸上起因の海洋汚染源は，間接的水路（河川，運河，農・工

業・家庭用排出路，地下水路），直接的に海洋に達するパイプラインを通じての落し口，大気から，自国の管轄権下の人工島・設備および構築物から生ずるもの，と UNEP 作成の，陸上源からの海洋環境の汚染の防止に関するモントリオールガイドライン（1985年）が定義している。もともと陸上起因汚染源は排他的国内管轄権下にあり，国内法の領域に汚染は発生するが，有害物質の環境への持込みがその源で規制されうるならば，汚染は国際法上の問題とはならない。

　陸上起因汚染源の中でとりわけ河川は重要なソースである。地中海に関してのアテネ議定書の第11条2項前段には「いずれの締約国も非締約国の領域に起因するいかなる汚染に対しても責任を有しない」とあり，旧パリ条約第14条は同一の内容をもっていたが新条約にこの内容の条項はなくなった。一方ヘルシンキ条約も改訂後は，国際河川からの投入がバルト海の汚染を惹起しそうな場合に，利害関係のある第三国と協力しての汚染防止・除去の措置をとることを定めている。

　これまで海洋に関する条約は，当該海洋の沿岸沿いの国が締約国に属しているにすぎず，河川や大気を経由して運ばれる廃棄物を通じて海水を汚染させることに参加していることを考えると，こうした河川の上流国や内陸国をも協力態勢に引きこむことが必要である。アテネ議定書のいう非締約国の領域に起因する汚染に締約国は責任を負わないのではなく，漁業・海産資源の開発利用，さらに航行といった海域における活動を有していれば加盟国たる資格があり，一方上流たると下流たるとを問わず河川の沿岸国のすべては規制の義務を負うべきとの考えが出てきた。この点1992年ブカレストで締結の「黒海の汚染からの保護条約・陸上汚染源汚染からの黒海海洋環境の保護に関する議定書」は，黒海の海洋汚染源が主として河川を通じての陸上起因にあることに注目し，黒海へ流入のダニューヴ河の源流国のドイツをはじめオーストリア，旧チェコ，ハンガリー，旧ユーゴといった河岸国ではあっても黒海の沿岸国でない国々に協力関係の樹立を呼びかけたのは，今後の環境汚染防止のためのあるべき姿を示唆しているように思われる。

　環境に有害な活動を禁止する明確な一般国際法規則は存在しないが，国家が

他の国の人または領域に害を及ぼすような方法で自国領域を使用したり，自国領域が使用されるのを許してはならないという，十分に確立された一般国際法上の規則がある。それはローマ法諺の「他人のものを害せざるように汝のものを使用せよ」(sic utere tuo……)に依拠しておりストックホルム宣言21も同旨である。善隣の一般原則は伝統的に近隣諸国に適用されてきており，国際環境法のあらゆる文献に引用されている1941年のトレイル熔鉱所事件での見解もそうである。ところが米・加間の仲裁裁判所がその判決の中でつけた条件は「損害が重大な結果を伴ない，その損害が明白かつ確信的な証拠により立証される場合には，いかなる国家も損害を生ぜしめるような方法で自国の領土を使用する権利を有せず，また使用を許してはならない」というものであった。陸上起因海洋汚染のように，人間の広い諸活動から発した多様な原因から惹き起こされた汚染については，その原因を特定することは大気汚染と比べてもはるかに困難であり，重大な結果をもたらしてからでは遅く，明白な証拠を得ることは，損害が複合的現象による場合とくに至難であって，環境損害の防止にはただちに役立てることはできないのが現状である。しかしその意図は一般的な指導原則を供給するものとして，1982年の国連海洋法条約の中の国際的義務の項(第194条2項)で生かされている。

1968年の国連総会決議で，人間環境についての世界会議の招集を定め，72年ストックホルム会議の準備を進めていた直前の67年にトリー・キャニオン号事件（米会社が所有し，リベリア船籍のタンカーで原油を積載し英国へ航行中座礁し，約8万トンの原油が流出）による海洋汚染により，スカンジナビアを中心に油による海洋汚染の防止のための多くの条約が締結された。油による北海水域の汚染の防止に関するボン条約（1969年），油による汚染の損害のための民事責任に関するブリュッセル条約（1969年），油による海洋汚染の防止のためのスカンジナビア諸国間の協力に関するコペンハーゲン協定（1971年），油による汚染に基づく損害賠償の基金設立に関するブリュッセル条約（1971年）などである。

ストックホルム会議の成果の核をなすのは，地球の天然資源が石油や鉱石のみでなく大気・水・大地・動植物，特に自然の生態系を含むとし，現在および

将来の世代のために適切に保護されなければならない,としていることである。この会議の勧告をうけて設立の UNEP が多くの環境保護条約の締結にかかわってきたことは既に述べたが,ストックホルム宣言そのものは関係各国を直接に拘束するものではないが,原則21(自国の管轄権内の活動が管轄権外の環境に損害を与えないような活動をとる責任を負う)はその後の国際文書でくり返し宣明され,現行の国際慣習法規を反映するものとなったとされる。同会議の本質的成果として多数の決議から構成される「環境のための行動計画」の内,海洋環境の保護に注目の行動計画が,包括的な82年の国連海洋法条約の採択に向かわせた。しかし同条約は海洋環境の保護に関してのすべての関連問題を扱いうる世界的条約というわけではなく(いわば枠組条約のような働きをすると考えると理解しやすい),環境のさまざまな形態に応じた個別の条約によって環境は守られなければならない。

　これまで大気・河川・海洋の汚染防止や保護を目的とした条約についてみてきたが,他にも自然の保全と種の保存についてのものがある。特に水鳥の生息地として国際的に重要な湿地に関する条約(1971年,ラムサール条約),世界の文化遺産及び自然遺産の保護に関する条約(1972年,ユネスコ世界遺産条約),絶滅のおそれのある野生動植物の種の国際取引に関する条約(1973年,ワシントン条約(CITES)),移動性野性動物種の保全に関する条約(1979年,ボン条約),生物の多様性に関する条約(1992年)などである。また,有害廃棄物の国際的輸送と処分は,有害廃棄物の国境を越える移動及びその処分の規制に関するバーゼル条約(1989年,バーゼル条約),有害廃棄物のアフリカへの輸入の禁止及びアフリカ内の有害廃棄物の越境移動及び管理の規制に関するバマコ条約(1991年,バマコ条約)によって規律されているが,これは先進工業諸国のめざましい経済発展による途上国への公害の輸出を生み出した結果,作成されたものに他ならない。

　環境汚染・損害の全く予期しない分野として,太陽からの有害光線から地球を守る対流圏の上の大気圏のオゾン保護層に穴があいていること,同じく大気圏にガスが蓄積したことによる地球の温室効果が科学者の発見で判明した。このいずれもは紛れもなく人間活動・クロロフルオロカーボンの排出・石化燃料

の利用の増加,降雨パターンに影響を及ぼす森林の伐採によるものであった。国際社会はオゾン層の保護のためのウィーン条約(1985年,ウィーン条約),オゾン層を破壊する物質に関するモントリオール議定書(1987年,モントリオール議定書)を締結し迅速に対応したが,温室効果の方は可成遅れて,92年の国連環境開発会議(地球サミット)において,気候変動に関する国際連合枠組条約が調印された。迅速とはいうものの,モントリオール議定書の発効した時点でクロロフルオロカーボンの削減率は既に時代遅れになっており,89年「オゾン層の保護に関するヘルシンキ宣言」を必要としていた。

1986年のチェルノブイリ原発事故を契機に「原子力事故の早期通報に関する条約」「原子力事故又は放射線緊急事態の場合における援助に関する条約」(原子力事故相互援助条約)が締結されたが,これはこのような大惨事を取扱うに十分な条約とはいえず,今後に課題を残している。

1992年,リオデジャネイロでの国連環境開発会議(地球サミット)で21世紀に向けての行動計画「アジェンダ21」が採択された。環境と開発に関するリオ・デ・ジャネイロ宣言(リオ宣言)は27の原則からなるが,その内の第15原則は予防的措置についてである。92年改訂のパリ・ヘルシンキ両条約も予防原則の項で「…たとえ投入と影響の間に因果関係の決定的証拠がない時でさえも,海洋の他の適法な利用を妨げるかも知れないと推定すべき理由がある場合,防止的措置をとるため予防原則を適用するものとする」とあり,環境に損害を惹起する証拠がなければ海洋を自由に利用できるとの従来からの伝統的な前提を捨て,一旦破壊された環境の復元は容易でないことを考えると予防原則の実効的な実施による環境の保全が,今後益々求められるのである。

4 最近の動きと課題

「持続可能な開発」という概念が示す通り,環境問題は常に経済発展と,その後の環境の状況との関わりにおいて考えられねばならない。そしてそこでは先進国と途上国の間,および各々の内部での利害が種々錯綜しているのが現状

である。その状況をまず，気候変動枠組条約を例に取ってみると，同条約第3回締約国会議は，種々の妥協の結果，京都議定書の採択（1997年）にこぎつけた。同議定書は，先進国のEU 8％，米7％，日6％など差異化のある温室効果ガス排出削減目標を設定し，その一方で目標達成に関連して，いわゆる排出量取引やクリーン開発メカニズム（先進国と途上国とのプロジェクトにより，途上国はプロジェクト実施による利益が得られ，先進国はそこから生じたクレジットを自国の数値目標達成に使用できるというもの）など「京都メカニズム」と呼ばれる制度を規定するものとなった。しかしそれらの制度（附属書Ⅰの国に途上国は入っていない）の評価や森林の吸収源をくり込む数値の算定方法などをめぐって，先進国間での対立が解消されないままに，効力発生に時間を要した。ロシアの批准を得たことで2005年2月16日にようやく発効したが，アメリカの参加は得られていない。先進国全体としては途上国にも削減目標への参加を求めているが，一方で途上国は，環境問題は先進国の従来の活動の帰結であり，また，環境規制を行うことは経済発展を阻害するとして，先進国こそ率先して規制を行うべきであるという姿勢をとり，他方，産油国は化石燃料の利用減少に対する補償を主張している。

締約国が欧米先進諸国ということもあって，まとまりのよいECE条約（長距離越境大気汚染条約）の場合は，1979年の条約採択後，EMEP議定書（ヨーロッパにおける大気汚染物質の長距離移動の監視および評価に関する協力計画（EMEP）の長期的資金供与に関する……議定書，1984年），硫黄30％削減，窒素酸化物削減，揮発性有機化合物の放出規制（以上91年），硫黄の一層の削減（94年）の後にも，重金属，残留性有機汚染物質（以上98年），酸性化・富栄養化・自然レベルのオゾンの削減，水と健康（以上99年）に関する議定書の他にも，新たな条約の作成を行うなど，不断の努力が続けられている。これが京都会議で当初排出削減目標を15％と提示したEUの背景をなしていると思われる。

本講では，一旦破壊されれば環境の復元が容易でないため，予防原則を最重要視しつつ記述を行ってきたが，環境の保全は，将来の世代を含めた「人類の共通利益」の1つである。そしてそれは，並立する主権国家が各々の利益を追

求する「国際」社会の枠組みにおいて実現されねばならない。実際には，先進国と途上国との大きな経済格差を前提とする限り，両者が負う責任には一定の区分が設けられるべきであるが，地球環境保全は個々の国家が将来の世代のために等しく負うべき課題であるとの認識は強く求められる。そして，そうした認識の醸成について，さらに国際会議場で政府の後押しをして交渉の進捗に貢献するなど，環境保護に関わる民間団体（環境NGO）が果たす役割に益々期待が寄せられるのである。

第21講

国際違法行為と国際責任

POINT　国際法主体による国際違法行為は国際責任を生じさせるが，国家が主たる国際法主体に止まる限り，国際責任では国家責任が最も重要な位置を占めることになる。国家責任をめぐる議論は紆余曲折を経て，そこには大国と小国の利害が錯綜し，またその間の国際社会の変化が様々に反映されている。国家責任について学ぶことは，国際社会の構造とその変化を学ぶことであるといっても過言ではないだろう。

1　国家責任に関する議論の推移

　国際違法行為（国際義務の違反行為）は，国際法上の責任（国際責任）を生じさせる。国際責任は個人や国際機構が負うこともあるが，最も重要なのは国家の国際責任（国家責任）である。本講でも主として国家責任について論ずることになる。

　国家責任は，歴史上，外国人がその身体や財産に損害を被った場合に領域国が負うべき責任をめぐって論じられてきた。そこでは，国家がこの点で外国人に及ぼさねばならない保護の程度について，国際標準主義と国内標準主義が対立した。前者は，欧米の「文明国」においてほぼ共通になされている保護の水準を要求するもので，欧米諸国および欧米の論者によって主張された。盛んに海外への経済進出を行いつつあった欧米諸国が，進出先の国々においても自国並の保護を求めたのがこの主張であるといえよう。それに対し後者は，自国民に与えているのと同等の保護を外国人に与えれば足りるとするもので，ラテンアメリカ諸国が主に主張するところとなった。国際標準主義の主張は，欧米「文

明国」にとっては国内標準であるともいえる基準の遵守を，アジアやラテンアメリカの諸国に要求し，時にそれら諸国の国民よりも手厚い保護を与えることを求めるものであったが，それを押し付けられることになる諸国の反発は強く，両主義の対立は深かった。1930年に国家責任法の法典化が試みられた際，その会議の討議の基礎となった条文案は国際標準主義に立つものであったが，ラテンアメリカ諸国の強い反対に遭い，作業は挫折した。

第2次世界大戦後，法典化作業は国連国際法委員会 (ILC) に引き継がれ，同委員会では，1953年にキューバのガルシア・アマドールが国家責任に関する特別報告者に任命された。彼は，外国人の損害の場合に限ってまず検討するという方針をとり，とりわけ国際標準主義と国内標準主義の根深い対立を解消しようと試みた。そのために彼は国連憲章その他の国際文書が規定する基本的人権の諸原則を外国人に対する保護の基準として当てはめようとしたが，しかし，一般国際法上国家の人権保障義務が確立しているとはいえない等の批判があって採用されるにいたらなかった。

ガルシア・アマドールを引き継いで特別報告者となったイタリアのアゴーは，ILC の支持を得て，国家責任のすべてを，そして国家責任だけを，取り扱うという方針をとった。すなわち，外国人の損害の場合に限らず国家責任に関する一般的規則を規定する条約を作成し，他方で国際法上の国家の義務を規律する規則（1次規則）は取り扱わずに，義務違反がなされた後に作用する規則（2次規則）のみを取り扱う，ということである。以後，この方針の下に国家責任条文草案の起草作業が進められ，第1部（国家責任の淵源），第2部（国家責任の内容，形態および程度）および第3部（紛争の解決）が1996年までに暫定的に採択された後，2001年に最終草案が採択されている。本講の以下の記述においては，この国家責任条文草案が検討の主な材料となる。

2　国家責任の成立要件

国家責任の成立には，ある行為（作為または不作為）が国際法上国家に帰属し，

かつその行為が当該国の国際義務の違反を構成することが必要である（最終草案第2条）。

1　国家への帰属

(a)　**国家機関の行為**　国家の行動は，自然人で構成される国家機関を通じてなされる。彼（彼女）（ら）のどのような行為が国家の行為とみなされるか，というのが，行為の国家への帰属の問題である。なおこの場合，帰属のいかんを決定するのは国際法であり，国内法上ある行為が国家に帰属するか否かとは別の問題である。

国家機関の，その権限内での行為（作為・不作為）は，当然に国家の行為とみなされる。国内法上の当該機関の位置づけ（立法，行政，司法のいずれの機関か，任務がどのようなものか，上部機関か下部機関か，など）のいかんは問わない（第4条）。さらに，連邦国家の構成単位や地方自治体の機関，あるいは公共企業体など，国内法上は国家と別の人格を与えられている機関の行為も，国内法上統治権の一部を行使する権限が与えられている場合には，国家の行為とみなされる（第5条）。私人または私人の集団の行為であっても，事実上国家のために行動している（義勇軍の構成員として外国に派遣される場合など）か，権限ある公の当局が不在の場合に統治権の一部を行使することが正当化される状況で事実上統治権を行使している（災害時など）場合には，国家の行為とみなされる（第8，9条）。

国家機関（この場合は主に行政機関や軍隊等について問題となる）が，国家機関として行為しつつその（国内法上与えられている）権限を踰越した場合，当該行為が国家に帰属するかどうかについて，かつては学説上争われたが，国際判例では，メキシコで反米暴動鎮圧のために出動した軍隊が，命令に反して暴動に加担し，アメリカ人を殺害した事例で，メキシコに国家責任を認定したユーマンス事件判決（アメリカ・メキシコ一般請求委員会，1926年11月23日）など，権限踰越や濫用の場合に国家責任を認めた例が多い。国家責任条文草案は，判例や国家実行の動向に基づいて，国家機関がその資格で行為する限り，権限踰越や上級機関の指令違反があっても国家の行為とみなすと規定している（第7条）。

(イ)　**立法機関の行為**　立法機関の行為から国家責任が生ずる場合として，立法機関が国際法の要求している立法措置をとらない場合，あるいは国際

法に反する内容の立法を行った場合が挙げられる。特定の国内法規則の制定や改廃自体が国際法によって要求されている場合（後述の手段・方法の義務）には，制定や改廃が行われなかったという事実から国家責任が生ずる。それに対し，特定の結果の達成を国際法が要求している場合（後述の結果の義務）には，問題となる立法の公布・適用（または不存在）により外国に損害が生じた時点で国家責任が生ずる。

　　㋺　行政機関の行為　　行政機関は，国家機関の中でも外国，外国人との接触が最も多く，その行為から国家責任が生ずる場合は多岐にわたるが，従来とりわけ議論の対象となってきたものとして，外国人財産の収用の問題がある。

　国家が一定の公共目的と補償の下に私人の財産を収用すること（expropriation）は，諸国の国内法上認められていることであり，それが外国人を対象とする場合でも，国際法上一定の条件の下に許容されている。国家が国内の社会，経済体制の変革を試みる際に，私有財産の収用が大規模に行われる場合，特に国有化（nationalization）と呼んでいる。外国人財産の収用を合法的に行う要件として，次のようなものが要求される（充足されない場合は違法な没収（confiscation）となる）と議論されてきた。すなわち，公益の原則（公共目的を有すること），無差別の原則（自国民と外国人の間，外国人と外国人の間で差別的取り扱いをしないこと。ただし特定の産業が特定の外国人に独占されている場合にはこの限りでない）および補償の原則（補償は十分（国有化時点の市場価格に見合う額で），迅速（即金を原則として）かつ実効的（国際的通用力のある通貨で）である必要があること）である。国有化と呼ばれるような大規模な収用に関連して，この3原則のうち，とりわけ補償の原則をめぐって議論がなされてきた。「十分，迅速かつ実効的」という要件は主に自国民が国有化の対象となる先進国によって支持されてきた。それに対し，途上国は，天然資源に対する永久的主権に代表される経済的自決権の主張の一環として，これらの要件の緩和を要求してきた。この主張を反映して，1974年に国連総会が採択した国家の経済的権利義務憲章第2条2項(c)は，自国の関連法規および自国が適切と認めるすべての関連事情を考慮した

「適当な補償」のみが要求されるとしているが，このような途上国の主張が国際法規則に変化をもたらしているとはいえない。むしろ，2国間投資保護協定（BIT）が先進国と途上国との間で多く締結されている状況を見てみると，先進国がその主張を通しているのが最近の現状である。

外国人財産の収用と関連して，国家が外国人に特定の資源の開発等について特別の利権を与えていた契約（concession）を一方的に破棄することがあり，その国際法上の合法性が問題となる。契約の条項が，解釈適用の基準として国際法の原則を掲げているような場合には，一方的破棄は直ちに国際違法行為となる，との見解もある。しかし，破棄それ自体は違法ではなく，条約違反や裁判拒否があって初めて国際違法行為となる，というのが通説である。イランによる一方的破棄が国際司法裁判所で争われたアングロ・イラニアン石油会社事件でも，イギリスは裁判拒否の存在をイランの国家責任主張の根拠としていた。

(ハ) 司法機関の行為　司法機関の行為によって国家責任が生ずる状況として，裁判所が直接国の国際義務に反する判決を行った場合と，いわゆる裁判拒否の場合が挙げられる。前者の例として，裁判所が外交使節に特権免除を認めない場合や，犯罪人引渡条約上引き渡すべき犯罪人の引渡しを認めない場合等がある。後者は，外国人について国家が必要な司法上の保護を与えないことを指す。限定的に解されるときには，身体や財産に侵害を受けたと主張する外国人に対し，裁判を受ける権利を認めなかったり，それを認めても裁判が不当に遅延するなど，司法機関が機能行使を拒否する場合に成立するとされる（1930年の法典化会議へのゲレロによる報告書など）が，それ以外に，裁判手続が外国人に対して不公正である場合や判決が外国人であるが故に不当とみなされる場合，加害者が有罪判決を受けてもそれが執行されない場合等をも含むと解されることもある。

外国人に与えられねばならない司法的保護の程度をめぐって，既述の国際標準主義と国内標準主義の対立が見られるが，手続的保障の点では，外国人に司法上の保護が与えられていることが確認される限り当該国で一般に認められている手続によって裁判が行われていれば，そして判決の公正の点では，外国人

に司法上の保護を与えたといえないほどに「明白な不公正（manifest injustice）」が認められない限り，裁判拒否は成立しないというのが，一般に支持されている見解である。

　(b)　私人の行為　　国家機関に属しない私人の行為は，既述のように国家のために行動している場合を除き，国家に帰属しない（第11条）が，私人の行為に関連して国家責任が生ずることがある。すなわち国家は，その領域内において，私人による外国人の身体，財産に対する侵害行為を，相当の注意（due diligence）をもって防止する（事前の防止の他，事後において処罰等の措置をとることも含む）義務を負うとされているのである。

　私人による以上のような行為を国家が相当の注意をもって防止する義務を負う根拠について，かつてグロチウスは黙示的国家加担説を唱えた。すなわち，国家が私人の行為を防止する能力があるのにそれを怠ることは，犯罪に宥恕（patientia）を与えることとなり，事後に処罰等を怠ることは，犯罪者に庇護（receptus）を与えることとなる，というのである。この説では，国家は私人に加担することにより，私人に代わって責任を負うという構成がなされる。この考えは19世紀頃まで有力であったが，国家と私人の間に加担という関係を設定することはフィクションにすぎない，という点で問題があるとされる。今日では，相当の注意義務の根拠はむしろ領域主権に求められている。つまり，国家はその領域において排他的に統治を行う権利を有しており，外国は自国民の利益等を自ら保護することができないということである。この構成の下では国家は私人に代わって責任を負うのではなく，国家自身の義務違反により責任を負うのである。なおこの場合，相当の注意義務は，占領地域等自国領域に準ずる地域における私人の行為にも及び，また私人の国籍を問わない，とされている。

　暴動や内戦に関連する暴徒や反乱団体（反政府団体）の行為については，それが国家に帰属するか否かをめぐって，歴史上対立があった。国家責任条文草案は，このような団体の行為を私人の行為と同じく位置づけ，国家の行為とはみなさないが，反乱団体が新国家を樹立した場合には，当該団体の行為は国家の行為とみなされる（第10条）。

2 国際義務の違反

国際義務は，その性質によって以下のように分類することができ，それぞれについて義務違反が生ずる態様が異なる。

(a) 手段・方法の義務　　特定の行為形態を要求する義務（暫定草案第20条）であり，国家の行為が，要求されている作為または不作為に合致しない場合，有害な結果が発生するかしないかにかかわらず，義務違反が生ずる。この種の義務違反は，たとえば軍用機が不許可で他国の領空に侵入する場合や，国際法上要求される立法措置を立法機関がとらない場合に発生すると考えられる。

(b) 結果の義務　　特定の結果の達成を要求する義務であり，結果達成のためにどのような手段・方法をとるかは，国家の裁量に委ねられる。国家責任暫定草案は，①特定の結果の達成を要求する義務（第21条1項）と，②達成を要求される特定の結果に一致しない状況が生じても同等の結果を事後の手段で達成することを許容する義務（第21条2項），③外国人の身体・財産の保護に関する義務（特殊な結果の義務，第22条）に分けて規定していた。②は，特定の結果が達成できていない状況が一旦生じたとしても，事後の手段で達成が可能な場合であり，「引渡しか，訴追か」の義務などがこれに当たる。③は，後述する国内的救済原則について，通説である手続説ではなく実体説を採用しており，外国人が身体・財産に損害を被った場合，国内的救済手段を尽くしてなお救済が得られない場合に初めて領域国に義務違反が生ずると規定していた。

(c) 特定の事態の発生を防止する義務　　特定の事態の発生が防げなかった場合に義務違反が生ずる（第23条）。防止のための措置の選択は国家の裁量に委ねられる。国際河川の汚染防止義務などがこれに当たる。

3　違法性阻却事由

本来国際義務に違反する行為も，特定の事情の下でその違法性を阻却されることがある。国家責任条文草案では，以下の諸事由が例示されている。

(a) 相手国の同意（第20条）　　同意が事前または国際義務違反時に与えら

れる場合である。ただし，国際法上の強行規範の違反については同意により違法性は阻却されない。

(b) 国際違法行為への対抗措置（第22条）　違法行為に対する復仇や重大な条約違反に対する条約の一方的廃棄がこの例である。ただし，平時における武力復仇は認められない。

(c) 不可抗力（第23条）　不測の事態のために国際義務に合致する行動が不可能となるか，行為の違法性を知り得なくなった場合である。内乱の発生により領域の一部で外国の権利，利益の保護が不可能となる場合等がこれに当てはまる。ただし，このような事態の発生に寄与した国は違法性阻却を主張できない。

(d) 遭難（第24条）　国家機関が自己または保護を委託された者の生命を救うため，やむを得ず国際義務に反する行為をなす場合である。航空機の事故を避けるため領空侵犯を行う場合等がこれに当てはまる。

(e) 国家の緊急状態（第25条）　国家が重大かつ急迫した危険に対してその基本的利益を守るために唯一の手段として国際義務に反する行為をなす場合である。緊急状態を理由とする違法性阻却は濫用の危険が大きいため，厳格な制限規定が置かれている。

(f) 武力攻撃に対する自衛（第21条）　対抗措置に分類できる事由であるが，条文草案は国連憲章第51条に規定される自衛権の行使の場合について別に規定している。

以上の諸事由に基づいて違法性が阻却される場合でも，金銭賠償に関する問題は影響をうけないとされている（第27条）。

4　国際違法行為と過失

本講のこれまでの記述では，国家責任の成立には，行為の国家への帰属と国際義務の違反という2つの要素が必要であるとしてきたが，このような，いわば客観的要素に加えて，主観的要素すなわち国家の故意または過失が必要であ

るのか否かについて，学説上争いがみられた。

　主観的要素を必要とする立場＝過失責任主義は，「過失なくして責任なし」というローマの法格言に依拠するもので，グロチウス以来長らく支配的であった。しかし，20世紀に入ってアンチロッチが国家責任に過失の概念はそもそも妥当せず，国家責任は客観的要素のみで成立するという見解を示してから，過失責任主義に，アンチロッチなどの客観責任主義が対置されるようになった。

　たとえば，国際義務違反の国内法が制定され，適用される場合，あるいは裁判拒否と認定される態度が司法部により示される場合，国家機関の過失は一般に問題とされない。しかし，行政機関の行為については，とりわけ「相当の注意」義務違反が問われる場合，それは国家機関の過失を意味すると一般に解される。ただ，ここで問題とされる過失は，行為者の心理的過失ではなく，国家が外国（外国人）の権利，利益などの侵害が生ずるという事情を知りつつ，あるいは知るべきであったにもかかわらず対処を怠ったという意味で，国家の抽象的過失であり，今日では客観的な注意義務違反として構成される傾向にある。国家責任条文草案の立場はこれであり，過失は1次規則で取り扱うべきものとしているという意味で，条文草案は客観責任主義に立っているということができる。さらに，最近の国際判例には，国の過失を問題とせず，客観的国際義務違反のみに基づいて国家責任を認定するものが多く（トレイル熔鉱所事件仲裁判決，コルフ海峡事件国際司法裁判所判決など），国家責任は客観的義務に基礎づけられる方向に向かっている。

5　無過失責任原則

　特定の分野の活動，とりわけ高度の危険を内蔵する (ultra hazardous) 活動に関連して，条約上，危険責任の考え方が取り入れられている。これは，活動と損害の発生との間における相当因果関係の存在のみに基づき，行為の違法性や過失の有無にかかわらず国家責任の存在を認めるものである。原子力活動や宇宙活動のような活動は，最新の技術水準にてらしても予見不可能な損害を生じ

させる危険があり，その結果過失の立証が困難な場合が多いので，通常の責任法によっていたのでは責任を問えないことがあると考えられるからである。

このような条約は，原子力活動や宇宙活動の他，航空機による地表損害や油汚染についても結ばれており，条約によって責任の主体や形態はさまざまである。たとえば油汚染損害民事責任条約（1969年）では，責任主体はもっぱら船舶所有者等の私人であり，賠償責任は無過失・有限であるが，宇宙損害責任条約では，責任は打ち上げ国に集中され，賠償責任は無過失・無限である。この問題に関連して，ILCでは「国際法上禁止されていない行為から生じる損害に対する国際賠償責任」の表題の下に検討が進んでいる。

6 国 際 犯 罪

国際法上の責任は，伝統的には一般に不法行為責任とされてきたが，それは国際社会に共通の法益という観念が未成熟であったためであると説明される。しかし，今日の国際社会では，侵略戦争の防止，大規模な人権侵害や環境破壊の防止等，国際社会の基本的な利益の保護としてこのような法益が意識される分野が拡大しつつある。国際犯罪の概念の発展はこのことと密接に関連している。国際犯罪は，個人を主体とするそれと，国家を主体とするそれに分けられる。前者は，国際法に基づいて構成要件が設定され，国際刑事裁判所で処罰されるべき犯罪（ジェノサイド，アパルトヘイトなど）である。海賊や麻薬取引のように，国際法が諸国に処罰を求める犯罪の類型をも国際犯罪と呼ぶことがあるが，国際社会がその名によって処罰するのではない点で，厳格な意味では国際犯罪ではないという見解もある。個人の国際犯罪は，国際法上の概念として確立したものとなっているが，国家の国際犯罪という概念は，個人のそれに比べて新しく登場してきたものである。国家責任暫定草案は第19条で，国家の不法行為と「国際社会の基本的な利益の保護に不可欠な国際義務であるため，その違反が国際社会全体によって犯罪と認められる義務」の違反行為としての国際犯罪を区別し，後者に属するものとして，侵略の禁止，植民地支配の禁止，奴

隷・ジェノサイド・アパルトヘイトの禁止および大気・海洋の大量汚染の禁止に対する重大な違反を挙げていたが，最終草案は国際犯罪という概念を用いずに一般国際法の強行規範に基づく義務の重大な違反という表題とし，例示は行っていない（第40，41条）。

7　国家責任の追及と解除

1　外交的保護

　　国家の国際違法行為が生じた場合，国際請求というかたちで加害国の責任が追及される。国際請求を行うことができるのは，原則として国家に限られる。国際機構や私人は，機構の設立の目的や任務の範囲の中にある問題に限り（損害賠償事件 ICJ 判決），あるいは特別の条約によって，国際請求を提出する権利を認められるにすぎない。

　外国で私人がその身体や財産に侵害を受けた場合，被害者の国籍国は，外交的保護権を発動して，加害国に対し国際請求を提出することができる。この場合，被害者たる私人は国籍国に対し，国際請求の提出を求める権利を有しておらず，また当該国は自国民たる被害者からの要請の有無にかかわらず国際請求をなしうるのであって，その意味で外交的保護権はもっぱら国家の権利である。外交的保護権の発動には以下の2要件が必要とされている。

　　(a)　国内的救済（完了）の原則　　被害者が加害国内で利用できるすべての救済手段を尽くした後でなければ，外交的保護権は発動できない。私人と国家との間の紛争が容易に国際紛争に転化することを防ぐ趣旨で設けられた原則であると説明される。たとえば裁判に複数の審級が用意されていれば，原則としてそのすべてを尽くすことが必要である。ただし，尽くすべき国内的救済手段は有効なものに限られる。たとえば上級審が事実審理を行わないとか，判例が確立しているといった事情により，救済が得られないことが客観的に明らかである場合には，すべての審級を尽くす必要はない。また，本原則が適用されるのは，私人が自らの意思で加害国の管轄下に入った場合に限られるのであって，船が難破して加害国に流れ着いた場合や，加害国領域に強制連行された場合等

には適用はない。

　本原則の性格について，国内的救済手段を尽くしてなお救済が得られない場合に初めて国際違法行為が成立するという見解（実体説）と，私人が侵害を受けたときに国際違法行為は成立しており，本原則は国際請求提出の手続的要件にすぎないという見解（手続説）があり，後者が通説であるが，暫定草案第22条は実体説に基づく規定となっていた。

　　(b)　**国籍継続の原則**　　被害者の国籍は，侵害の発生時から国際請求の提出時（または事件の解決時）まで一貫して同一でなければならない。被害者が侵害の発生後国籍をより強力な国に変更して救済を確保することを認めれば，新国籍国による権力的介入を助長することになる，との考慮に基づく原則であると説明される。とすれば，領域の変更等により被害者の意思にかかわらず国籍が変更した場合にまで，この原則を厳格に適用することは適切ではない。

　被害者と国籍国との間には「真正な連関（genuine link）」がなければならない。被害者が形式的に国籍を有しているにすぎない国には，外交的保護権の発動は認められない（ノッテボーム事件 ICJ 判決）。

　　(c)　**カルボ条項**　　国家が外国人と結ぶ国家契約において，当該私人が侵害を受けた場合にも国籍国に外交的保護の発動を求めない旨の規定が置かれることがあり，発案者の名を取ってカルボ条項と呼ばれる。外交的保護権の国家の権利としての性格を前提とする限り，この条項が国籍国の外交的保護権発動を妨げる法的効果を持つとはいえないが，その趣旨を活かして，当事国の合意により国内的救済の完了が国際請求提出の要件とされていない場合にも，その完了を求めた仲裁判決もある（テキサス北米浚渫会社事件米・墨一般請求委員会判決）。

[2]　責任の解除　　国際違法行為をなした国は，当該行為から生じた一切の損害を賠償（金銭賠償に限らず国家が責任を解除するためにとる措置全般を指す）する義務を負う。賠償は「可能な限り違法行為のすべての結果を除去し，かつ，その行為が行われなかったならばおそらく存在したであろう状態を回復」するものでなければならない（ホルジョウ工場事件 PCIJ 判決）。国家

責任の解除の方法として，通常以下の3つが挙げられる。

　(a)　原状回復　　違法行為がなければ存在したであろう状態を回復することであり，国家責任解除の方法の基本とされる。原状回復が不可能，不合理な場合に別の方法がとられることになるが，実際には金銭賠償が行われることが最も多い。

　(b)　金銭賠償　　いうまでもなく損害を金銭に算定する方法であるが，算定に当たって，どの範囲の損害を賠償の対象とするかが問題となる。直接損害のほかに間接損害を含めるか，直接損害の中に逸失利益を含めるか，さらに利子を含めるか，といったことが具体的に問題となってきた。国家責任条文草案第36条は，経済的に評価可能なあらゆる損害を対象とし，立証される限りにおいて逸失利益をも含むと規定している。

　(c)　満足（satisfaction）　　主として精神的損害（国家の名誉の毀損など）に対して行われるもので，陳謝，関係者の処罰，行為の違法性を宣言する判決（コルフ海峡事件 ICJ 判決）等が例として挙げられる。

第22講

紛争の平和的解決

POINT　戦争の違法化と並行して，国際紛争を平和的に解決する義務が確立されてきた。平和的解決義務を実質的なものとするためには平和的解決手段の整備が必要である。国家は国際紛争の平和的解決に当たって種々の手段を選択することができる。平和的解決手段の中で最も「進んだ」ものである国際裁判といえども，必ずしも万能ではない。紛争の性質に応じて適切な解決手段を追求していくことが必要である。

1　国際紛争の平和的解決義務

　国際紛争とは，2つの国家の間に法又は事実に関する不一致，すなわち法または利益の衝突（マブロマチス特許事件PCIJ判決）が存在し，一当事国の主張に他方が積極的に反対している状態（南西アフリカ事件ICJ判決（先決的抗弁））を指すと定義できる。

　戦争が違法化される以前，国際紛争の解決は最終的には武力によって図ることが可能であった。すなわち伝統的国際法の下では，紛争解決手段として平和的手段と強力的（強制的）手段が併存していた。戦争の違法化の進展と並行して国際紛争の平和的解決の重視，更に平和的解決義務の確立に至る過程が始まったのは，19世紀末頃からである。

　1899年のハーグ平和会議で成立した国際紛争平和的処理条約は，その第1条で，平和的解決手段を戦争に訴える前に尽くすべき手続的前提と位置づけたが，平和的解決手段への付託義務を規定するには至らなかった。それに対し1907年の第2回ハーグ平和会議で採択されたポーター条約は債務回収のための武力行

使を禁じ，国際連盟規約第12条は，国交断絶に至るおそれのある紛争について仲裁裁判，司法的解決または連盟理事会による審査に付託する義務を規定した。しかし，平和的解決が不調に終わった場合に戦争に訴える権利は，なお国家に留保されていた。その一方で，戦間期のヨーロッパでは，紛争の平和的解決に関する諸条約が，1925年のロカルノ条約をはじめとして多数成立した。そのような過程を経て1928年に成立した不戦条約（ケロッグ・ブリアン条約）は，その第1条で「国際紛争解決ノ為戦争ニ訴フルコト」を禁止し，第2条では，当事国間で発生する紛争はその性質の如何を問わず「平和的手段ニ依ルノ外之ガ処理又ハ解決ヲ求メザルコト」が約束された。また，同年国際連盟総会が採択した国際紛争平和的処理に関する一般議定書は，当事国間のすべての紛争を調停に，当事国が権利を争う紛争については仲裁裁判または司法的解決に，それぞれ付託する義務を規定した。ただし，不戦条約には平和的解決手段に関する規定がなく，一般議定書には武力行使の禁止，制限に関する規定がなかった。

　第2次世界大戦後，国際連合憲章は第2条4項で「武力による威嚇又は武力の行使」を禁ずるとともに，同条3項で「すべての加盟国は，その国際紛争を平和的手段によって‥解決しなければならない」と，国際紛争の平和的解決義務を規定した。この平和的解決義務に関しては，1970年の友好関係原則宣言や，1982年の国際紛争平和的解決に関するマニラ宣言でも確認され，国際司法裁判所は，1984年のニカラグア事件判決で，平和的解決義務が慣習国際法上の原則であると述べている。また国連憲章は，紛争当事国はまず自らが選択する平和的解決手続に訴え（第33条），それで解決が図られなかった場合には安全保障理事会に付託する義務を設定している（第37条）。

2　法律的紛争と非法律的紛争

　国家は国際紛争の平和的解決義務を負うが，どのような手段を用いるかについては一般に紛争当事国の選択に委ねられている。国際紛争の平和的解決手段は裁判手続（仲裁裁判・司法的解決）と非裁判手続（周旋・審査・調停など）に分

けられるが，国際紛争には裁判による解決に適したものとそうでないものとがあるということが従来論じられてきた。裁判に適するとされる紛争を，一般に法律的紛争，裁判に適しないとされる紛争を非法律的紛争(政治的紛争)と呼んでいる。

法律的紛争と非法律的紛争を区分する基準について，次の3つの学説が主張されてきた。

第1は，国家の重大な利益に関わる紛争を非法律的紛争とする説(重大利益説)であり，1903年の英仏仲裁裁判条約で用いられているとされる。ところが，同条約自体，「法律的性質の紛争‥は‥常設仲裁裁判所に付託する。ただし，当該紛争が締約国間の死活的利益‥に関係しないものであることを条件とする」(第1条)と規定しており，国家の死活的利益に関わる法律的紛争があり得ることが前提となっているという批判を受けている。

第2は，紛争の実体に関して規定している法がある紛争を法律的紛争とする説(法の欠缺説)である。国際連盟規約第13条2項や(常設)国際司法裁判所規程第36条2項が根拠とされる。この説には，ある紛争に関する国際法規の存否の判断は裁判所の審理を待たねばならず，あらかじめ裁判に適するか否かを区分する基準たりえないという批判がある。

第3は，紛争当事国が国際法に基づいてその権利を争う紛争を法律的紛争とする説(権利主張説)であり，1928年の国際紛争平和的処理に関する一般議定書が，当事国が「権利を争う」紛争について特に国際裁判に付託する義務を規定している(第17条)ことなどを根拠とする。この権利主張説が最も有力である。ただ，国際紛争はしばしば多様な側面を有しており，そのうち法的部分を裁判に付託することが紛争全体の解決に資することもあり得る(テヘラン米大使館人質事件ICJ判決)。紛争当事国には交渉などを経て紛争の法律的要素を抽出し，裁判に付託していくという作業が求められよう。

3 非裁判手続

1 交渉 negotiation　紛争当事国の外交経路などを通じての直接の話し合いを指す。最も簡便な手続であり、もっぱら当事国の意図に従って柔軟に進めることができるが、合意に達しなければ決裂という結果となり、また紛争解決に至ったとしても、その内容に当事国の力関係が直接反映する。

このような欠陥にもかかわらず、交渉は紛争解決手段としてなお重要である。第三者が介在する紛争解決手段への付託について協議し、付託する事項を特定するために交渉が必要である。また、第三者の介在する手続でその決定に拘束力がない場合にも、決定を受けて交渉が再び必要となる。交渉は、国際裁判で命令されることもある。現行の国際法に照らしいずれかの当事国の立場を優位と見ることが困難で、むしろ当事国の交渉により公平な調整を図ることが妥当であると裁判所が考える場合にこのような命令が行われる。この場合、裁判所は交渉の際に依拠すべき基準を示し、当事国には交渉を有意義に進めることが命じられる(北海大陸棚事件、アイスランド漁業管轄権事件ICJ判決)。交渉命令判決は、実質的に調停や仲介の機能を果たしているともいえよう。また交渉は条約上、紛争解決のため第1にとるべき手段として義務づけられる場合もある(南極条約第8、11条、国連海洋法条約第283条など)。

2 周旋 good offices・仲介（居中調停）mediation　周旋は、第三国等(個人、国際機構の場合もある)が連絡手段・会議施設等を提供し、当事国をその同意の下に交渉のテーブルにつかせる友好的行為を指す。第三国等は交渉には一切かかわらない。当事国間に公式の外交関係がない場合に特に有効であるといわれる。1973年のパリ協定（ベトナム戦争停戦）におけるフランスの周旋などを例として挙げることができるが、第2次世界大戦後において顕著なのが国連事務総長による周旋である。ソ連のアフガニスタン侵攻や、イラン・イラク戦争などに関連して、事務総長

のいわゆるシャトル外交が成果を挙げている。事務総長の周旋機能は憲章で明示されていないが，広く支持を得ており，1988年に採択された国連総会決議「国際の平和と安全を危うくする恐れのある紛争及び事態の防止及び除去並びにこの分野における国際連合の役割に関する宣言」（国際紛争予防除去宣言）では，事務総長が果たすべき役割として，紛争当事国からのアプローチに応えて平和的解決手段をとるよう促すほか，自ら周旋その他の活動を提供することが挙げられている。周旋は，紛争の平和的解決に当たって当事国が選択すべき平和的手段を列挙する国連憲章第33条では言及されていないが，1982年のマニラ宣言は，第33条列挙の手段と並んで周旋に言及している。

仲介は，第三国等が周旋での行動に加え，交渉の基礎や解決案を提供するというかたちで交渉に介入する手続である。当事国は当該第三国等の意見に拘束されないが，それを非友好的行為とみなしてはならない。当事国が見逃しがちな解決方法について当事国の注意を喚起することができるということが利点として挙げられることが多い。例としては，1905年，日露戦争におけるアメリカ大統領セオドア・ローズヴェルトの仲介が著名である。

3　審査 inquiry　紛争に含まれる事実問題（国際紛争平和的処理条約第9条は，当事国の名誉または重要利益に関するものを除いている）を当事国の同意に基づき個人的資格の委員からなる中立的な委員会に付託して明らかにすることにより，当事国間の交渉による解決を容易にする手続である。1898年に生じたメイン号事件で，アメリカ，スペイン両国がそれぞれ別個に審査委員会を組織して，反対の結論に達し，米西戦争に至ったことを教訓に，1899年の国際紛争平和的処理条約で国際審査委員会に関する規定がおかれた（第9条）。さらに，1904年に日本近海に向け回航中のロシアバルチック艦隊がイギリス漁船団を日本の水雷艇と誤認して砲撃した，ドッガーバンク事件が，審査の手続により解決に至ったことを受けて，1907年の国際紛争平和的処理条約では規定が大幅に拡充された。（第9～36条）。

その後，1911年にアメリカとイギリス，フランス間で作成されたノックス条約（アメリカ未批准）では，一方当事国が審査委員会設置を要求したときには他

方当事国は当然に応じる義務を負う，委員会は法律問題をも審査し紛争解決案の勧告権限を持つ，と規定され，1913年から翌年にかけてアメリカが30数カ国と結んだブライアン条約では，審査委員会の常設化が図られ（実現は一部のみ），国家の名誉または重大利益に関する問題も審査の対象とする，当事国の一方の要求により審査が義務的となる，審査委員会の自発的審査開始を認める，審査中当事国は武力に訴えることができない，といった規定がおかれた。審査は国連憲章第33条においても列挙されているが，1988年の国際紛争予防除去宣言では，平和維持に関する国連の役割強化のため，国連安全保障理事会，総会および事務総長が事実認定能力を十分に活用することが要請されており，今日では，紛争解決という本来の機能に加えて，緊張緩和や紛争の予防における役割を期待されている。

審査結果をどう用いるかは通常当事国に委ねられるが，国連海洋法条約付属書Ⅷ第5条27項では，審査結果は別段の合意がない限り当事国にとって決定的となると規定されている。

4　**調停 conciliation**　個人資格で選出される中立の委員会（アドホックまたは常設）により，紛争の事実問題，法律問題を検討し，解決案を提示する手続である。第1次大戦後，国際連盟による紛争処理手続が国家代表による政治性の強い機関によって行われることに反発したスカンジナビア諸国から提案され，1922年，国際連盟総会で，調停委員会設置を奨励する決議が行われた。当該決議にはモデル調停条約が添付されており，その後多くの調停条約が締結された。その内容はさまざまであり，調停のみを規定するものの他，仲裁裁判や司法的解決と関連づけ，調停が不調の場合裁判への付託を規定するもの（ロカルノ条約など）も多かった。1928年の国際紛争平和的処理一般議定書は，原則として当事国間のすべての紛争で外交手続により解決できなかったものは調停に付託されると規定し，詳細な規定をおいた。第2次大戦後，調停は多数国間条約の解釈，適用に関する紛争解決手段として注目され，条約法に関するウィーン条約や国連海洋法条約はその付属書で調停手続を定めている。

調停委員会の判断には通常法的拘束力はないが，1947年の対伊平和条約のように，当該条約の適用に関する紛争を処理するために設置される調停委員会の決定の受諾を義務的とするものもある(その他，1981年の東カリブ諸国機構設立条約など)。

5　**国際機構の介入による手続**　国際連盟，国際連合は，設立文書において違法な武力行使に対する制裁を規定するとともに紛争の平和的解決に関する手続をも規定している。国際機構の紛争への介入の仕方は，平和的解決手段の中では周旋ないし仲介，審査を組織化したものと位置づけることができる。ここでは，国連憲章が規定する平和的解決手続について概説する。

憲章第6章は安全保障理事会の任務としての紛争の平和的解決の手続を規定している。国連加盟国は，その継続が国際の平和及び安全の維持を危うくするおそれのある紛争について，憲章第33条に規定される手段を用いて平和的解決を図らねばならない。解決が図れない場合，紛争当事国は安保理に紛争を付託する義務を負い（第37条1項），安保理は第36条に基づき適当な調整手続（法律的紛争に関しては国際司法裁判所への付託を含む）を勧告する（たとえばコルフ海峡事件に関して1947年4月9日の安保理決議は ICJ への付託を勧告）か，自ら仲介機能を行う（第37条2項）。その他安保理は，いかなる紛争についても全ての紛争当事国の要請があれば勧告をなしうる（第38条）。また付託に基づかずとも安保理は，自発的にいかなる紛争または国際的摩擦や紛争に導くおそれのある事態についても，その継続が国際の平和と安全を危うくするかどうか決定するために審査することができ（第34条），必要と認める場合には当事国が第33条1項の解決手段を用いることを勧告することができる（第33条2項）。この調査を促すため国連加盟国，憲章の平和的解決義務を当該紛争について受諾した紛争当事国たる非加盟国（第35条），総会（第11条3項）および事務総長（第99条）は，安保理の注意を喚起することができる。

このような活動において安保理が基づくべき基準は，国連の目的と原則に従うこと，法律的紛争については原則として国際司法裁判所に付託すべきことを

考慮することを除いて特になく，安保理は広い裁量権を持つ。ただし安保理の勧告は当事国を法的に拘束しない。

国連総会は，国際の平和と安全の維持のため紛争の平和的解決に関する諸問題を含む一切の問題・事項を討議し，勧告する権限を持つ（第10・11・14条）。しかし，国際の平和と安全の維持に主要な責任を負う安保理との関係において，総会の役割は次の点で第2次的なものと位置づけられる。すなわち，安保理がいずれかの紛争または事態について憲章上の任務を遂行している間は，総会は安保理の要請がない限り当該紛争または事態について勧告を行ってはならない（第12条1項）。また，国連加盟国，安保理または憲章の平和的解決義務を当該紛争について受諾した紛争当事国たる非加盟国によって付託される問題を処理する際,「行動」を必要とする問題については安保理に付託しなければならないが，ここでの「行動」は，国際司法裁判所によれば国連憲章第7章に規定される強制行動を指すとされており（国連のある種の経費事件 ICJ 勧告的意見），当該条項は紛争の平和的解決に関する限り総会の役割を限定するようには機能しないといえよう。

4　国 際 裁 判

[1]　**国際裁判の歴史**　　国際裁判は，法に基づき拘束力のある判決を下す権限を付与された国際裁判所によって行われる手続であるが，仲裁裁判と司法的解決に分類される。国際裁判は原則として，裁判に紛争を付託することへの紛争当事国の同意を前提として行われる。仲裁裁判と司法的解決との分類は，主として裁判機関の機構の相違に基づくものである。仲裁裁判を行う機関は事件ごとに紛争当事国が合意によって設置するのに対し，司法的解決に携わる機関は多数国間条約によりあらかじめ設置され，不特定の期間にわたり不特定数の紛争を取り扱う。国際司法裁判所（ICJ）や，その前身の常設国際司法裁判所（PCIJ）はこれにあたる。

ヨーロッパにおいて，仲裁裁判は古くから行われていたが，絶対王政の時代

には一時見られなくなっていた。その復活を示すのが1794年に英米間で締結されたジェイ条約であり，1872年には英米間で重大な争訟の解決のためはじめて仲裁裁判が利用された事例としてアラバマ号事件の仲裁裁判が行われるなど，裁判の形式による紛争解決の有効性が認識されるようになった。それを受けて，1899年のハーグ平和会議で常設仲裁裁判所の設置が決定された。この裁判所を利用しようとする紛争当事国は，国際紛争平和的処理条約の各当事国が4名ずつ指名する裁判官の名簿から，付託合意に基づいて裁判官を選出する。1907年までの間にこの裁判所は14の事件を取り扱ったが，その後は必ずしも積極的には利用されていない。仲裁裁判はしかし戦間期にかけて，第1次世界大戦の平和諸条約に基づく混合仲裁裁判所での義務的裁判を含めて多数行われた。第2次世界大戦後においても，仲裁裁判はいくつか重要な判例（ラヌー湖事件，テキサコ事件など）を生み出している。

　文字通り常設の裁判所による裁判手続としての司法的解決の発展は，第1次世界大戦後に始まる。国際連盟規約第14条は，連盟理事会がPCIJ設置案を作成すべきことを規定していた。理事会は設置案作成のため法律家委員会を設けた。同委員会による設置案では，国際連盟加盟国について裁判所が義務的管轄権を有する趣旨となっていたが，この点は理事会で否認された。しかし総会では，中小国を中心に義務的管轄権を支持する見解が強く，結局後述の選択条項を置くことで妥協が図られた上でPCIJ規程が採択された。PCIJはオランダのハーグに設置され，1922年から1940年にかけて62の判決，命令を下し27の勧告的意見を採択したが，1939年の裁判官選挙は無期延期され，翌年，ドイツ軍のオランダ侵入に伴って事実上活動を停止した。

　第2次世界大戦後，PCIJは，名称をICJに変更した以外は，新たな規程（ICJ規程）もほぼPCIJからの継続性を維持するための規定（第36条5項・第37条））を加えただけで，国際連合の下に引き継がれ，ICJは国連の主要な司法機関と位置付けられた。ICJとなってから，とりわけ1960年代において付託される事件数が減少し，国際裁判の凋落が懸念されたが，70年代以降，付託事件数は再び増加してきている。しかし，裁判所規程当事国数に対する選択条項受諾国（＝ICJ

の義務的管轄権を受け入れた国)数の割合は,国連加盟国は自動的に規程当事国となるという制度の影響もあって PCIJ 時代の1935年の86％に対し,1995年には32％と減少しており(安保理常任理事国はイギリスのみ),そのうち有効期限に言及せず,事項的留保も付していない国は,第2次世界大戦後の受諾宣言では1つしかなく(1963年のウガンダ),また時に判決不履行の例(ニカラグア事件のアメリカなど)も見られ,ICJ が諸国の全幅の信頼を得ているとは必ずしも言い難い状況にある。

2 国際裁判所の管轄権

人的管轄に関しては,国際裁判所での当事者能力は一般に国家に限定され,ICJ もそうであるが,海洋法裁判所のように国際機構に当事者能力を認める場合や,中米司法裁判所(1908-1918年)やヨーロッパ人権裁判所のように個人に当事者能力を認める場合もある。

事項管轄については,既述のように,国際裁判は原則として,紛争当事国の同意を前提として行われる。言い換えれば,国際裁判所の管轄権はすべての紛争当事国の同意に基づいて設定される。この同意は,関係諸国間の合意によって示されることが多い。紛争を裁判に付託する旨の合意は,紛争の発生後になされる場合と,発生前になされる場合とがある。紛争発生後になされる合意は,一般に付託合意(コンプロミ compromis)といわれる。裁判に付託すべき事項が付託合意の中で決められる(ICJ の管轄事項については規程第36条1項)他,仲裁裁判の場合は,仲裁裁判所の設立に関わる種々の取極(構成,裁判官の選任方法,所在地,適用法規,費用負担など)も付託合意において行われる。紛争発生前の合意は,当事国間の紛争の裁判による解決を規定する条約(裁判条約)の締結や,特定の事項に関する条約の中に当該条約の解釈,適用に関して生ずる紛争を裁判に付託する旨の規定(裁判条項)を置くことによって示される。

紛争当事国間の取極によらず同意が示されることは,仲裁裁判の場合ほぼあり得ないが,ICJ の下では,ICJ 規程の選択条項受諾宣言と,応訴管轄(forum prorogatum)が挙げられる。

既述のように,PCIJ 設置に当たって,国際連盟規約第13条2項に列挙される

種類の紛争(条約の解釈，国際法上の問題，国際義務違反となるべき事実の存否または当該違反に対する賠償の範囲及び性質に関する紛争) について義務的管轄権を認めるべきであるとの主張が中小国を中心に強く，大国の主張と対立したため，PCIJ規程に選択条項を置くことで妥協が図られた。同規程第36条2項は，上記の紛争に関して当事国は同一の義務を受諾する国との間で裁判所の管轄を義務的であるといつでも宣言できると規定し，それはICJ規程第36条2項に引き継がれている。

ICJ規程第36条3項は，選択条項受諾宣言は他国との相互条件で，または期限を付して行うことができるとのみ規定しているが，明文にない種々の留保を付すことが実際には行われ，是認されてきた。これまでに行われている留保は，時間的なものと事項的なものに大別される。時間的留保の主なものとして，受諾宣言前の事実または紛争を除外するという留保がある。事項的留保には，他の解決手続に付託する合意がある紛争を除外するものや，武力紛争に関わる紛争を除外するものなど，種々の例があるが，特に問題となるのが自動的留保と呼ばれるものである。これは宣言国が自ら国内管轄事項であると判断する事項に関する紛争を除外するというもので，受諾宣言の意義を失わしめるため規程違反であるという主張もある。ただ受諾宣言に対する留保は相互主義的に働き，紛争当事国は互いに相手方の留保を援用しうるとされている（ノルウェー公債事件ICJ判決）。また訴訟提起時に有効であった受諾宣言がその後破棄されたとしても裁判所は管轄権を有する（ノッテボームルール）。

応訴管轄とは，付託合意もなく，当事国双方が選択条項受諾宣言も行っていないのに，一方的に裁判への付託が行われた場合，相手方が明示または黙示に認めれば，裁判所の管轄が確立するというものであり，PCIJ以来認められている（ICJ規則第38条5項）。

3 国際裁判の手続　仲裁裁判の場合，どのような手続で裁判を進めるかは付託合意で決められ，その内容はさまざまであるが，ICJの場合はICJ規程の他ICJ規則が手続の詳細を規定している。ここではICJにおける手続について概観する。

ICJ はオランダ，ハーグの平和宮におかれ，国連総会及び安全保障理事会での選挙で選出される15名の裁判官（3年ごとに5名ずつ改選）で構成される。法廷は全員法廷として開廷される他，当事国の要請により簡易手続で事件を審理し迅速な処理を図るための簡易手続部（5名，毎年設置（ICJ規程第29条））および特定の部類の事件のために設置される特別裁判部（3名以上，随時設置。メイン湾境界画定事件（1984年本案判決）以来しばしば利用される（第26条1項））でも裁判が行われる。争訟事件の当事国の国籍裁判官は出廷の権利を有し，国籍裁判官を持たない国は他の裁判官と平等の条件で裁判に参与するアドホック裁判官を任命できる（第31条）。裁判所の決定は多数決により，同数の場合は裁判所長の判断による（第55条）。判決には理由を付し（第56条），裁判官は個別意見を表明する権利を有する（第57条）。判決は終結であり上訴は認められない（第60条）が，判決時に知られていなかった新事実が発見された場合には再審が認められる（第61条）。判決は事件の当事者間において，当該事件に関してのみ拘束力を有する（第60条）。

　当事国間の合意によらず事件が付託された場合，相手方は本案審理を妨げるべく抗弁（先決的抗弁）を提出することができる。先決的抗弁には，選択条項受諾宣言の無効など裁判所の管轄権を争うものと，国内的救済未完了など請求の受理可能性を争うものとがある。たとえばノッテボーム事件では，グァテマラは自らの選択条項受諾宣言が失効しているため裁判所に管轄権がないという抗弁を提出している（抗弁は却下）。

　当事国の権利と本案判決の意義を保全するために，裁判所は審理のどの段階においても当事国の要請または職権により仮保全措置を命ずることができる。裁判中に事態が進行し，状況が変化することが予測される場合にこの命令が行われる。たとえば核実験事件では，オーストラリア，ニュージーランドの領域内に放射能を降下させる核実験を行わないことがフランスに命じられている。

　当事国の一方が出廷しない場合も裁判は有効に行われる。その際出席している当事国は，自らに有利な裁判を裁判所に要請できる（第53条）。

　裁判所での事件に対し，法律的性質の利害関係を有する第三国は裁判所に訴

訟参加の許可を求めることができる（第62条）。また，事件でその解釈が問題となっている条約の当事国たる第三国は，訴訟参加の権利を有する（第63条）。

5　国際司法裁判所の勧告的意見

ICJ は，国家間の争訟事件を取り扱うほか，国連総会，安全保障理事会及び総会が許可した国連機関または専門機関の要請に応え，あらゆる法律問題について勧告的意見を与えることができる（国連憲章第96条，ICJ 規程第65条。要請に応えるか否かの決定は裁判所が行うが，国連の主要な司法機関として，決定的な拒否理由がない限り要請を受理する義務を負うと考えられている。今日に至るまで拒否の事例は1件に止まっている（核兵器の合法性に関する世界保健機関の要請。当該機関の活動の範囲内の事項ではないとして））。ここでいう法律問題は抽象的問題に限られない（むしろ純粋に抽象的で「事件性」のない問題について諮問することは適切でないという見解もある）が，PCIJ では継続中の紛争に直接関わる場合には紛争当事国の同意と事実審査への参加が必要である（東部カレリア原則）とされた。国家間紛争を主題とするときは国籍裁判官の制度が適用される（ICJ 規則第102条）。勧告的意見は法的拘束力を伴わないが，国連特権免除条約は，条約の解釈適用を巡る紛争が国連と加盟国との間で生じた場合 ICJ に勧告的意見を要請し，意見は最終的なものとして受諾されると規定している（第30項）。

第23講

国際安全保障

POINT　正戦論から無差別戦争観，更に違法化へと，戦争観念は変遷を遂げた。戦争違法化の下での唯一の例外としての自衛のための武力行使をめぐっては，武力行使の可能性をめぐる種々の思惑が交錯している。国連は，戦争の違法化を前提として，違法な武力行使等に対し集団安全保障体制の下で制裁を加えることになっているが，その体制は，冷戦の下では大国の拒否権行使により予定通りに機能してこなかった。冷戦後，大国の協調は可能となり，国連の安全保障機能は一定の回復を見せているが，なお問題は多い。

1　戦争観念の変遷

　現代国際法の下では，武力による威嚇及び武力の行使は禁じられているが，このような武力行使の禁止は，その違反を防止し，または違反が生じた場合にそれを鎮圧する体制を確立してはじめて実効性を確保することができる。本講では，武力行使禁止の確立過程と，集団安全保障体制の意義及び問題点について主に論ずる。

　戦争は，正当な原因に基づく場合にのみ許容されるという考えは，古代ギリシャ・ローマに遡ることができる。ローマでは，戦争を始めるに当たってユス・フェティアーレ（jus fetiale）により正当な原因に基づく戦争であるか否かが判断されたといわれる。

　ローマカトリックの権威の下にあった中世のヨーロッパにおいては，原則として戦争を認めないキリスト教の教義との関係で，正しい戦争を積極的に位置

づけることが必要であった。実際正当戦争論（正戦論）はスコラ哲学の中心論題の1つであり，たとえばアウグスチヌスは，戦争は正当原因がありかつ他に手段がない場合にのみ許されると論じ，正当原因として不正に奪われたものの回復などを挙げている。

　このような中世的正戦論は，国際法の黎明期における論者の議論に影響を与えた。ビトリア，スアレス，グロチウス等はそれぞれ正戦論を展開したが，ただ正当原因の捉え方は，道義的なものから法上の権利保護へと移行していった。グロチウスによれば，正戦とは自衛，財産の回復または処罰のために行われる戦争であり，より豊かな土地を求める戦争，発見を理由に他者に属する土地を奪う戦争，他者をその意思に反して支配するための戦争は不正なものとされた。しかし，ローマカトリックの権威が失墜し，絶対王政へと向かう時代にあって，実質的，形式的に戦争の当事者に優位する立場から正当原因の存否を判断すべき者は存在せず，正戦論は各交戦国が自らの戦争に大義名分を与えるために利用するものとなっていた。グロチウスは，このような状況と正戦論との調和を図り，交戦者自らが正当原因に基づく戦争を行っていると信じている限り，たとえ不当な原因に基づく戦争であっても正当原因に基づくものと同様に扱うより他はないという「克服し得ない不知」の理論を展開した。かくて，主権において平等な諸国家が並立する国際社会の確立に伴って，正戦論は凋落を免れなかった。

　18世紀の論者であるヴァッテルは，正戦論を維持しつつも，国家は互いに平等かつ独立であり，相互に裁判官たり得ないと論じ，18世紀中頃以降は，交戦者は双方が正当であり，国際法は戦争の開始手続および遂行過程のみを規律するという，無差別戦争観が支配的となった。戦争は平和的解決手段と並んで国際紛争の解決手段とみなされ，後者が不調の場合は前者が最終的な解決手段とされた。平時国際法と対等の地位に立つ戦時国際法（jus in bello）が成立するのはこの時期以降のことである。

　19世紀末から20世紀初頭にかけて，ハーグ平和会議の開催に象徴されるように紛争の平和的解決が重視され，平和的解決手段が整備されるのとともに，戦

争に訴える権利を手続的に限定する傾向が見られるようになった。1907年の契約上の債務の回収のためにする兵力使用の制限に関する条約（ポーター条約）がその最初の例であるとされる。前講で言及したブライアン条約では，調停委員会の報告が出されるまで戦争に訴えることが禁止された。このような，戦争モラトリアムという方式は，国際連盟規約にも取り入れられ，第12条は，国交断絶に至るおそれのある紛争が発生した場合，連盟国は当該紛争を国際裁判または連盟理事会に付託する義務を負い，国際裁判の判決または連盟理事会の報告から3カ月間は戦争に訴えてはならないと規定し，さらに判決に服する国に対する戦争の禁止（双方当事国が判決に服さない場合は戦争に訴えてよいと解釈し得る）および連盟理事会（総会）の解決案が紛争当事国以外の全理事国（総会の過半数）の賛成を得ている場合，それに服する国に対する戦争の禁止(第15条6項(10項)）も併せて規定した。

　戦間期においては，さらに進んで戦争の一般的禁止が論じられるようになった。1924年の国際紛争平和的処理議定書(未発効)は，侵略戦争を国際犯罪として，侵略への対抗および連盟の決議による行動を除き戦争は禁止されると規定し，国際紛争解決手段としての戦争を一般的に禁止する最初の試みであった。

　その翌年，ドイツと，フランス，ベルギー間で締結されイギリス，イタリアが保証国となったロカルノ条約では，当事国が相互に戦争を行わない旨約束(正当防衛，連盟規約第16条に基づく行動，連盟の決議による行動及び連盟規約第15条7項に基づく行動（最初に攻撃を仕掛けた国への対抗のみ）を除く）し，1928年の不戦条約で，戦争に訴えない約束が多数国間条約（1939年現在63カ国）として成立することとなった。その第1条は「締約国ハ国際紛争解決ノ為戦争ニ訴フルコトヲ非トシ且ソノ相互関係ニオイテ国家ノ政策ノ手段トシテノ戦争ヲ放棄スルコトヲソノ各自ノ人民ノ名ニオイテ厳粛ニ宣言ス」と規定し，第2条で紛争が平和的に解決されるべきことを規定しているにすぎないが，連盟規約第16条等に基づき行われる戦争，不戦条約違反国に対する戦争（前文で，戦争に訴える国は本条約の供与する利益を拒否されると規定）および自衛戦争（アメリカは本条約参加に当たり自衛戦争について留保を行ったが，同じく前文に既に含まれていると解釈で

きる）は禁止の例外となっていると解釈される。

　国際連合憲章は，武力行使の禁止をさらに押し進め，武力による威嚇および武力の行使を禁ずる規定をおいた（第2条4項。国連による強制措置と自衛のための武力行使を除く）。不戦条約ではテクニカルな意味での「戦争」に至らない武力行使は禁じられていないという解釈の余地があったが，その点を武力の行使という文言でカバーし，また武力による威嚇をも禁じたことで，砲艦外交のような行為も禁止の対象としたのである（もっとも，国連憲章第2条4項は他国の「領土保全又は政治的独立」に対する武力行使等を禁ずるという体裁となっており，この文言が武力行使禁止を限定するものであると捉えて，たとえば在外自国民保護のための武力行使は容認されると論ずる向きもある）。

　以上の経緯を経て戦争の違法化は完成し，それは単に条約上の原則ではなく一般国際法上の原則となっていると理解されている。

2　自　衛　権

1　自衛権の概念　　国連憲章第51条は，武力行使禁止の例外として，個別的または集団的自衛の固有の権利の行使を認めている。

　自衛権は，歴史的には自然法上の自存権と特に区別されず，正戦論の枠組みで戦争の正当原因の1つとされてきた。正戦論の凋落の後は，自衛権は戦争に至らない程度の武力行使の正当化に用いられた。1837年に生じたカロライン号事件（カナダ独立派の援助物資を運んでいたアメリカ船がアメリカの港に停泊中イギリス軍に襲われ，乗客乗員多数殺害の上船体は投棄された事件）をめぐる英米間の交渉中に，アメリカ国務長官ウェブスターは，武力行使が自衛のためのものであると認められるには「目前に差し迫った重大な自衛の必要が存在し，手段を選ぶ余裕がなく，熟慮の時間もなかったこと」が証明されねばならないと述べ，自衛権発動の基準を示した。この事例でも示されるように，当時国際法上の自衛権は正当防衛よりも緊急避難に近いものと考えられていたが，戦争の違法化の進行とともに，不正な侵害に対抗する権利という位置づけが与えられるよう

になった。

2 国連憲章の自衛権　国連憲章第51条は,「武力攻撃が発生した場合」を自衛権の発動要件として規定する。この点につき,国連憲章上の自衛権と慣習国際法上の自衛権を区別して,後者は前者によって制限されないとし,後者は武力攻撃に対してだけでなく,国家の死活利益への侵害行為一般に対しても発動でき,また侵害行為の「発生」以前の段階における先制的自衛も認めているという議論がある。しかし,このような慣習国際法上の自衛権の概念の把握には疑問がある。国連憲章の制定過程において「武力攻撃の発生」を要件とする事が特に議論を呼ばなかったこと,不戦条約に既述の留保を付するに当たってのアメリカの解釈では「自国領域への攻撃又は侵入」に対する自衛が観念されていたことにかんがみれば,国連憲章の自衛権が当時の慣習国際法上の自衛権を反映していたとも考えられるからである。もっとも,先制的自衛の禁止は核攻撃国に有利に働くという観点から,先制攻撃が侵略に該当するという推定を覆す事情がある限り先制的自衛は認められるとの見解もある。

　自衛の措置は,直ちに安全保障理事会に報告されねばならない。安保理が必要な措置(＝強制措置と解されるが,非軍事的強制措置については全ての場合自衛権の発動を停止させる趣旨を有するとはいえない)を取った場合には終了しなければならない(日米安全保障条約第5条はこれに対応した規定となっている)。安保理が軍事行動の停止を要請し,武力攻撃を加えた国がそれに従う場合もこれに含まれるだろう。

　国連憲章第51条は,個別的自衛権とならび集団的自衛権を諸国の固有の権利として承認している。集団的自衛権とは,他の国が攻撃を受けたときに被攻撃国を援助して反撃を加える権利を指す。

　集団的自衛権は,国連憲章を採択したサンフランシスコ会議において,主としてラテンアメリカ諸国からの要請により第51条に加えられたものである。ダンバートンオークスで作成された憲章草案(ダンバートンオークス提案)は,安全保障における地域的取極,地域的機構の役割の重要性を認めつつ(現行第52条),

国連を中心とする集権的な安全保障体制を構想し，地域的機構による強制行動には安保理の許可が必要であるとしていた。その許可に当たっては拒否権が働くのであって，地域的共同防衛体制が空文化するおそれがあった。そこで同会議以前にすでにチャプルテペック規約を締結し，戦後相互援助条約(1947年のリオ条約として成立)の締結を約束していたラテンアメリカ諸国（アラブ連盟規約も同時期に署名されている）は，共同防衛体制の機能確保のために安保理の許可を必要とせず行動する自由を求め，集団的自衛権の承認を引き出したのである。北大西洋条約やかつてのワルシャワ条約も，相互援助義務発動の法的根拠として集団的自衛権に言及している。

集団的自衛権の法的性質についてはいくつかの捉え方がある。第1は，他国に対する攻撃が自国の利益をも侵害する性質のものである場合に発動されるものであるとして，個別的自衛権の共同の発動と捉える見解，第2は自国の利益の防衛ではなく相互援助関係に基づき他国の，または一般的利益を防衛する権利であるとする見解，第3は他国にかかわる自国の死活的利益を防衛する権利と理解する見解である。

第1の見解は国家の死活利益に対する侵害一般について自衛権の発動を認める説でもあるが，集団的自衛を特に区別する必要がなくなるという批判がある。他方で第2および第3の見解には，濫用（＝軍事介入の権利の実質的承認）につながるという懸念が伴う。すなわち，被攻撃国と集団的自衛権発動国との間にどのような関係が存在していることが必要かが問題となる。ICJのニカラグア事件判決は，武力攻撃を受けた国によるその旨の宣言と，当該国による援助の要請が必要であるとしているが，たとえば要請が強制される可能性を考えれば十分な基準であるとは必ずしもいえないだろう。

自衛権の発動により武力攻撃から保護される法益としては，国家の領土保全がまず第1に挙げられるが，さらに広く，在外自国民の生命や財産の侵害に対しても自衛権の発動を可能とする見解がある。テヘランのアメリカ大使館占拠事件に関連して，アメリカはICJ審理中に行った人質救出作戦を憲章第51条で正当化した。それに対しICJは，仮保全措置について強く注意を喚起したが，

救出作戦の適法性には言及しなかった。その他1956年のスエズ動乱における英仏の武力行使，1976年のエンテベ空港事件におけるイスラエルの人質救出作戦なども，在外自国民保護のための自衛権行使として正当化されている。しかし，このような正当化に対しては，在外自国民の生命財産への侵害は「武力攻撃」と認められないという批判がなされている。

憲章第51条では言及されていないが，自衛のための措置は，行われている武力攻撃に対して均衡したものでなければならない。ICJ はニカラグア事件判決において，自衛は武力攻撃と均衡すべしという規則は慣習国際法として十分確立していると述べている。

3 勢力均衡と集団安全保障

無差別戦争観が支配的であった18-19世紀のヨーロッパにおいては，平和を維持する方式として，勢力均衡が用いられていた。勢力均衡とは，相対立する国家(群)の間で勢力を均衡させることによって，互いに相手方を攻撃し得ない状況を作り出し，戦争を防止しようとする方式である。当時のヨーロッパにおいては，「光栄ある孤立」の立場をとっていたイギリスが諸国の力関係の均衡に腐心し，バランサーの役割を担っていたことにより，この方式は一定の効果を持っていた。しかし，勢力均衡は，双方陣営が相手方よりも有利な立場に立った上での均衡を求めるため軍備の拡張を生じやすく，一旦均衡が崩壊すれば大戦争につながる危険を常に伴っていた。ヨーロッパにおいては，ドイツ帝国の成立をきっかけとして均衡が崩れることとなった。

第1次世界大戦後，史上最初の平和維持のための国際機構として誕生した国際連盟は，勢力均衡に代わる平和維持の方式として集団安全保障を採用した。集団安全保障とは，戦争(武力行使)を禁止する約束の下に，諸国を互いの関係のいかんにかかわらず1つの体制の中に組み入れ，そのうちのある国が約束に違反して武力を行使した場合，他のすべての国が全体として違反国に制裁を加えるという方式である。勢力均衡に比べて，集団安全保障は，通常被制裁国の

力は他の諸国の力の総和よりも圧倒的に小さいため，たとえ武力制裁が行われるとしても武力の行使は限定されたものにとどまり，また，集団全体として軍備の縮小に向かうことが可能であるといった点で優れていると考えられる。

　国際連盟の集団安全保障体制はしかし，制度として脆弱であり，また有効に機能する条件にも欠けていた。

　制度としての脆弱性については，第1に，国際連盟規約における武力行使の制限は，既述のようにいわゆる戦争モラトリアムであり，「3カ月ルール」に従う限り戦争に訴えることは禁じられていなかったこと，第2に，国際連盟の集団安全保障体制は経済制裁を中心として，武力制裁については可能性を規定するにとどまり，制度を整備していなかったことが指摘される。

　集団安全保障が有効に機能するための条件の欠如については，第1に，大国を含む普遍的な参加に欠けていたということが挙げられる。国際連盟は当初からアメリカの参加を得られなかったし，その後も大国の脱退や除名が相次いだ。そして第2に，制裁発動の手続に関して行われた取極により，制裁への参加が事実上義務的でないものとされ，制裁自体弱体化されたことが指摘される。連盟規約が経済制裁を中心とした背景には，第1次世界大戦でドイツに対する経済封鎖が有効に働いたという経験があったといわれ，連盟規約第16条は，規約に違反して戦争を行った連盟国は他のすべての連盟国に対して戦争を行ったものとみなし，他のすべての連盟国は違反国に対して直ちに全面的な経済制裁を実施する義務を負うと規定していた。しかし，全面的経済制裁の即時発動義務は重すぎるという批判が中小国を中心に出されたため，総会は1921年に「国際連盟規約第16条適用の指針」と題する決議を採択し，規約違反の有無は各連盟国が個別に判断すること，経済制裁は直ちに全面的なものである必要はないことを取り極めた。国際連盟の下で唯一発動された，エチオピア侵攻に際してのイタリアへの経済制裁は，この指針に従って最後まで参加国が限られ，部分的にしか実施されなかった。

4 国連の集団安全保障（冷戦期）

　集団安全保障は，国際連合の下でも採用されることとなったが，国際連盟の教訓に基づいてその強化が図られた。国際の平和と安全の維持に関する主要な責任は安全保障理事会が負うこととし（国連憲章第24条），安保理には強制（制裁）措置の発動などに関し加盟国を法的に拘束する「決定」を行う権限が与えられた（第25条）。強制措置では軍事的強制措置が重視され（「連盟では吼えることしかできなかったライオンに国連では牙が与えられた」とも評される），特別協定（第43条）に基づいて加盟国から提供される兵力によって構成される国連軍が使用されることとなった。また，強制措置は，「平和の破壊」「侵略行為」に対してだけでなく，「平和に対する脅威」に対しても発動されることになり，この点で憲章第2条4項で禁じられる武力による威嚇または武力の行使に該当しない事態に対しても強制措置の発動が行われる可能性が生じた。このように国連の集団安全保障体制は国際連盟時代に比べてはるかに強力なものとなることが予定された。しかし，とりわけ冷戦を背景として国連の集団安全保障体制は十分に機能してきたとはいえない。

　安全保障理事会は，憲章第39条に従って平和に対する脅威，平和の破壊または侵略行為の存在を認定した場合，国際の平和と安全の維持および回復のために勧告をするか，強制措置を取るかを決定する（安保理は必要な場合，関係当事者に暫定措置に従うことを要請することができる（第40条））。憲章第42条に規定される軍事的強制措置は，憲章上，既述のように第43条に従って各加盟国との間で締結される特別協定により加盟国からの提供を取り極められた兵力を用いて結成される国連軍によって実施されることになっている。しかし，国連発足後，国連軍の規模，編成や行動原則といった，特別協定締結の前提となる事柄について，安保理常任理事国間で対立が生じた。安保理は軍事参謀委員会に対し，特別協定の締結可能性の調査を依頼したが，同委員会は1948年の段階で，その締結が不可能であるとの報告を行った。その後，冷戦終焉の後に至っても，後述

のブートロス-ガリ事務総長による「平和への課題」の中でその締結が促されたこともあったが，特別協定は全く締結されていない。国連憲章が予定した形態での軍事的強制措置の実施は，今日に至るまで不可能な状況にある。

このような状況に加え，冷戦の時代には，安保理常任理事国の拒否権行使のため，第39条に基づく認定，さらには強制措置の発動はきわめて限られた事例においてしか見られなかった。冷戦下，軍事行動に対して軍事的措置が決議された唯一の例が，朝鮮戦争である。

朝鮮半島における軍事衝突を受けて開かれた安保理は，1950年6月25日の決議において，北朝鮮側を平和の破壊者と認定し，翌々日の決議では，北からの武力攻撃を撃退するために必要な援助を韓国に与えることを加盟国に勧告した。この当時，ソ連（当時）は国連における中国の代表権問題をめぐって国連の会合をボイコットしており，以上の決議はソ連の欠席の下，拒否権の行使なく採択された。また，以上の決議は，特別協定が締結されていないという事情を反映して，韓国に必要な援助を与えることを加盟国に勧告するという形式において加盟国による軍事行動を促す形式を取り，それに応じて結成された「国連軍」の指揮はアメリカに委ねられた。指揮を安保理（実質的には軍事参謀委員会）が取るとすればソ連の参加が前提となるので，それが避けられた格好になった。結局朝鮮の「国連軍」は，当時の国連加盟国60カ国のうち16カ国の参加によって結成されたが，自由主義諸国の同盟軍の色彩が強く，また陸，海，空でアメリカ軍と韓国軍が90％以上を占めるという構成になった。このように朝鮮戦争では，冷戦下での東西対立に起因する軍事行動の一翼を国連が自ら担うかたちとなった。

朝鮮戦争に関連する決議は，ソ連の欠席という偶然の事情によって成立が可能となったのであって（もっとも常任理事国の欠席をどのように取り扱うか（拒否権行使と同様にみなすかどうか）については議論のあるところではあるが），ソ連が復帰して以後は決議の成立がおぼつかなくなった。そこでアメリカを中心に，拒否権の行使によって安保理が機能しない状況にある場合，討議の場を総会に移し，総会のイニシアティブによる強制措置の発動を可能とするという，「平和の

ための結集」決議が総会で提案され，1950年11月3日に採択された。同決議は，安保理が拒否権行使のため機能不全に陥った場合，総会が軍隊の使用を含む集団的措置(軍事的措置は平和の破壊または侵略行為の場合に限定し，平和への脅威の場合は除く)について審議し，2／3の多数で加盟国に勧告することができると規定し，集団的措置発動に際して，安保理の軍事参謀委員会に対応する「集団的措置委員会」を設置することを定めている。問題が生じたとき総会が会期中でない場合には，安保理の7理事国(定数改定後は9理事国。拒否権は適用されないとされている)または国連加盟国の過半数の要請があれば24時間以内に緊急特別総会を召集することができる。また同決議は，集団的措置の勧告に応じて活動すべき軍隊（待機軍）維持を各加盟国に勧告しているが，応じた国はない。

「平和のための結集」決議に対しては，それが国連憲章と矛盾するという主張が主にソ連から提起された。すなわち，憲章第11条2項後段によれば，「行動」を必要とする問題は安保理に付託されねばならず，総会に強制行動の勧告権はないというのである。しかし，第11条4項は，同条の規定は第10条における，憲章の範囲内のあらゆる問題について勧告する総会の一般的権限を制限するものではないと規定しており，同決議が憲章と矛盾しているとは必ずしもいえない。

この決議により，冷戦下集団安全保障体制の機能を妨げていた手続的障害(拒否権)は回避されることになった。しかし，同決議は強制行動勧告のためというよりも，むしろ緊急特別総会召集の根拠として，重大な問題に関する国際世論の結集の場を作る趣旨で機能してきた。この背景には，超大国の存在をはじめとして諸国間に力の大きな格差がある国際社会の状況において，拒否権を伴わず軍事的措置を決定することは，結局平和の根本的破壊につながるという認識が，諸国に共有されているということがあると考えられる。

冷戦の時代，強制措置が安保理の「決定」として，加盟国を法的に拘束するかたちでとられた例は2つを数えるにすぎないが，それらはいずれも大規模な人権侵害に関する事例であった。その最初の例は，旧イギリス領南ローデシア（現在のジンバブエ）に対する経済制裁措置の発動である。南ローデシアでは，

1965年に白人政権が独立を宣言して，非白人に対する差別，抑圧体制の下に少数の白人による支配を確立しようとしたが，それに対し，安保理は翌年，当該事態を人民の同権と自決の原則に抵触し，平和に対する脅威を構成すると認定して部分的経済制裁措置（石油と石油製品の禁輸）の発動を決定，さらに1968年には全面的経済制裁措置を発動した（1979年解除）。第2の例は，南アフリカ共和国における人種隔離（アパルトヘイト）政策に対する経済制裁である。アパルトヘイトの問題は国連の初期からインドによって提起され，当時はインド，南ア両国間の問題と捉えられたが，次第に体制自体が非難の対象となっていた。安保理は1960年にアパルトヘイト体制が平和に対する脅威を構成すると認定し，その後経済制裁を加盟国に勧告する決議を多数採択したが，1977年に部分的経済制裁措置（戦略物資の禁輸）を「決定」した（1994年解除）。これらの事例は，本来国内問題とされていた人権問題について，その大規模かつ系統的な侵害の場合，平和に対する脅威の認定の下に強制措置が取られうるということを示したものとして重要であるが，他方で，冷戦の下で軍事行動に対しては大国が一致できず，わずかに重大な人権問題についてのみイデオロギー的立場を超えた一致が見られたということをも示している。

5　国連の集団安全保障（冷戦後）

1989年の米ソ首脳のマルタ会談を契機とする冷戦の終焉は，国連においては拒否権行使の激減などの影響をもたらし，集団安全保障体制が本来の機能を回復することが期待された。ブートロス-ガリ事務総長は1992年に「平和への課題（An Agenda for Peace）」を発表し，冷戦後の平和維持において国連が果たすべき機能を，武力紛争につながりうる事態または紛争の発生から，武力紛争の発生，停戦の実現そして紛争の終結に至るまで包括的に構想した。集団安全保障体制に関しては強制措置の本来の形態での実施（特別協定の締結促進を含む）への期待が表明されるとともに，次講で言及する平和強制部隊の構想が述べられていた。

1990年の湾岸危機以来，94年までの5年間で平和に対する脅威または平和の破壊の認定はユーゴ，ソマリアなどの内戦やロッカビー事件など9件に及び，各々について部分的または全面的経済制裁措置が「決定」され，軍事的措置が湾岸危機を含めルワンダ，ハイチなど6件決議されている。このように，少なくとも非軍事的措置に関する限り，国連の集団安全保障体制は機能するようになってきている。軍事的措置については，特別協定がなお締結されていない状況において，本来予定されている安保理の「決定」に基づく措置の実施は不可能であり，湾岸危機以来，もっぱら安保理の勧告または許可に基づく多国籍軍の活動といったかたちで行われている。このような多国籍軍を利用する方式が国連憲章に合致しているか否かについて議論があるのとともに，国連として多国籍軍の行動をいかにコントロールするかが問題となっているが，事前に任務や活動時期を特定したり，多国籍軍と現地の平和維持活動部隊との連携を保つなどのかたちで，統制が図られている。

第24講

平和維持活動（PKO）

POINT　平和維持活動は，冷戦期において限定されざるを得なかった国連の平和維持における役割を模索するなかで生まれたが，その独自の存在意義は高く評価されてきた。冷戦後，大国の協調を図りうる状況の下で，平和維持活動にも性格の変化が見られた。しかし，通常の活動よりも重装備で，国連憲章第7章の下での行動の位置づけを与えられた平和強制部隊の構想は挫折した。武力紛争への国連の介入のあり方が問われている。

1　平和維持活動の発展

[1]　**平和維持活動の概念**　冷戦期，国連の集団安全保障体制が本来の機能を果たし得ない状況にあって，国連が果たしうる限定的な役割として平和維持活動は発展した。とりわけ第2代事務総長ハマーショルドは，その予防外交（preventive diplomacy）の提唱により，平和維持活動の概念化に貢献した。1950年代半ば，東西間に「雪解け」と呼ばれる状況が生じた時期に表明された予防外交の構想によれば，武力紛争が生じた場合それが危険な事態に発展する可能性を多大に秘めているのは，未だ東西いずれの陣営への帰属も決していない地域における紛争である。国連は，そのような大国間の力の真空状態において生じた紛争に，いずれの陣営にも中立の立場に立つ機関を通じていち早く介入し，国際緊張を緩和して大国間の抗争への発展を防止するという積極的な役割を担いうるというのである。

冷戦期に行われてきた典型的な平和維持活動は，武力衝突が収束し，停戦の合意がなされた段階で両当事者間に国連機関（停戦監視団または平和維持軍）が介

在して衝突の再発を防止し，紛争の平和的解決を間接的に促進する，というかたちで行われてきた。このような活動自体はハマーショルド事務総長の予防外交提唱以前から国連において行われており，さらに国際連盟時代(1925年のギリシャ・ブルガリア国境紛争における連盟規約第11条に基づく監視団派遣など)にまで遡ることができる。

2　冷戦期平和維持活動の展開

国連における初期の平和維持活動の代表的なものとして，1948年に派遣された国連停戦監視機関（UNTSO）や1951年に派遣された国連軍事監視団（UNMOGIP）を挙げることができる。UNTSO は第1次中東戦争の停戦監視のため1948年5月2日の安全保障理事会決議により派遣が決定され，UNMOGIP はカシミール紛争において1949年のカラチ協定で設定された停戦ラインの遵守を監視するため，1951年3月30日の同理事会決議で派遣された。いずれも停戦監視のための巡視等を主要な業務とし，停戦違反を実力で阻止する権限を持たない小規模の軍事監視団であったが，当初現地で活動していた停戦委員会の要請により編成され，委員会の任務終了後安保理により事後的に認知されるという経緯を経ており，後の平和維持活動機関のように最初から安保理等の直接の補助機関として派遣されたものではなかった。

平和維持活動が平和維持軍の派遣というかたちで初めて大規模に行われたのは，1956年に派遣された国連緊急軍（UNEF-Ⅰ（以下 UNEF とする））である。成功裏に行われたとされるこの UNEF に対し，1960年に編成されたコンゴ国連軍（ONUC）は種々の教訓を残すことになったが，この2件の活動を通じて平和維持活動の国連における位置づけが確立していった。

UNEF は，1956年のスエズ動乱を受けて開かれた安保理で英仏両国の拒否権行使のため決議が採択できなかったために「平和のための結集」決議に基づいて召集された緊急特別総会において，その派遣が決定された。同総会はアメリカが提出した停戦勧告決議案を採択したが，その実効性確保のための国連によるプレゼンスが必要であるという議論が浮上し，カナダ首相ピアソン等の主導の下に，紛争の政治的解決までの間休戦ラインの平穏化をもたらすに十分な規

模の国連軍を派遣する趣旨の決議案が提出，採択された。当該決議に基づき事務総長が作成した国連緊急軍設置計画に基づいて UNEF が編成されることとなった。編成された UNEF は総会の統制下におかれ，中立性の保持のため常任理事国以外の諸国から提供される兵力により構成された (24カ国の申し出があり，10カ国が採用された)。また活動は受入国の同意に基づくものとし，装備と給与以外の経費は通常予算の枠外で国連が支弁するとされた。UNEF はまず運河地域で英仏軍とエジプト軍の間に駐留し，治安維持，停戦違反の調査，捕虜交換等を通じて両軍の円滑な撤退に貢献した後，ガザ地区及びシナイ半島のエジプト側に展開し監視所でのパトロール等を1967年まで続けた。

ONUC は，ベルギー領コンゴの独立に伴う混乱にベルギー軍が介入し，鉱物資源の豊富なカタンガ州の独立を支援する動きを示したのに対し，コンゴから国連になされた軍事援助の要請を契機として派遣された。安保理は1960年7月14日の決議143で，ベルギー軍の撤退を求めるとともに，事務総長に対しコンゴ軍が機能可能となるまで必要な軍事援助を与える権限を付与した。これを受けて事務総長は29カ国の参加の下にベルギー軍の撤退促進とコンゴにおける法と秩序の維持を任務とする国連軍を編成し，派遣した。ONUC は UNEF と同様，厳格に中立性を保って活動することを予定されたが，ONUC が，自らの側に立って「必要な軍事援助」を提供することを求めるコンゴ政府側の思惑との不一致などから，実質的に内戦に巻き込まれ，幾度かの交戦で多数の死者(ONUC での死者は250名で，過去の平和維持活動では最も多い) を出す結果となった。ONUC はカタンガ分離運動の終結をもって1964年に撤退したが，内戦状況における活動の困難さや，平和維持軍の取るべき立場について教訓を残すこととなった。

これらの活動を通じて，平和維持活動の性格と拠るべき原則が確立していった。その主なものの第1は，平和維持活動は強制措置とは性格を異にする非強制的性格の活動であるということである。このことから，活動に当たって受入れ国の領域主権の尊重が不可欠であるとの観点から派遣と駐留は関係国の同意に基づくという原則が導かれる。領域内に駐留することになる国以外の関係国の同意は法的には必要でないとも考えられるが，実質的にすべての関係国の協

力は不可欠である。同意は，UNEF の場合は受入れ国の側で一方的に撤回され，ONUC の場合は国連が撤退を決定したが，その後の実行の中で，期限を小刻みに更新し，期限満了時に受入れ国の意向を考慮して国連が去就を決定するという方法が慣行となった。また平和維持活動に従事する機関は，平和維持軍の場合においても自衛以外の武器使用を厳しく制限され，携行する武器も防衛的性格のものに限られる。ONUC では安保理決議により，コンゴ内戦防止のため最後の手段として，またカタンガ州の外国人傭兵排除のために，武器使用が認められたが，それが「自衛」の範囲内であったかどうかについて後に議論が生じた。そこでその後は主に事務総長が定めた原則により，説得による平和的手段を尽くす，事前の警告を発する，自衛行為は最小限のものに限る，自動火器の使用は原則として禁止される，といった基準が用いられるようになった。

　第 2 は，現地での活動に当たって当事者のいずれにも偏することなく中立的な地位を保持するということである。そのため，参加国の選定に当たって安保理常任理事国や直接利害関係国は排除されることが多い。また ONUC では必ずしも貫かれなかったことであるが，現地では国内事項への不介入の態度が求められる。

2　平和維持活動の合憲性

　平和維持活動は国連憲章が本来予定したものではなく，国連の実践において確立してきた活動であるため，その憲章上の根拠が議論となってきた。この点について，安保理の任務との関連では憲章第 6 章及び第 7 章の特定の規定を根拠とする諸説が行われたが，第 6 章に依拠するには軍事機関の設置と相容れず，第 7 章に依拠するには非強制的性格と相容れないというように，いずれも難がある。平和維持活動はその性格上 6 章半の活動であるともいわれ，特定の規定を根拠とすることは困難であり，国連の目的に沿う活動である限り国連に与えられている黙示的権能に基づく活動と位置づけるのが最も適切である（総会の任務との関連では，ICJ が後述の勧告的意見の中で第11条 2 項及び第14条に基づく説

明を行っているが，総会によって派遣された平和維持活動はこれまで2例しかない）。

　平和維持活動の合憲性とも関連して，平和維持活動にかかる経費の負担が議論されてきた。ICJ は，UNEF および ONUC の経費についての諮問に答えた「国際連合のある種の経費」に関する勧告的意見において，両活動が憲章に違反しているという，主として手続的側面からの主張を排して合憲性を認め，両活動の経費は憲章第17条2項の意味における「機構の経費」とみなされるとした。UNEF に関しては，総会が安保理の権限事項である国際の平和と安全の維持について決議したことは憲章違反であるという主張がソ連等によって行われていたが，ICJ は，第11条2項の「行動」とは強制行動を指し，UNEF のように強制行動に至らない行動（ICJ の見解では第14条の「措置」と見るべきであるとする）は，安保理への付託の必要なく総会においてとることができるとした。ONUC については，国連軍の編成及び指揮に関する権限はもっぱら安保理にあるにもかかわらず事務総長が参加国を選定し指揮を執ったことは憲章違反であるという主張が，これもソ連等から出されていたが，ICJ はこの主張に対しても，事務総長は包括的授権を受けており，その行動は繰り返し審査と承認を受けているので越権行為は認められないとした。

　このように ICJ は，平和維持活動の経費は国連の経費として加盟国が分担して負担すべきものであると認めたが，その後の運用では，平和維持活動の経費については通常経費よりも途上国の負担を軽くする計算方法が適用されている（勧告的意見前後の紛糾期には紛争当事国に負担が求められた例もある）。

3　冷戦後の平和維持活動

[1]　**冷戦後の新傾向**　　冷戦の終焉に伴い，大国の協調が容易になったことを背景に，国連の安全保障機能の促進が図られる中で平和維持活動には新たな傾向が現れた。ブートロス-ガリ事務総長が就任早々の1992年に発表した「平和への課題」は，既述のように国連の武力紛争への対処機能を包括的に構想し，国連が果たすべき役割を，予防外交（武力紛争及びその拡大

を未然に防止する preventive diplomacy），平和創造（原則として平和的手段により紛争当事者を合意に至らせる peace-making），平和維持（現地に国連要員を展開させる peace-keeping）および平和建設（紛争の再発防止を図る peace-building）に分けて詳説するものであった。

　これらの諸段階のうち「平和維持」には，従来の方式の平和維持活動が入るが，その他の段階においても，平和維持活動に関連する活動が構想されていた。「予防外交」には武力紛争の発生を防止するための国連機関の「予防展開」が含まれていたし，「平和創造」には従来の平和維持軍よりも重装備で，従来の任務を超える行動が求められる場合に使用される「平和強制部隊（peace-enforcement units）」の構想が盛り込まれていた。また，「平和建設」においては，とりわけ内戦に関連して，当事者の武装解除などと並んで選挙監視，統治機構の改革と強化といった役割が列挙されていた。「平和への課題」の中で平和維持活動は国連の活動の要としての地位を与えられ，その活動領域の拡大が意図されたのである。そのような平和維持活動を，ブートロス-ガリ事務総長は「第2世代の平和維持活動」と名付けた。これは，従来型の平和維持活動と比べて，活動の段階を停戦合意の成立後に限定していない点，そしてとりわけ内戦状況を想定して国内問題への関与を深めようとしている点において大きく異なるといえよう。冷戦後の平和維持活動には，一方で同意原則や非強制的性格にこだわらず，さらには国連憲章第7章の枠組みにおいて行われる活動が現れ，他方で紛争解決後の選挙監視や統治機構の整備を任務に含める包括的で大規模な活動も現れた。

2　同意原則，非強制的性格を脱した活動　　同意原則において変質が最初に見られたのは，湾岸戦争後の1991年にイラク・クウェート国境地帯に派遣された国連イラク・クウェート監視団（UNIKOM）においてであった。UNIKOM の派遣は，湾岸戦争の停戦条件として安保理側から提示されたものであり，撤退ももっぱら安保理の判断によるとされた。イラクとしては停戦を望む限り受諾せざるを得なかったのであり，同意原則は実質上働かなかった。もっとも UNIKOM 自体は従来の形態の平和

維持活動であり，中立的な活動がおこなわれた。

「平和への課題」が発表された1992年，予防展開が実施に移された。予防展開とは，侵略が予想される場合に潜在的被害国の同意に基づいて当該国に平和維持活動を展開することを指す。想定される潜在的侵略国の側からは同意や協力はそもそも期待できないのであって，この活動自体，厳密には同意原則から外れた活動ともいえる。また，侵略国と被害国という区別の下に行われる活動であり，中立的な活動であるともいえないものである。ユーゴ紛争に対処するため1992年2月の安保理決議で国連保護軍（UNPROFOR）の派遣が決定されたが，同年12月の決議により，ボスニア・ヘルツェゴビナにおける戦闘の飛び火を事前に防止するため UNPROFOR をマケドニアに展開することが決定された。このマケドニアでの予防展開は，ほぼ成功裏に行われた。

「平和強制部隊」は「平和への課題」の大きな眼目であった。それは，特別協定が締結されず，憲章第7章の下で本来の「国連軍」が設置できない状況において，国連機関の活動として第7章での役割を担うことを想定して構想されたものと捉えることができるが，それが平和維持活動の任務の拡大という形態で実施されることになった。

UNPROFOR は当初，停戦監視のためクロアチアのセルビア人地域に派遣されたが，ボスニア・ヘルツェゴビナに戦火が拡大するのに伴って，サラエボ空港の安全確保やボスニアへの人道援助物資の保護などが任務に加えられ，さらに安保理は1993年6月の決議で，UNPROFOR に対し，憲章第7章に言及した上で，ボスニア領内の安全地帯及び援助物資への攻撃等に対して自衛のために武力行使を含む措置をとることを認め，また同月，UNPROFOR を増強する決議を行った。しかし他方でボスニアにおける諸勢力による戦闘は継続し，セルビア人勢力による安全地帯への攻撃は再三行われた。NATO（北大西洋条約機構）軍は空爆により UNPROFOR 支援を行ったが，むしろそれに反発したセルビア勢力により UNPROFOR 要員が人質に取られるなどの事態が生じた。このような経緯において UNPROFOR の実効性と解決への展望に疑問が生じ，1995年7月，安全地帯の一部がセルビア勢力に占拠されると，NATO 軍は2週

間にわたる本格的空爆を行い，アメリカ主導の下に同年12月ボスニア，セルビア，クロアチアによる和平協定が成立した。和平協定の履行監視にはNATO軍を主体とする部隊が当たることとなり，UNPROFOR自体は任務を終了した。人員においても，経費においても空前の規模となったUNPROFORは，結果として紛争解決を主導することはできなかった。

「平和強制部隊」の今ひとつの例は，ソマリア内戦に当たって派遣された第２次国連ソマリア活動（UNOSOM II）である。ソマリアは1991年以来の国内的混乱の中で中央政府不在といわれるほどの無政府状態に陥っていた。安保理は1992年１月，人口の半ば以上が飢餓の状態にあり30万人が死亡したといわれる事態を平和に対する脅威と認定し，武器禁輸措置を「決定」した。同年３月，対抗する武装勢力間で停戦が合意され，その監視のために第１次国連ソマリア活動（UNOSOM I）の派遣が決められた。しかし，ソマリアの諸勢力はUNOSOM I とその推進する人道援助計画に協力せず，攻撃や妨害が行われた。そこで安保理は1992年12月，憲章第７章の下での措置として，アメリカを中心に24カ国で組織された多国籍軍（統一機動軍（UNITAF））に対し，ソマリアにおける人道援助のために安全な環境を確立するため，あらゆる必要な手段をとることを授権した。

UNITAFは純粋な内戦状況に対する軍事的措置の最初の例となったが，その「希望回復作戦（Operation Restore Hope）」遂行後，ソマリア諸勢力による停戦と武装解除の合意を受けて，UNOSOM IIへの引継が行われた。ブートロス=ガリ事務総長は，なお無政府状態にあり，実効的な警察や軍隊を持たないソマリアの状況にかんがみ，UNOSOM IIは憲章第７章の下での強制的な権限を付与され，ソマリアにおける平和と安定の回復のためにUNITAFが始めた作業を完成することを任務とすべきであると位置づけた。しかし，1993年５月の発足直後から，とりわけ最大勢力であるアイディード将軍派との間の緊張関係が表面化し，６月には同派はUNOSOM IIを襲撃し，パキスタン部隊の25名が死亡した。これに対し国連は，UNOSOM IIにアイディード派に攻撃を加えさせるとともにアイディード将軍の逮捕を指令した。しかしアイディード派の反

発は収まることはなく，犠牲者の出た参加国を中心に対アイディード強硬手段への批判が現れた。10月，アメリカ特殊部隊がアイディード逮捕に失敗し犠牲者を出すに及んで，アメリカは1994年3月末までに自国軍を撤退させることを発表した。安保理は11月，UNOSOM Ⅱの任務見直しを決定し，1994年2月には，任務を援助物資や援助要員の保護に限定し武装解除と停戦協定の遵守監視を除く決議を採択した。これで UNOSOM Ⅱ は従来型の平和維持活動へと転換し，紛争解決に資するところのないままに1995年3月，撤退した。

「平和強制部隊」の試み（＝維持すべき平和のない状況への介入の試み）はいずれも不成功に終わった。ブートロス-ガリ事務総長は，UNOSOM Ⅱ 撤退直前の1995年初頭に発表した「平和への課題　追補」において，国連の限られた力の中で平和強制活動を継続することは困難であるとして，それを断念する趣旨を述べたのである。

3　包括的活動　　長年にわたって続いたカンボジア紛争は，1991年10月のパリ和平協定の締結により収束を見ることとなった。協定において，移行期における唯一正統の権威を有する機関と位置づけられた，国内4派からなる全カンボジア最高評議会(SNC)は，協定の実施を確保するに必要なすべての権限を国連に委任した。国連は和平成立直後，国連カンボジア先行ミッション（UNAMIC）を派遣していたが，1992年3月，より包括的な任務を持った国連カンボジア暫定統治機構（UNTAC）がこれを引き継いだ。

UNTACは，停戦や外国軍撤退の監視任務に加え，難民の再定住，自由かつ公正な選挙の組織と実施，暫定的な行政機関としての機能などの包括的任務を与えられ，人員も22,000人という大規模な活動となった。UNTACは現地要員を含む78人の死者を出しながらも選挙の運営などの作業を完了し，1993年9月，新憲法公布と新政府発足を期に任務を終えた。選挙監視については1989年から翌年にかけての，国連ナミビア独立支援グループ(UNTAG)の活動があったが，UNTACは平和的解決と平和建設（peace-building）の包括的責任を負う活動へと拡大した，本格的な実施例となった。最近では，東ティモールの独立に当たり1999年10月に設置が決まった国連東ティモール暫定行政機構（UNTAET）が，

立法，行政，司法上の包括的権限を付与され，活動を行っていたが，2002年5月の東ティモール独立とともに国連東ティモール支援ミッション（UNMISET）に引きつがれ，UNMISET は2005年5月に任務を終えた。

4　日本の平和維持活動への参加

　日本において，国連の活動への人的協力が差し迫った問題として提起されたのは，湾岸危機において多国籍軍の後方支援を要請されたときであり，その目的のために「国際連合平和協力法」案が国会に提出されたが，国連の強制措置を支援するための自衛隊の海外派兵には反対が強く，廃案となった。そこで政府では方針が転換され，自衛隊の平和維持活動への参加に限って規定する「国際連合平和維持活動等に対する協力に関する法律（PKO 協力法）」案が1991年に提出された。同法は，派遣に当たり国会の承認を必要とする，平和維持軍（PKF）の本体業務への参加は当面凍結する，という修正を経て1992年に成立した。

　PKO 協力法は，日本の平和維持活動参加について，①停戦合意があること（1998年の改正で，人道的な国際救援活動のための物資協力に関しては停戦合意がなくとも可能とされた），②紛争当事者が日本の参加に同意していること，③平和維持活動が中立的な立場を厳守すること，④以上の条件のいずれかが満たされなくなった場合，一方的に撤収できること，⑤武器の使用は生命等の保護のための最小限に限られること（武器使用は当初，隊員個々人の判断によるとされていたが，1998年の改正で上官命令によるとされた）という，ほぼ従来型の平和維持活動の行動原則に沿った5つの原則を設定しており，強制措置に近い（6章3／4といわれることもある）活動への参加は同法上は排除されていると見ることができる。同法に基づく日本からの人員参加はこれまで，UNTAC 等6つの平和維持活動とその他，ルワンダ，東ティモールでの難民救援や，選挙監視（1998年の改正により国連以外からの選挙監視の要請にも応えうることとなったのに基づき，OSCE（ヨーロッパ安全保障協力機構）のボスニア・ヘルツェゴビナ選挙監視団への参加も行われている）に及んでいる。

第25講

軍縮・軍備規制

POINT 加盟国に軍縮義務を課していた連盟規約に対して，国連憲章は機関の権限としてしか規定していない。しかし，核兵器その他の大量破壊兵器の縮少・規制の要求がその後高まってきた。緊張緩和に入った1960年代になって，部分的核実験禁止条約や核不拡散条約などが合意されたが，種々の問題を孕んでいた。冷戦終結後，米INF廃棄条約のように，核兵器に関する真の意味での軍縮が始まった。しかし，核兵器国が核抑止力論に依拠するかぎり全面完全軍縮は難しいであろう。

1 国連憲章と軍縮

200年以上も前（1795年）に，カントは『永遠平和のために』の中で，「常備軍は時とともに全廃されなければならない」と主張した。しかし，今日軍隊は無くなるどころか，当時には存在しなかった核兵器が存在し，人類は「ダモクレスの剣」の下に暮らしている。それでは，軍縮問題に対応する現在の国際法の対応はどのようなものであろうか。

第1次世界大戦後，ウィルソン米大統領の14カ条宣言の第4原則は「国家の軍備は国内治安を維持するための最少限度まで削減されるよう適当な保証が与えられなければならない」と表明し，またベルサイユ条約ではドイツの軍縮制限条項が「各国軍備の一般的制限に関する企図を実現させるための前提」であるとされた。このことは国際連盟規約の中にも受け継がれており，規約第8条1項は，「連盟国ハ，平和維持ノ為ニハ，其ノ軍備ヲ国ノ安全及国際義務ヲ協同動作ヲ以テスル強制ニ支障ナキ最低限度迄縮少スルノ必要アルコトヲ承認ス」

と規定していた。ここで認められている軍備の最低限度とは，国家の安全と国際義務を履行するために必要な限度であり，言いかえれば，自衛権の行使のためと連盟の集団安全保障体制における集団的制裁への協力のために必要な限度である。このように，加盟国に自衛権の行使と集団的制裁に必要な限度内にとどめる軍縮義務を加盟国に課していた。

　一方，国連憲章は，第11条で，総会が軍備縮少および軍備規制を律する原則を審議し勧告をすることができると規定し，第26条で，安全保障理事会が軍備規制の方式を確立するために国連加盟国に提出される計画を作成する責任を有すると規定し，また第47条で，軍備規制ならびに可能な軍備縮少に関する問題について安全保障理事会に助言と援助を与えるために軍事参謀委員会を設けると規定している。このように，国連憲章は，軍縮についての言及を行っているものの国連諸機関の権限の問題としてしか触れていない。さらに，憲章は軍縮を国連の目的の１つとして掲げていない。

　国際連盟の下では，紛争の平和的解決，安全保障，軍縮が平和を支える三位一体原則としてみなされていたが，国連ではこれが変じて，紛争の平和的解決，安全保障，福祉の３本柱になったともいわれている。憲章が，軍縮についてあまり強調せず，従属的な地位しか与えていないのは，軍縮よりも集団安全保障体制をより強化することによって，国際平和と安全を確保しようとしたものであった。連盟規約は軍縮を強調したが，しかし実際の軍縮の達成については実りは少なかった。もっとも，軍縮交渉は活況を示し，連盟主催による一般軍縮会議や強大な海軍をもつ諸国間の海軍軍縮会議が開かれた。その結果，ワシントン軍縮条約やロンドン海軍条約が結ばれたが，列強間の勢力の均衡をはかり，軍備拡張競争を緩和させるものにすぎなかった。このような苦い経験をふまえて，国連は集団安全保障体制の改善に力をそそいだ。集団安全保障の方式とは，対立する諸国をも含めて多数の国家が相互に武力行使をしないことを約束し，その約束に反して武力を行使し平和を乱した国家に対して他の諸国が協同して対処しようとするものである。したがって，集団安全保障体制を維持するためには，各国家が一定の軍備を保持していることが前提となる。しかし，集団安

全保障と軍縮とは矛盾するものではなく，各国の軍備が少ないほど集団安全保障はより実効的・効果的なものとなりうるはずである。すなわち，巨大な軍備をもつ国家への軍事的強制措置は，大戦を引き起こす引き金になるにすぎないからである。

ところで，冷戦時代，その対立の結果，集団安全保障がその機能を麻痺させた結果，軍縮の必要性は一層大きなものになった。そのような状況の下で，国連憲章の解釈によって加盟国の軍縮義務を引き出そうとする学者も登場した。しかし，多くの学者は，一般に加盟国の軍縮義務を認めてはいない。1970年に国連総会が採択した友好関係宣言が，「すべての国家は，効果的な国際管理のもとにおける全面完全軍縮に関する一般条約の早期締結のために誠実に交渉を行わなければならず，国際緊張を和らげ，諸国家間の信頼を強める目的で適切な措置をとるために努力しなければならない」としか述べていない。ここでは誠実な交渉と適切な措置をとるための努力に関する義務だけであって，具体的・実体的な義務は交渉によって成立したそれぞれの個別条約によって生じることになる。しかし，国連加盟国は，国際平和の維持協力義務を負っているのであり，強大な軍備はこの義務と抵触することとなる。したがって，少なくともこの義務に反する軍備は縮少すべき道義的義務が加盟国に認められるであろう。

2　冷戦時代と核軍縮

この地球上には人類を幾度も過剰殺戮 (overkill) しうる核兵器が存在しているが，核軍縮の歩みはどのようなものであったか。1950年代は厳しい冷戦対立を反映して，1959年に署名された南極条約しか達成されなかった。同条約は南極地域に対する領土権の凍結，科学的調査の自由と並んで南極地域の平和利用を定め(第1条)，また南極地域におけるすべての核の爆発と放射性廃棄物の同地域における処分を禁止した(第5条)。さらに，原締約国の全部および新加入国のうち科学活動を行う国(協議国)が指名した監視員は，南極のどの地域にもいつでも出入する自由をもつ(第7条)という徹底した査察の制度がとり入れられて

いる。米国および旧ソ連の利害関係と直接関係がない地域だから合意できたともいえるであろう。

しかし，1962年10月の「キューバ危機」を転機として，その後米国と旧ソ連の緊張関係は緩和し，「平和共存路線」がとられることになった。1963年に，米国，英国および旧ソ連の3国（原締約国）は，「大気圏内，宇宙空間及び水中における核兵器実験を禁止する条約」（部分的核実験禁止条約）に合意した。同条約は，条約名から知られるように，大気圏内，宇宙空間および水中における核実験を禁止したが，地下核実験は除外されている。後発の核兵器国であるフランスや中国は同条約に加わっておらず，原締約国も地下核実験で十分核兵器の性能を高めることが可能であった。また，1974年に地下核兵器実験制限条約および1976年に平和目的地下核爆発条約が署名され，150キロトンを超える威力を有する地下実験の禁止が米国および旧ソ連の間で合意された。しかし，その制限の敷居は高く，規制外で十分核兵器の性能を維持・強化が可能と考えられた。

また，1968年に「核兵器の不拡散に関する条約」（核不拡散条約）が署名された。同条約は，核兵器国は核兵器その他の核爆発装置またはその管理をいかなる者に対しても直接または間接に移譲しないこと（第1条），また非核兵器国はそれらをいかなる者からも直接または間接に受領しないこと（第2条）を定めている。もっとも，非核兵器国の領域への核兵器の配備が，所有権の移譲をともなわずに核兵器国が管理している限り，同条約には抵触しないとされている。したがって，核兵器国は，同盟国における自国の軍事基地を利用することによって，核兵器のばらまきが可能となる。このように，非核兵器国には核兵器の保有の禁止という義務のみを負わせ，核兵器国に核兵器の独占体制を認めるという重大な問題を同条約は有している。

3　国連軍縮特別総会

1978年，第1回国連軍縮特別総会（SSD-Ⅰ）が開催された。それには多くの非政府組織も参加し，またそこには数百万の軍備競争反対の署名が寄せられた。

同総会は，満場一致によって最終文書を採択した。同文書は，「永続する国際の平和と安全は，軍事同盟による兵器の蓄積の上にうちたてることはできないし，また不安定な抑止のバランスによっても戦略的優位の理論によっても維持されない。真の恒久的な平和は，国連憲章に規定された安全保障体制の効果的な履行，並びに国際協定又は相互垂範により究極的には効果的な国際管理の下における全面完全軍縮へと導くような軍備及び兵力の迅速かつ大幅な削減によってのみつくりだされる」(第13項)とし，国家の安全保障は軍事同盟と軍拡に代えて国連の集団安全保障と軍縮にもとづくことを求めた。また，同文書は，軍備競争は発展途上国だけでなく先進国にとっても重い負担となっており，これを経済的，社会的発展のために振り向けるべきであるとしている。そして，「兵器の製造と改良に毎年費やされている数千億ドルは，世界の人口の３分の２が欠乏と貧困の中で生活していることと陰鬱で劇的な対象をなしている。この莫大な資源の浪費がもっと深刻なのは，軍事支出が物的資源のみならず，あらゆる国，特に開発途上国において開発のために緊急に必要とされている技術的及び人的資源もまた軍事目的に転用されていることである。このように軍事競争は経済的社会的影響に有害であるので，その継続は正義，公平，協力に基づく新国際経済秩序の実施と明らかに矛盾する。したがって，軍縮措置の実施の結果として解放される資源は，すべての人々の福祉を促進し，発展途上国の経済状態を改善するのに役立つような方法で利用されるべきである」(第16項)としている。なお，最終文書は，特別総会の評価の１つとして，25の非政府組織（NGO）と６の研究所の代表者が特別総会の議事に有益な貢献をなしたことを記している。

　1982年には第２回国連軍縮特別総会（SSD-Ⅱ）が，また1988年には第３回国連軍縮特別総会（SSD-Ⅲ）が開催され，多くのNGOも参加した。とくに具体的な大きな成果が打ち出されたわけではないが，それまで米国と旧ソ連の主導の下に行われていた核軍縮体制が批判され，NGOが参加することによって人々の声が反映されるという手続上の民主化が行われたことは注目に値することといえるであろう。

4 ポスト冷戦時代と核軍縮

　1980年代後半から始まるポスト冷戦時代において，核軍縮に関する一定の成果があげられた。1960年代以降の核軍縮は，核兵器を一定の枠組に置いて米国と旧ソ連の戦略的安定をめざした軍備管理（arms control）であった。しかし，冷戦終結後は軍備を削減・廃棄するという真の意味での軍縮がなされ始めた。対弾道ミサイルシステムの制限や戦略攻撃兵器の制限については，冷戦時代に合意されていたが（1972年のABM条約，1974年のABM条約議定書，SALT暫定協定，なお，SALT IIは1979年に署名されたが，米国の批准拒否により効力発生せず），1987年12月には「アメリカ合衆国とソヴィエト社会主義共和国連邦との間の中射程及び短射のミサイルの廃棄に関する条約」(米ソINF廃棄条約)が米国・旧ソ連間に締結された（効力発生1988年6月）。同条約は，中距離・準中距離ミサイルを廃棄し，またその後そのようなシステムを所有しないというものである。これらのミサイルはヨーロッパに主に配備されていたが，同地域の人々の撤去を求める運動が高まったことによる成果でもあった。なお，同条約で全廃される核弾頭数は2000発で，当時存在していた全弾頭数5万発の4％にすぎない。しかし，同条約は一定のミサイルをはじめて廃棄を約束したこと，また米ソの両大国による軍縮が実現可能であることを実証したことの意義は大きく，その後の軍縮交渉に大きな影響を与えるものであった。

　また，戦略兵器については，1991年7月に，第1次戦略兵器削減条約(START I：効力発生1994年12月）が米国・旧ソ連間で合意された。同条約によって，効力発生後7年以内に戦略核兵器の約3分の1（核弾頭各6000発へ）が削減されることになっている。さらに，1993年には，米・露間で戦略核兵器を2003年までに現状より約3分の2（核弾頭各3000～3500発へ）に削減する第2次戦略兵器削減条約（START II）が署名された。しかし，ロシアは批准したが，米国は批准していないため効力発生していない。

　ところで，1968年の核不拡散条約（NPT：効力発生1970年3月）は，第10条2

項で「この条約の効力発生の25年後に，条約が無期限に効力を有するか追加の一定期間延長されるかを決定されるため，会議を開催する。その決定は，締約国の過半数による議決で行う」と定めている。核兵器の核兵器独占体制をそのまま無期限延長するのではなくて，NPT 第 6 条が規定する核軍縮に係わる条件が整わない限り無期限延長に反対するとの非同盟諸国の主張もあった。しかし，核兵器国の無期限延長への大々的な説得活動によって，1995年 4 月から 5 月にかけてニューヨークで開催された NPT 当事国会議は，同年 5 月，「本条約の完全な遵守，延長及び普遍的支持——それらは，国際の平和と安全，並びに，核兵器の完全廃絶及び厳格かつ効果的な国際管理の下での一般完全軍縮に関する条約という究極目標の達成にとって不可欠である——が必要である」（決定 3：傍点筆者）として，無期限延長を決定した。

2000年 4 月から 5 月にかけてニューヨークの国連本部で開催された NPT 第 6 回再検討会議は，最終文書を採択した。その中で，「核軍縮に導く自国の核戦力の完全廃絶の達成に対する核兵器国の明確な約束」（傍点筆者）が確認され，5 年前の合意文書が遠い将来の目標としていた「究極目標」よりも一歩前進した。同文書は，また，兵器用核分裂物質生産禁止（カットオフ）条約交渉も「5 年以内の妥結」と時間枠組が入れられたが，もっとも交渉が開始されなければ無期限と同様である。

また，1996年 9 月の第51回国連総会は，包括的核実験禁止条約（CTBT）を採択した。同条約は，基本的義務として，「各締約国は，いかなる核兵器の爆発実験又は他のいかなる核爆発をも実施せず，また，その管轄又は管理の下にあるいかなる場所でもそのような核爆発を禁止し及び防止することを約束する」（第 1 条 1 項）と規定する。同条約は144カ国が署名済みであるが，効力発生するには 5 核兵器国とインド，パキスタンなどの核疑惑国を含む44カ国すべてが批准しなければならず，現在未発効である。その後，米国は核爆発を起こさずに核兵器の信頼性を確かめる未臨界実験（臨界前核実験）を実施し，コンピューターを使ったシミュレーション（模擬核実験）とともに，CTBT のもとで核戦力を維持する重要な手段としている。

294

ところで，21世紀に入った2002年5月，ブッシュ米大統領とプーチン露大統領の間で，2012年末までにそれぞれの戦略核弾頭を，第2次戦略兵器削減条約（STARTⅡ）の削減目標を上回る1700～2200発に削減する戦略攻撃兵器削減条約（モスクワ条約）がモスクワで署名された（効力発生2003年6月）。しかし，その削減実行期間が10年間と遅くまた核弾頭の廃棄ではなく再配備を可能にする保管にすぎないことから，まともな軍縮といえないとの見解も出されている。

5　軍縮をはばむ阻害要因と非核兵器地帯

　核兵器を始めとして全面完全軍縮を阻んでいる要因はどこにあるのであろうか。それには多くの種々のレベルの要因があるであろう。1つには，自国の安全保障に係わる軍事戦略論の問題，すなわち核抑止力論や核均衡論である。双方とも核兵器を保有することによって相手国に核兵器を使用させないということであり，このような論理に立脚する以上，核兵器の廃絶は困難である。また，国家の社会経済上のレベルにおいて，軍産複合体（military industrial complex）の存在があるであろう。国家によりその大小の規模の相違はあるとしても，軍縮への動きに積極的な対応はしないであろう。また，軍縮交渉の直接的なレベルでの問題がある。たとえば，どのような過程で軍縮を進めるかに関して各国の軍備の状況によって意見が異なるであろう。また，査察の制度をどのようにして取り入れまた実施するかに関しても紛糾するであろう。さらに，軍縮をした後の自国の安全保障をどのようにして確保するのか見極めなければ同意しないであろう。

　これらの種々の阻害要因によって，軍備を削減するという意味での軍縮は十分発展していない。しかし，現実に軍備を削減するものではないが，核兵器の全面完全軍縮に向けて大きな布石となるものとして，非核兵器地帯の設置を指摘することができる。まず，1967年に署名され，1968年に発効したラテン・アメリカ核兵器禁止条約（トラテロルコ条約）がある。同条約では，締約国は自国の領域において核兵器の実験，使用，製造，生産，取得および所有することが

禁止されている(第1条)。また，1985年に署名され翌年に発効した南太平洋非核地帯条約（ラロトンガ条約）がある。同条約の各締約国は，南太平洋非核地帯の内外で，一切の核爆発装置の製造，取得，所有，管理等が禁止されている(第3条)。さらに，1990年代に入って2つの非核兵器地帯条約が締結された。その1つは，1995年6月にアフリカ統一機構（OAU）の閣僚理事会が採択したアフリカ非核兵器地帯条約（ペリンダバ条約）である。同条約では，締約国は核爆発装置の製造，貯蔵，取得，所有，管理だけではなく研究，開発することも禁止されている。他の1つは，1995年12月に署名され1997年3月に発効した東南アジア非核兵器地帯条約（バンコク条約）である。同条約は，締約国の基本的約束として，地帯の内外とその領域において，核兵器の開発，製造，取得，保有，管理，配置，輸送，実験，使用を禁止している（第3条）。

　また，人間が居住していない箇所も含めれば，1959年の南極条約，1966年の宇宙条約，1971年の海底非核化条約，1979年の月協定がある。南極条約は，「あらゆる型の兵器の実験のような軍事的性質の措置」を禁止し(第1条1項)，またすべての核の爆発と放射性廃棄物の処分を禁止した(第5条)。宇宙条約は，「天体上においては，軍事基地，軍事施設及び防備施設の設置，あらゆる型の兵器の実験並びに軍事演習の実施」を禁止し(第4条2文)，また月協定も同趣旨を規定する(第3条4項)。しかし，宇宙空間については，核兵器その他の大量破壊兵器を地球を回る軌道に乗せないことを約束しているだけであり(第4条1文)，大陸間弾道ミサイル（ICBM）のような宇宙空間を通過する兵器は禁止されていない。また，海底非核化条約は，核兵器その他の大量破壊兵器の貯蔵・実験または使用などを目的とした構築物，発射施設その他の施設の設置を禁止した(第1条)。しかし，核兵器搭載の潜水艦が潜航し，海底に一時停止しても設置にならず，禁止されておらず，宇宙空間の場合と同様に不完全である。

　以上のように，南半球は非核兵器地帯で覆われている。しかし，東アジアや中東地域をはじめ緊張状態が存在する北半球には存在していなかったが，1998年の第53回国連総会は1国だけのモンゴル非核兵器地位（status）を承認した。また，5核兵器国も2000年10月，「モンゴルの非核兵器化に対する安全保障に関

する共同声明」を発表し，1998年の総会決議の実施に言及した。さらに，カザフスタン，タジキスタン，キルギス，ウズベキスタンおよびトルクメニスタンの中央アジア5ヵ国による中央アジア非核兵器地帯条約案が合意され，近く署名の予定である。なお，日本の佐藤栄作首相は，1968年に平和憲法との関係から非核三原則を誓約した。しかし，ライシャワー元駐日米大使の証言(1981年5月)やラロック元海軍提督の証言（1974年9月）で核の存在が指摘されたことにも示されるように，同原則は空洞化されている。第2次世界大戦末，広島・長崎で原爆投下という損害を蒙った日本として，また平和憲法を有する日本として，現在の政策としての非核三原則を法制化するとともに，東アジアの非核地帯化，ひいては北半球の非核地帯化に向けてイニシアティブを発揮すべきであろう。

なお，以上の核兵器の軍縮問題と関連して核兵器の使用をめぐる国際法規の現状について考察されなければならない。同問題については，第26講で触れる。

6 核兵器以外の軍縮

次に，核兵器以外の兵器の軍縮の現状について簡単に触れておこう。

まず，核兵器以外の大量破壊兵器では，1972年に署名された「細菌兵器(生物兵器)及び毒素兵器の開発，生産及び貯蔵の禁止並びに廃棄に関する条約」（細菌兵器禁止条約）がある。同条約は，細菌・毒素兵器の開発，生産，貯蔵，取得，保有および使用を禁止し(第1条)，またその保有するこれら兵器の廃棄または平和的目的のために転用する（第2条）ことを規定した。また，1992年の第47回国連総会は「化学兵器の開発，生産，貯蔵及び使用の禁止並びに廃棄に関する条約」（化学兵器禁止条約）を採決した(署名1993年1月，効力発生1997年4月)。同条約は，化学兵器の開発，生産，取得，貯蔵，保有，移譲を禁止し(第1条1項)，また同条約に従い存在する化学兵器を廃棄することを義務づけた(第1条2項)。細菌兵器禁止条約と化学兵器禁止条約は，これまで副次的・周辺的な側面を規制した核兵器に関する諸条約とは異なり，単に使用だけでなく，開発，生産，

貯蔵はもとより廃棄をも義務づけた画期的な軍縮条約である。

また，第31回国連総会は，1976年に「環境改変技術の軍事的使用その他の敵対的使用の禁止に関する条約」(環境改変技術使用禁止条約，署名開放1977年5月，効力発生1978年10月)を採択している。同条約は，広範な，長期的なまたは深刻な効果をもたらすような環境改変技術の軍事的使用を禁止した(第1条)。なお，ここの「環境改変技術」とは，「自然の作用を意図的に操作することにより地球(生物相，岩石圏，水圏及び気圏を含む)又は宇宙空間の構造，組成又は運動に変更を加える技術をいう」とされている(第2条)。

また，通常兵器については，1980年に「過度に傷害を与え又は無差別に効果を及ぼすことがあると認められる通常兵器の使用の禁止又は制限に関する条約」(特定通常兵器使用禁止制限条約)が採択されている(効力発生1993年12月)。同条約の附属議定書が禁止する兵器を特定しており，それには「検出不可能な破片を利用する兵器に関する議定書」(議定書Ⅰ)，「地雷，ブービートラップ及び他の類似の装置の使用の禁止又は制限に関する議定書」(議定書Ⅱ1996年5月改正，1998年12月発効)，「焼夷兵器の使用の禁止又は制限に関する議定書」(議定書Ⅲ)および「失明をもたらすレーザー兵器に関する議定書」(議定書Ⅳ1995年10月採択，1998年7月発効)の4つが付されている。また，1991年の国連総会は，1992年1月より，戦車，戦闘機など7種類の通常兵器の輸出入の数について事務総長に報告する登録制度を創設した。なお，兵器の輸出に関する登録データの提供は義務ではなく，登録するか否かは加盟国の意思に依存することとなる。さらに，軍縮NGOの努力もあって，1997年には，対人地雷禁止条約が成立した(効力発生1999年3月)。同条約は，対人地雷の使用，開発，生産，取得，貯蔵，保有，移譲を禁止し(第1条1項)，またその廃棄を規定している(第1条2項)。

第26講

交戦法規と中立法

POINT　交戦法規と中立法を主たる構成要素とする戦争法（戦時国際法）は，無差別戦争観の時代に発展を遂げた法分野であるが，戦争が違法化された今日においても，戦争の残虐性の緩和や戦争の局限化という基本目的に照らし，なお存在意義を有していると考えられる。戦争違法化の下でも実際にはしばしば悲惨な状況を呈する武力紛争が発生する以上，戦争の合法性に関する法（jus ad bellum）に対し，戦争遂行を規律する法（jus in bello）を区別して，後者に独立の意義が認められるべきである。

1　戦争の違法化と戦争法

　交戦国による敵対行為を規律する交戦法規（狭義の戦争法）と，交戦国と中立国の関係を規律する中立法を併せて，（広義の）戦争法または戦時国際法と呼ぶことができる（以下，戦争法という表現は広義の意味で使用する）。

　前講で述べたように，無差別戦争観が支配した時代においては，戦時国際法は平時国際法と並立する国際法の分野として位置づけられていた。しかし，戦争の合法性を前提とし，互いに正当で対等な当事者間の，いわば決闘におけるルールのような性格を持つ戦争法には，戦争の違法化とともに疑問が呈されることになる。すなわち一方では戦争が違法化された以上，戦争法の存在の前提がなくなるのであるから，戦争法にはもはや存在意義がないとする，戦争法廃止論が生まれ，他方では次のような戦争法の差別適用論が唱えられる。すなわち，武力行使が一般に違法とされ，自衛のための武力行使と違法な武力行使に

対する集団的制裁措置とが例外的に正当と位置づけられている現代国際法の枠組みにおいては，論理上，武力紛争が生じる場合，当事者の少なくとも一方は違法な行為をなしていることになるのだから，交戦当事者間での平等適用を前提としてきた戦争法をそのまま適用するのではなく，違法な武力を行使する当事者には権利，利益を否定するかたちで，差別的に適用するべきであるというのである。朝鮮戦争時，アメリカ国際法学会の国連法律問題研究委員会は，侵略行為に対する国連の武力行使において，国連は戦争法のすべてに拘束されることはないという見解を表明している。

　戦争法廃止論に対しては，戦争の違法化によって，武力紛争が消滅するわけではないことは明らかであり，戦争法の存在を直ちに否定することには必ずしもつながらない，という反論がなされうる。差別適用論に対しては，交戦法規に関して，たとえば違法に武力を行使している交戦当事者の戦闘員に捕虜の地位を認めないとすれば，それは，当該交戦当事者が，相手方の戦闘員を捕らえた場合，同様に捕虜の地位を否定することにつながり，結局武力紛争の残虐性を増す，という反論がなされうる。差別適用が，交戦法規の基本目的たる戦争の残虐性の緩和および不必要な破壊の抑制と相容れないとすれば，交戦法規の存在意義を認める限り平等適用は維持されなければならない。交戦法規は国際人道法とも呼ばれるが，この名称はまさに交戦法規の目的を表している。ただ，人道性の考慮を含まない中立法に関してはこの議論は当てはまらない。しかし，紛争の局限化の考慮から中立法も平等適用が望ましいという議論が有力である。諸国の実行においても，侵略に対する非難が戦争法の差別適用の主張を伴うということは見られない。

2　交戦法規の発展

　戦争法は，無差別戦争観の時代に，主として慣習国際法として確立してきたが，1899年と1907年に開催されたハーグ平和会議において，陸戦の法規慣例に関する条約（陸戦の法規慣例に関する規則（ハーグ陸戦規則）が付属）をはじめとし

て，多数の法典化条約が採択された。もっとも，第1次世界大戦までの諸条約には，一般に総加入条項が挿入されていた。交戦当事者のすべてが条約の当事国である場合にのみ当該条約は適用されるという趣旨の条項であり，慣習国際法規則と認められる場合は別として，関連規則の適用の制限をもたらした。第1次世界大戦では，一部交戦当事者の未批准により，第2回ハーグ平和会議で採択の諸条約は適用されなかったといわれる。第1次世界大戦後の条約では総加入条項は次第に消滅し，条約非当事国たる交戦当事者に対しても適用を確保しようとする規定が見られるようになっている（ジュネーヴ諸条約共通第2条3項）。

20世紀に入ると，2度の世界大戦のような，いわゆる総力戦の形態において戦われる戦争が登場し戦闘員以外の住民の犠牲が増大した。このことから，戦争の犠牲者の保護に関する国際法の整備が必要とされ，赤十字国際委員会のイニシアティブの下に1949年，ジュネーヴで陸戦傷病者保護条約，海戦傷病者保護条約，捕虜条約および文民条約（ジュネーヴ諸条約）が成立した。

交戦法規は，戦闘手段・方法の規制に関する諸規則と，戦争の犠牲者の保護に関する諸規則に大別されるが，以上の歴史的経緯において，前者はハーグ平和会議で主に法典化され，後者はジュネーヴ諸条約で主に集成されているので，前者はハーグ法，後者はジュネーヴ法とも呼ばれる。

第2次世界大戦後の武力紛争は，民族解放戦争の登場によって特徴づけられる。民族解放戦争は，植民地人民の自決実現のための手段としての正当性を与えられるが故に（1970年の総会決議「植民地独立付与宣言の完全な履行のための行動計画」では，自決達成のため必要なあらゆる手段を用いる人民の権利が確認されている），その戦闘員やその他の植民地住民の保護のため，従来の交戦法規を見直す必要が生じた。軍事力において劣る植民地人民が，強大な軍事力を持つ植民地本国からの独立を求めて行う武力闘争は，ゲリラ戦として戦われることが多い。ゲリラ戦は，戦闘員が一般住民に紛れて戦うことを特徴とするため，戦闘員資格（＝捕虜資格）として，戦闘員以外から自らを区別することを規定していた従来の規則との整合性が問題となった。また，従来の枠組みでいえば内戦と位置づけられる民族解放戦争において，交戦法規の適用をどのように確保するかと

いうことも問題であった。これらの問題は1974年から開かれた「武力紛争において適用される国際人道法の再確認と発展に関する外交会議(国際人道法外交会議)」で取り扱われ、1977年に成立した、1949年のジュネーヴ諸条約に追加される２つの議定書(国際的武力紛争の犠牲者の保護に関し、1949年８月12日のジュネーヴ諸条約に追加される議定書(第１追加議定書)と非国際的武力紛争の犠牲者の保護に関し、1949年８月12日のジュネーヴ諸条約に追加される議定書(第２追加議定書))に結実することとなった。

3 内戦と交戦法規

　内戦とは、一国内において行われる武力紛争（非国際的武力紛争）を指す。戦争法は、伝統的にはもっぱら国家間の武力紛争（国際的武力紛争）に適用され、内戦には、当事者、とりわけ政府側が認めない限り適用はないとされてきた。武力で政府を転覆させようとする企てに対しては、いずれの国内法も厳重な罰則を用意しているのが通常であり、政府側は容易には反徒を自らと対等の地位を有するものとして認めない。政府側が反徒に承認を与えることによって内戦に交戦法規を全面的に適用する（外国がそれを行う場合は、当該外国は中立国となり、中立法が適用される）制度として、交戦団体承認があるが、以上の事情から、その例はほとんど見られない。

　内戦は、しばしば国際的武力紛争よりも悲惨な状況を呈するといわれる。反徒の構成員は、政府側に捕らえられた場合、反徒の一員であるという理由で処罰されるが、それに対して反徒側も敵に対して同様の処置をとるようになるからである。このことから、内戦への交戦法規の適用可能性が、とりわけ犠牲者の保護の観点から模索されてきた。

　1949年のジュネーヴ諸条約共通第３条は、その最初の成果である。同条は国際的性質を有しない武力紛争において紛争当事者が遵守すべき基準として、敵対行為に直接参加しない者を差別なく人道的に取り扱うことを定め、そのためにそれらの者に与えるべき待遇を列挙している。しかし、同条が反徒側にも遵

守を求める根拠がどこにあるのかが必ずしも明かではないし，また同条は紛争当事者の地位に影響を及ぼさない趣旨であって，反徒の構成員が処罰の対象となるという事情は変わらない，という問題点を伴っている。

　ジュネーヴ諸条約成立後，内戦への交戦法規の適用確保が促された主な動機は，既述のように民族解放戦争における戦闘員や一般住民の保護の要請である。民族解放戦争は，本国の一部である植民地の人民の，本国政府に対する闘争と見る限り，形態としては内戦であるからである。国際人道法外交会議は，第1追加議定書において，民族解放戦争を国際的武力紛争とみなすというかたちでこの問題の解決を図った(第1条4項)。民族解放戦争に従事する民族解放団体は，一方的宣言によってジュネーヴ諸条約および第1追加議定書の適用を約束することができるとされたのである(第96条3項)。民族解放戦争以外の内戦に適用される第2追加議定書は，「責任ある指揮の下に，持続的かつ協同的軍事行動を実行し及びこの議定書を実施するのを可能ならしめる程度の支配をその領域の一部に対して行使する」反乱団体を当事者とする内戦を適用対象として，比較的高い適用のしきい（ジュネーヴ諸条約共通第3条よりも高いと考えられる）を設定しつつ(この基準は交戦団体承認の要件である地方的事実上の政府の確立にほぼ等しい)，共通第3条に比べ戦争の被害からの文民保護を含むかなり詳細な規定をおくこととなった。しかし，紛争当事者の法的地位を変更しないという点では共通第3条からの発展は見られていない。また，第2追加議定書は共通第3条と異なり，反徒側に遵守義務を設定する規定をおいておらず，政府側が一方的に義務を負う（適用開始の決定も政府の判断による）体裁となっている。

4　戦闘手段・方法の規制

　陸戦の法規慣例に関する条約は，前文において，「一層完備シタル戦争法規ニ関スル法典ノ制定セラルルニ至ル迄ハ，締約国ハ，其ノ採用シタル条規ニ含マレサル場合ニ於テモ，人民及交戦者カ依然文明国ノ間ニ存立スル慣習，人道ノ法則及公共良心ノ要求ヨリ生スル国際法ノ原則ノ保護及支配ノ下ニ立ツコトヲ

確認スルヲ以テ適当ト認ム」と述べている(マルテンス条項)。たとえばある兵器について規制する条約がないとしても,その兵器の使用は無制限に許されるとはいえず,確立している「国際法ノ原則」の適用を受けるのであって,武力紛争の当事者が選び得る戦闘手段・方法は無制限ではない。このことはハーグ陸戦規則第22条で謳われており,第1追加議定書第35条1項もそのことを確認している。

戦闘手段の規制とは,一般に兵器の規制を指し,戦闘方法の規制とは,攻撃目標や攻撃の態様に関する規制を指す。いずれの規制も,戦争の残虐性の緩和の要請と,戦争において勝利を得るための軍事的必要性との均衡の上に成立している。

戦闘手段の規制には,一般原則による規制と特定の兵器の規制がある。戦闘手段の規制に関連する一般原則としては,①不必要な苦痛を与える戦闘手段の禁止,および②軍事目標以外に対する攻撃の禁止(軍事目標主義)が挙げられる。②は戦闘方法の規制にも関わる原則であるが,兵器の性格上当該原則に反する効果(無差別的効果)を生ずるものの使用規制を導くことができる。ただ,ある兵器がこれらの一般原則に合致するのか否かの判断は,一般原則であるが故の抽象性からしばしば困難であるので,一般原則に反するおそれのある特定の兵器について,その使用等を規制する条約を締結する努力が重ねられてきた。

このような条約は,古くは400グラム未満の炸裂弾及び焼夷弾の使用を禁じた1868年のセントピータースブルグ宣言に遡るが,以後主なものとして,1899年の第1回ハーグ平和会議におけるダムダム弾禁止宣言,生物・化学兵器に関する1972年の細菌(生物)兵器禁止条約と1993年の化学兵器禁止条約,1977年の環境改変技術敵対行為使用禁止条約,ブービートラップ,焼夷兵器等の使用禁止及び制限を規定する1980年の特定通常兵器禁止制限条約などを挙げることができる。

戦闘手段の規制に関連して,長く論じられている困難な問題として,核兵器の使用規制がある。核兵器の規制については,拡散の防止,実験の規制,非核兵器地帯の設定など種々のアプローチがなされているが,それらの論点につい

ては第25講で論じられているので、ここでは使用規制の問題に限って論ずる。大量破壊兵器と呼ばれる兵器群のうち、生物・化学兵器については既述のように開発、生産、貯蔵等を禁ずる条約が成立している。核兵器は無差別の効果を持つことから一般原則の②に、また使用後長期にわたって人体や環境に重大な被害を及ぼすことから一般原則の①に抵触する疑いが濃い。原爆被爆者からの損害賠償請求事件（原爆訴訟）において、1963年の東京地方裁判所判決（東京地判昭38・12・17、下級裁判所民事裁判例集14巻2号）は、原爆投下は①②双方に反するという見解を示している（請求自体は主権免除等を理由に棄却、控訴は行われず）。しかし、核兵器は戦略兵器として重要であり、大きな軍事的効果を持つといったことから、使用等を規制する条約の成立には至っていない。ただ注目すべき動きとして、ICJが核兵器の使用の合法性に関する国連総会の諮問に対して採択した勧告的意見がある。1996年に採択されたこの勧告的意見で、ICJは核兵器の使用が国際人道法の一般原則に反しており、一般には違法であるという見解を表明した。ただ、自衛のための使用の合法性については判断不可能であるとされたが、他方で核軍縮を進展させるべきことが強調された。

　戦闘方法の規制に関する原則としては、軍事目標主義及び背信行為の禁止が挙げられる。攻撃の対象は軍事目標に限られ、非軍事目標（民用物、文民・一般住民）に対する攻撃は許されないという原則は、ハーグ陸戦規則の他、第2回ハーグ平和会議採択の海軍砲撃条約、1923年の空戦規則案において規定されていたが、これら諸条約は、防守地区（攻撃に対して抵抗が行われている地域）と無防守地区を区別して前者に対する無差別攻撃を認める一方、後者に対する攻撃においては軍事目標と民用物を区別し、軍事目標への攻撃のみが許されるという構成をとっていた。ところが、総力戦の形態において戦われた両大戦、とりわけ第2次世界大戦においては、地域によって無差別の爆撃が行われたことにより民用物、一般住民に大きな被害が生じた。1977年の第1追加議定書は、このような経験に照らして目標区域爆撃等を含む無差別攻撃を禁止し（第51条4・5項）、他方で軍事目標主義を徹底して、防守、無防守地区の区別なく軍事目標主義を規定するという方式をとった（第48条・第52条2項）。また、攻撃を受ける側

が民用物，一般住民を楯として利用することを防ぐ趣旨を含めて，民用物，一般住民を軍事目標の直近地域から移動させるよう努め，人口周密地域又はその付近に軍事目標を設置することを避ける等の措置を可能な限りとる義務を設定している（第58条）。その他，第1追加議定書は，戦闘員及び移動兵器・軍用設備が退去，撤去され，固定の軍用施設または営造物が敵対的目的に使用されず，官憲または住民が敵対行為を行っていないといった条件を満たす地域を無防備地区とし，そのような地域への攻撃を一律に禁じている（第59条）。

人的軍事目標（戦闘員）以外の者（文民・一般住民）を攻撃の対象とすることは禁じられるが，文民・一般住民の保護について，条約上詳しい規定がおかれている。

ジュネーヴ諸条約の1つである文民条約は，保護対象である文民を「紛争当事国又は占領国の権力内にある者でその紛争当事国又は占領国の国民でないもの」（第4条）に限定して，文民の身体，名誉等の尊重，女子の特別の保護（第27条），文民の軍事的利用の禁止（第28条），虐待，殺戮や人質の禁止（第32・34条），公正な裁判手続の保障（第71条），抑留の際の保護（第4部）など，詳細にわたる保護を規定している。

戦闘員と一般住民の区別が困難なゲリラ戦を念頭に置いて作成された第1追加議定書では，これら文民の保護を難民や無国籍者に拡大した（第73条）ほか，文民条約では簡潔な規定しかなかった，交戦国に所在する交戦国国民（一般住民）の保護が詳しく規定された。すなわち，一般住民と戦闘員との区別義務を前提として（第48条），一般住民が軍事行動から生ずる危険に対し一般的保護を享有し，一般住民に対する復仇は禁止されること（第51条1項）などが規定されている。

背信行為とは，交戦法規遵守に関する相手方の信頼を裏切る行為であり，「敵国又ハ敵軍ニ属スル者ヲ背信ノ行為ヲ以テ殺傷スルコト」（ハーグ陸戦規則第23条ロ）は禁止される。背信行為の例は第1追加議定書第37条1項（および第38・39条）に列挙されており，休戦旗又は降伏旗を掲げて交渉の意図を装うこと，負傷又は病気による行動不能を装うこと，文民，非戦闘員の地位を装うこと，国連，中立国等の記章や制服を使用して保護されている地位を装うことなどがこれに

あたる。それに対し、陽動作戦や虚偽の情報の流布など、「武力紛争の際に適用される国際法の規則を侵害せず、かつ、国際法に基づく保護に関して敵の信頼を誘うものではない」(第1追加議定書第37条2項) 奇計は禁止されない。

5 捕　虜

　敵の権力下に陥った軍隊構成員は、戦闘員（交戦者）としての資格を満たす限りにおいて、捕虜としての待遇を受ける。捕虜は、敵対行為への参加を理由に処罰されることはなく、その他人道的な取り扱いを受けるべきものとされている。伝統的には、戦争は主に正規兵の間で行われてきたのであり、そのことを反映して、正規兵が捕虜資格を有することは異論なく認められ、不正規兵についてどの範囲まで認めるかが争われてきた。

　ハーグ陸戦規則は、正規兵には無条件に捕虜資格を与える一方、不正規兵のうち、民兵、義勇兵については、①部下のために責任を負う者の指揮の下にあること、②遠方より識別できる固着の特殊徽章を有すること、③武器を公然と携行すること、④戦争の法規慣例を遵守すること、という4つの要件を満たす場合に捕虜資格を認め(第1条)、非占領地域で敵の接近により急遽編成され、以上の要件を満たす暇がない群民兵（群民蜂起）の場合は③、④の要件を満たせば足りると規定した(第2条)。しかしこの規定は、第2次大戦中、占領地において展開されたレジスタンス活動の構成員をカバーしうるものではなかったことから、1949年の捕虜条約では、ハーグ陸戦規則と同様の4要件を満たす限り、組織的抵抗運動団体構成員にも捕虜資格を与える規定をおいた（第4条A(2)）。

　捕虜資格をめぐる議論は、次いで民族解放団体構成員について行われた。民族解放戦争がしばしば行うゲリラ戦では、戦闘員は故意に一般住民の中に紛れて作戦を遂行するため、その戦法の性格上とりわけ②や③の要件を満たすことが困難である。このような事情に照らして第1追加議定書は、捕虜資格については正規兵と不正規兵の区別を撤廃し、部下の行動について責任を負う指揮の下にある紛争当事国の軍隊構成員は戦闘員であり（第43条）、捕虜資格を有する

（第44条1項）と規定した（傭兵は除く（第47条））。ただ，戦闘員は一般住民の保護を促進するため，攻撃またはそれに先立つ軍事行動に従事している間は，自己を一般住民から区別する義務を負うが，敵対行為の性格上区別し得ない状況にあるときは，交戦に従事している間及び攻撃に先立つ軍事展開に従事しているとき，敵に見られている時間の間，武器を公然と携行していれば足りるとされた（第44条3項）。

捕虜が享受すべき待遇については，捕虜条約が詳細に規定している。捕虜は人道的に取り扱われ（第13条），身体と名誉を尊重され（第14条）ねばならない。また，第2次大戦後見られた捕虜の長期抑留の事態にかんがみ，捕虜は敵対行為の終了後遅滞なく解放され，送還されねばならないという規定がおかれている（第118条）。

6　交戦法規の履行確保

交戦法規の履行をいかに確保するかという論点は，それが戦争という非常事態を規律する規則であることに照らせば，極めて重要である。ジュネーヴ諸条約や第1追加議定書は，交戦国以外の国や個人資格の委員からなる委員会による履行確保制度を設定しているが，交戦国の自助による履行確保手段もなお有効かつ重要である。

交戦国による履行確保手段として挙げられるのが，戦時復仇と，戦争犯罪人の処罰である。かつてはこの目的のために人質をとることも行われたが，現在は人質行為は全面的に禁止されている（文民条約第34条，第1追加議定書第75条2項）。

戦時復仇は，敵の交戦法規違反を停止させるため，自らも違法な行為に訴えることをいう。復仇に当たっては，他に手段がないことが，また復仇行為が，原因となる違反行為と均衡したものであることが要件となる。既述のように捕虜に対する復仇は禁止されているが，その他，文民（文民条約第33条）や民用物（第1追加議定書第52条1項）に対する復仇も禁止されている。

戦争犯罪人の処罰は，交戦法規違反を行った敵の軍隊構成員を交戦国が捕ら

えた場合に，自国において処罰を加えるというかたちで行われてきた。それに対し，ジュネーヴ諸条約は，処罰の確保のため，締約国に，条約の重大な違反行為の実行者，命令者を処罰するための立法措置をとることを義務づけ，交戦国であるなしを問わず，諸条約の重大な違反を行った者を捜査，訴追し処罰するか，関係国に引き渡す義務を設定した（例：捕虜条約第129条）。第１追加議定書では，重大な違反行為の範囲を拡大し（第85条），公正な裁判の保障に関する基本的保障を図る（第75条）など，制度としての充実が図られている。

　第３国が関与する履行確保手段として，ジュネーヴ諸条約及び第１追加議定書は利益保護国制度を規定している。利益保護国とは，紛争当事国の利益の保護を任務とする中立国を指す。諸条約が利益保護国の協力と監視の下に履行されるこの制度は有益であるといわれるが，当事国双方と利益保護国となる国との合意が必要とされ，ほとんど利用されていない。

　第１追加議定書は，第90条で，個人資格の15名の委員からなる常設の国際事実調査委員会の設置を規定している。この委員会はジュネーヴ諸条約または第１追加議定書の重大な違反またはその他の著しい違反の申立に基づき，事実調査と周旋を行う権限を付与されるものとされている（２項c）。委員会は1991年に要件を満たし設置されたが，その権限をあらかじめ認める宣言を行った締約国についてのみ権限を行使するとされている。

7　中　立　法

1　中立義務　　中立（neutrality）とは，戦争の当事国とならない国が交戦国との関係でおかれる地位を指し，中立国と交戦国の関係を規律する諸規則を中立法という。その成立は無差別戦争観が支配的であった19世紀であるといわれる。

　中立国が交戦国に対して負う義務は，次の３つに大別される。

　(a)　避止義務　　中立国は交戦国のいずれかに対し，戦争遂行に関連する援助を直接，間接に行ってはならない。軍隊，資材の提供や戦時公債への応募

などが禁止される援助の例として挙げられる。もっとも，中立国の私人がこのような援助を行うことは妨げられない。

　(b)　防止義務　　中立国は，その領域が交戦国により戦争目的のために利用されることを防止しなければならない。たとえば交戦国軍隊の中立国領土の通過は阻止されねばならず，また中立国領域内における交戦国のための部隊の編成や船舶の偽装もまたあらゆる手段により防止されなければならない。それらの行為が中立国の私人によって行われる場合も同様である。避止義務と防止義務は，ともに両交戦当事者に対する公平な立場の維持に関する義務であるので，両者を併せて公平義務と呼ぶこともある。

　(c)　黙認義務　　中立国国民は，その通商上の利益を得る自由を認められるが，他方で交戦国の合法的な戦争遂行行為によって不利益を被ることがあっても，それを黙認しなければならない。戦時禁制品の没収などをその例として挙げることができる。

2　戦争の違法化と中立

　無差別戦争観の時代においては，中立の立場をとるか否かはもっぱら選択の問題であり得たし，中立法の中核である公平義務は，交戦者が互いに正当であるという無差別戦争観の下では当然に導き出しうるものであった。しかし戦争違法化の下では，武力紛争の当事者の少なくとも一方は違法な武力を行使しているのであって，そのような状況で，両当事者に対し公平立場を維持することが果たして許容されあるいは義務づけられるのか。

　この問題に関しては，中立法は中立商業の利益確保のため，戦争の影響を局限化することを目的とするものであるから，戦争違法化の下においても，武力紛争に参加しない国が存在し，その国の利益を保護する必要がある以上，中立法にはなお存在意義が認められる，と論じられる。ただ，すべての非交戦国に中立の立場を義務づける基盤は確かに弱体化しているといわざるを得ない。交戦当事者の一方を正当と考える国が，当該交戦当事者に偏する立場をとる場合，それを一律に中立義務違反として非難しうるのかどうかが問題となる。たとえば第2次世界大戦において，参戦前のアメリカは，非交戦国(non-belligerent)

として，積極的にイギリスを援助しているのである。

3 集団安全保障と中立

集団安全保障体制の下で，強制措置が義務的なかたちで発動される場合，中立の立場はあり得ない。ただ，国際連盟においては「第16条適用の指針」により，制裁措置の発動義務は回避されたし，国連の下でも，憲章第43条の特別協定が締結されていない現在においては，加盟国は軍事的強制措置に従事する義務を負っていない。しかし，非軍事的強制措置に関しては，義務的なものとして発動されれば，加盟国が中立の立場に立つことは不可能となる（強制措置に直接参加しない加盟国にも第2条5項により国連に援助を与え，対象国に対する援助を慎む義務が生ずる）。しかし，永世中立国であるオーストリアの加盟承認（1955年）と，加盟国ラオス，カンボジアの永世中立化（1962，1991年）に見られるように，国連では永世中立と国連加盟国としての立場は両立すると位置づけられている。

参 考 文 献

1．基本書

田岡良一	『国際法講義　上巻』有斐閣，1955年
田畑茂二郎	『国際法Ⅰ（新版）』有斐閣，1973年
横田喜三郎	『国際法Ⅱ（新版）』有斐閣，1972年
田岡良一	『国際法Ⅲ（新版）』有斐閣，1973年
	『国際法（新版／小川芳彦改訂）』勁草書房，1986年
田畑茂二郎	『国際法新講　上・下』東信堂，1990年，1991年
藤田久一	『国際法講義　Ⅰ・Ⅱ』東京大学出版会，1992年，1994年
山本草二	『国際法（新版）』有斐閣，1994年
栗林忠男	『現代国際法』慶應義塾大学出版会，1999年
石本泰雄・佐藤由須計（編）	『法学演習講座　国際法』法学書院，1974年
寺沢一・山本草二（編）	『国際法の基礎』青林書院新社，1979年
高林秀雄・山手治之・小寺初世子	
松井芳郎（編）	『国際法　Ⅰ・Ⅱ』東信堂，1990年
香西茂・太寿堂鼎	
高林秀雄・山手治之	『国際法概説（第3版改訂）』有斐閣双書，1992年
村瀬信也・奥脇直也・古川照美	
田中忠	『現代国際法の指標』有斐閣，1994年
田畑茂二郎・石本泰雄（編）	『ニューハンドブックス国際法（第3版）』有信堂，1996年
波多野里望・小川芳彦（編）	『国際法講義（新版増補）』有斐閣，1998年
西井正弘（編）	『図説国際法』有斐閣，1998年
横川新・佐藤文夫（編著）	『国際法講義（改訂版）』北樹出版，1999年
廣部和也・荒木教夫	『導入対話による国際法講義』不磨書房，2000年
松井芳郎・佐分晴夫・坂元茂樹	
小畑郁・松田竹男・田中則夫	
岡田泉・薬師寺公夫	『国際法（第4版）』有斐閣Sシリーズ，2002年
杉原高嶺・水上千之・臼杵知史	
吉井淳・加藤信行・高田映	『現代国際法講義（第3版）』有斐閣，2003年

313

小寺彰・岩沢雄司・森田章夫（編）	
	『講義国際法』有斐閣，2004年
小寺彰	『パラダイム国際法―国際法の基本構成』有斐閣，2004年
松井芳郎	『国際法から世界を見る―市民のための国際法入門（第2版）』東信堂，2004年
大沼保昭	『国際法―はじめて学ぶ人のための』東信堂，2005年
ブラウンリー（島田征夫・佐伯富樹）	
高井晋・田中穂積・古賀衛・山崎公士訳	
	『国際法学』成文堂，1989年
エークハースト／マランチュク（長谷川正国訳）	
	『現代国際法入門』成文堂，1999年

2．判例集・事例研究・辞典・資料集

宮崎繁樹（編）	『基本判例双書　国際法』同文館，1981年
田畑茂二郎（編）	『ケースブック国際法（新版）』有信堂，1991年
田畑茂二郎・竹本正幸・松井芳郎（編集代表）	
	『判例国際法』東信堂，2000年
山本草二・古川照美・松井芳郎（編）	
	『国際法判例百選』有斐閣，2001年
高野雄一（編著）	『判例研究　国際司法裁判所』東京大学出版会，1965年
皆川洸（編著）	『国際法判例集』有信堂，1975年
波多野里望・筒井若水（編著）	『国際判例研究　領土・国境紛争』東京大学出版会，1979年
波多野里望・東寿太郎（編著）	『国際判例研究　国家責任』三省堂，1990年
波多野里望・松田幹夫（編著）	『国際司法裁判所　判決と意見　第1巻　1948-63年』国際書院，1999年
波多野里望・尾崎重義（編著）	『国際司法裁判所　判決と意見　第2巻　1964-93年』国際書院，1996年
国際法事例研究会「日本の国際法事例研究」	
	(1)『国家承認』日本国際問題研究所，1983年

	(2)『国交再開・政府承認』慶應通信，1988年
	(3)『領土』慶應通信，1990年
	(4)『外交・領事関係』慶應義塾大学出版会，1996年
筒井若水（編集代表）	『国際法辞典』有斐閣，1998年
国際法学会（編）	『国際関係法辞典（第2版）』三省堂，2005年
大沼保昭（編著）	『資料で読み解く国際法（第2版）〈上〉〈下〉』東信堂，2002年

3．条約集

松井芳郎（編集代表）『ベーシック条約集』東信堂
大沼保昭・藤田久一（編集代表）『国際条約集』有斐閣
小田滋・石本泰雄（編修代表）『解説条約集』三省堂

4．各講ごとの参考文献
第1講
田畑茂二郎『国際法（第2版）』岩波書店，1966年
一又正雄『日本の国際法学を築いた人々』日本国際問題研究所，1973年
カールシュミット（新田邦夫訳）『大地のノモス（上）（下）』福村出版，1976年
石本泰雄『国際法の構造転換』有信堂，1998年
柳原正治『ヴォルフの国際法理論』有斐閣，1998年
第2講
位田隆一「ソフト・ローとは何か」『法学論叢』第117巻5・6号，1985年
特集「慣習国際法の再検討」『国際法外交雑誌』第88巻1号，1989年
小森光夫「国際法における一般法と特別法」国際法学会編『国際社会の法と政治（日本と国際法の100年　第1巻）』三省堂，2001年
村瀬信也『国際立法』東信堂，2002年
藤田久一「国際法の法源論の新展開」山手・香西編集『国際社会の法構造』東信堂，2003年
第3講
田畑茂二郎「違憲条約の国際法的効力」『法学論叢』第60巻4号（1954年）
石本泰雄『条約と国民』岩波書店，1960年
大寿堂鼎「締結意思の瑕疵に基づく条約の無効原因」『国際法外交雑誌』第67巻4号（1968年）

小川芳彦「条約法に関するウィーン条約」小谷鶴次先生還暦記念『国際法の基本問題』有信堂高文社，1976年（小川芳彦『条約法の理論』第1章　東信堂，1989年）

小川芳彦「国際社会とユス・コーゲンス」深津栄一先生還暦記念『現代国際社会の法と政治』北樹出版，1985年（小川芳彦『条約法の理論』第4章　東信堂，1989年）

坂元茂樹「強制による条約の無効—"force"の解釈をめぐって—」大寿堂鼎先生還暦記念『国際法の新展開』東信堂，1989年（坂元茂樹『条約法の理論と実際』第6章　東信堂，2004年）

坂元茂樹「日韓保護条約の効力—強制による条約の観点から—」『関西大学法学論集』第44巻4・5合併号（1995年）（坂元茂樹『条約法の理論と実際』第7章　東信堂，2004年）

経塚作太郎『条約法の研究』弘文堂，1969年

経塚作太郎『続　条約法の研究』中央大学出版会，1977年

小川芳彦『条約法の理論』東信堂，1989年

国際法事例研究会『条約法』慶應義塾大学出版会，2001年

第4講

一又正雄「多数国間条約における留保」『早稲田法学』第31巻1・2号（1955年）

小川芳彦「多辺条約における留保（一）（二）」『法学論叢』第66巻2号・4号（1959年，1960年）（小川芳彦『条約法の理論』第3章　東信堂，1989年）

小川芳彦「国際法委員会による留保規則の法典化（一）（二）」『国際法外交雑誌』第66巻2号・3号（1967年）（小川芳彦『条約法の理論』第3章　東信堂，1989年）

小川芳彦「簡略形式による条約」田畑茂二郎先生還暦記念『変動期の国際法』有信堂高文社，1973年（小川芳彦『条約法の理論』第2章　東信堂，1989年）

柳井俊二「条約締結の実際的要請と民主的統制」『国際法外交雑誌』第78巻4号（1979年）

薬師寺公夫「人権条約に付された留保の取扱い」『国際法外交雑誌』83巻4号（1984年）

安藤仁介「自由権規約—人権関係条約に対する留保について—」『国際人権』6号（1995年）

安藤仁介「人権関係条約に対する留保の一考察」『法学論叢』第140巻1・2合併号（1996年）

坂元茂樹「条約の留保制度に関する一考察—同意の役割をめぐって—」桐山孝信ほか編著『転換期国際法の構造と機能』（石本泰雄先生古稀記念論文集）国際書院，2000年（坂元茂樹『条約法の理論と実際』第2章　東信堂，2004年）

中野徹也「人権諸条約に対する留保」『関西大学法学論集』50巻3号（2000年）

薬師寺公夫「自由権規約と留保・解釈宣言」桐山孝信ほか編著『転換期国際法の構造と機能』(石本泰雄先生古稀記念論文集) 国際書院, 2000年

第5講

経塚作太郎『条約法の研究』第3章・第4章　中央大学出版部, 1967年

経塚作太郎「条約の第三国に対する効力」『国際法外交雑誌』第67巻4号 (1968年)

田岡良一「無期限条約の一方的廃棄」恒藤恭先生古希記念『法解釈の理論』有斐閣, 1960年

一又正雄「事情変更の原則と条約法草案第59条」『国際法外交雑誌』第67巻4号 (1968年)

坂元茂樹「条約法法典化における解釈規則の形成とその問題点」『関西大学法学論集』第27巻6号 (1978年) (坂元茂樹『条約法の理論と実際』第4章　東信堂, 2004年)

田畑茂二郎「国際法における事情変更の原則」田畑茂二郎『現代国際法の課題』東信堂, 1991年

臼杵知史「地球環境保護条約における履行確保の制度―オゾン層保護議定書の「不遵守手続」を中心に―」『世界法年報』19号 (2000年)

村瀬信也「国際環境レジームの法的側面―条約義務の履行確保―」『世界法年報』19号 (2000年)

西村智朗「地球環境条約における遵守手続の方向性―気候変動条約制度を素材として―」『国際法外交雑誌』101巻2号 (2002年)

坂元茂樹「条約解釈の神話と現実―解釈学説対立の終焉が意味するもの―」『世界法年報』第22号 (2003年) (坂元茂樹『条約法の理論と実際』第6章　東信堂, 2004年)

第6講

高野雄一『憲法と条約』東京大学出版会, 1960年

芹田健太郎『憲法と国際環境〔改訂版〕』有信堂, 1980年

岩沢雄司『条約の国内適用可能性』有斐閣, 1985年

多喜寛「国際法と国内法の関係についての等位理論」法学新報105巻6・7号 (1999年)

谷地正太郎「日本に於ける国際条約の実施」国際法外交雑誌100巻1号 (2001年)

第7講

田畑茂二郎「個人の国際法主体性に関する論争について(1)(2)」『法学論叢』第35巻第4号, 第36巻第2号 (1935年)

山本草二「政府間国際組織の国際責任」『国際法学の再構築下』東京大学出版会, 1978年

松井芳郎「民族解放団体の国際法上の地位」『国際法外交雑誌』第81巻第5号 (1982年)

曽我英雄『自決権の理論と現実』敬文堂，1987年
植木俊哉「国際組織の概念と国際法人格」柳原正治編『国際社会の組織化と法』信山社，1996年
佐藤哲夫『国際組織法』有斐閣，2005年
第8講
田畑茂二郎『国家主権と国際法』日本評論社，1950年
田畑茂二郎『国家平等思想の史的系譜』有信堂，1961年
石川明（編）『EC統合の法的側面』成文堂，1993年
五十嵐正博『提携国家の研究』風行社，1995年
松田幹夫『国際法上のコモンウェルス』北樹出版，1995年
中西優美子「欧州憲法条約草案における権限配分規定―EUと構成国間の権限配分の明確化・体系化を中心に」『専修法学論集』第89号（2003年）
第9講
田畑茂二郎『国際法における承認の理論』日本評論社，1955年
国際法事例研究会『国家承認』国際問題研究所，1983年
国際法事例研究会『国交再開・政府承認』慶應通信，1988年
芹田健太郎『普遍的国際社会の成立と国際法』有斐閣，1996年
王志安『国際法における承認――その法的機能及び効果の再検討』〔現代国際法叢書〕東信堂，1999年
広瀬善男『国家・政府の承認と内戦上―承認法の史的展開』信山社，2005年
広瀬善男『国家・政府の承認と内戦下―承認法の一般理論』信山社，2005年
第10講
安藤仁介「国家領域の得喪――とくに『権原』と領土紛争について」寺沢一ほか（編）『国際法の基本問題』有斐閣，1986年
城戸正彦『領空侵犯の国際法』風間書房，1990年
太寿堂鼎「領域――領土，海洋，宇宙」『ジュリスト』第1000号（1992年）
中谷和弘「日米航空紛争と国際法」『空法』第37号（1996年）
太寿堂鼎『領土帰属の国際法』東信堂，1998年
村上暦造『領海警備の法構造』中央法規，2005年
第11講
古賀衞「公海制度と船舶の地位」林久茂・山手治之・香西茂（編集代表）『海洋法の新秩序』東信堂，1993年
藤田久一「領海における通航制度の史的展開」林久茂・山手治之・香西茂（編集代表）

『海洋法の新秩序』東信堂，1993年

水上千之「排他的経済水域」林久茂・山手治之・香西茂（編集代表）『海洋法の新秩序』東信堂，1993年

林久茂『海洋法研究』日本評論社，1995年

髙林秀雄『国連海洋法条約の成果と課題』東信堂，1996年

栗林忠男・杉原高嶺（編）『海洋法の歴史的展開』有信堂，2004年

第12講

山本草二「大陸棚の開発活動と国内法令の適用関係」『日本の海洋政策』外務省，1979年

田中則夫「人類の共同財産の原則について」『法と民主主義の現代的課題』有斐閣，1989年

髙林秀雄「オデコ・ニホン・S・A事件」太寿堂鼎ほか（編集代表）『セミナー国際法』東信堂，1992年

三好正弘「大陸棚境界画定準則に関する一考察」林久茂・山手治之・香西茂（編集代表）『海洋法の新秩序』東信堂，1993年

髙林秀雄「深海底開発の現段階」林久茂・山手治之・香西茂（編集代表）『海洋法の新秩序』東信堂，1993年

水上千之『海洋法―展開と現在』有信堂，2005年

第13講

E・R・Cボガート，栗林忠男監訳『国際宇宙法』信山社，1993年

稲原泰平『宇宙開発の国際法構造』信山社，1995年

栗林忠男（編集代表）『解説宇宙法資料集』慶應通信，1995年

池島大策『南極条約体制と国際法　領土，資源，環境をめぐる利害の調整』慶應義塾大学出版会，2000年

柴田明穂「国際法形成フォーラムとしての南極条約協議国会議の『正当性』」『国際法外交雑誌』第99巻第1号（2000年）

松掛暢「スペース・デブリに対する宇宙関連条約の適用可能性」『法学雑誌』第51巻2号（2004年）

第14講

横田喜三郎『外交関係の国際法』有斐閣，1963年

月川倉夫「外国軍隊の刑事裁判権」『産大法学』創刊号，1967年

横田喜三郎『領事関係の国際法』有斐閣，1974年

本間浩『在日米軍地位協定』日本評論社，1996年

国際法事例研究会『日本の国際法事例研究(4) 外交・領事関係』慶應義塾大学出版会，1996年

第15講

本間浩『政治亡命の法理』早稲田大学出版部，1974年

島田征夫『庇護権の研究』成文堂，1983年

外務省条約局法規課法令研究会編『我が国における外国人の法的地位』日本加除出版，1985年

芹田健太郎『永住者の権利』信山社，1991年

芹田健太郎『亡命・難民保護の諸問題(1)庇護法の展開』北樹出版，2000年

第16講

高野雄一・宮崎繁樹・斉藤恵彦編『国際人権法入門』三省堂，1983年

斉藤恵彦『世界人権宣言と現代』有信堂，1984年

田畑茂二郎『国際化時代の人権問題』岩波書店，1988年

宮崎繁樹（編著）『解説国際人権規約』日本評論社，1996年

阿部浩己・今井直・藤本俊明『テキストブック国際人権法（第2版）』日本評論社，2002年

芹田健太郎『地球社会の人権論』信山社，2003年

初川満『国際人権法の展開』信山社，2005年

第17講

久保田洋『実践国際人権法』三省堂，1986年

宮崎繁樹（編集代表）『国際人権規約先例集』東信堂，第1集1988年，第2集1995年

久保田洋『国際人権保障の実施措置』日本評論社，1993年

北村泰三『国際人権と刑事拘禁』日本評論社，1996年

水上千之・畑博行（編）『国際人権法概論〔第2版〕』有信堂，1999年

家正治（編）『新版国際関係』世界思想社，2000年

第18講

野村敬造『基本的人権の地域的集団的保障』有信堂，1975年

F．スュードル（建石真公子訳）『ヨーロッパ人権条約』有信堂，1997年

渡邉昭夫編『アジアの人権』日本国際問題研究所，1997年

初川満『ヨーロッパ人権裁判所の判例』信山社，2002年

北村泰三「米州機構と人権保障」『国際人権』第3号（1992年）

第19講

鷲見一夫「後発開発途上国（最貧国）と国際連合」『横浜市立大学論叢人文科学系列』

第33巻第 2 号（1982年）

岡田順子「南北問題と国連——発展をめぐる議論の展開」『日本の科学者』Vol. 27 No. 8（1992年）

北沢洋子・村井吉敬（編著）『顔のない国際機関　IMF・世界銀行』学陽書房，1995年

松下満雄『国際経済法〔改訂版〕』有斐閣，1996年

波光巌『国際経済法入門』勁草書房，1996年

吾郷眞一『国際経済社会法』三省堂，2005年

第20講

月川倉夫「国際河川の水利用をめぐる問題——転流を中心として——」田畑茂二郎先生還暦記念『変動期の国際法』有信堂，1973年

月川倉夫「国際河川流域の汚染防止」『国際法外交雑誌』第77巻 6 号（1976年）

月川倉夫「越境大気汚染防止に関する国際協力——酸の降下現象を中心に——」『産大法学』第17巻 1・2 号（1983年）

月川倉夫「陸起因汚染からの海洋環境の保護について——地域条約を中心に——」高林秀雄先生還暦記念『海洋法の新秩序』東信堂，1993年

月川倉夫『海洋環境の保護と汚染防止』日本海洋協会，1997年

地球環境法研究会（編）『地球環境条約集（第 3 版）』中央法規出版，1999年

第21講

山本草二『国際法における危険責任主義』東京大学出版会，1982年

安藤仁介「国際法における国家の責任」『岩波講座　基本法学 5 』岩波書店，1984年

田畑茂二郎「外交的保護の機能変化㈠㈡」『法学論叢』第52巻 4 号，第53巻 1・2 号（1946年，1947年）

田畑茂二郎「国際責任における過失の問題」『横田先生還暦記念祝賀　現代国際法の課題』有斐閣，1958年

太寿堂鼎「国内的救済原則の適用の限界」『法学論叢』第76巻 1・2 号（1964年）

第22講

杉原高嶺『国際裁判の研究』有斐閣，1985年

牧田幸人『国際司法裁判所の組織原理』有信堂，1986年

小田滋『国際司法裁判所』日本評論社，1987年

杉原高嶺『国際司法裁判制度』有斐閣，1996年

芹田健太郎「国際紛争処理論覚書」『神戸法学雑誌』第36巻 3 号（1985年）

第23講

大沼保昭『戦争責任論序説』東京大学出版会，1975年

田岡良一『国際法上の自衛権〔補訂版〕』勁草書房，1981年
筒井若水『国連体制と自衛権』東京大学出版会，1992年
松井芳郎『湾岸戦争と国際法』日本評論社，1993年
筒井若水『違法の戦争，合法の戦争　国際法ではどう考えるか』朝日新聞社，2005年

第24講
国際連合（編）『ブルー・ヘルメット』講談社，1986年
香西茂『国連の平和維持活動』有斐閣，1991年
神余隆博『新国連論』大阪大学出版会，1995年
西原・ハリソン（編）『国連PKOと日米安保』亜紀書房，1995年
川端清隆・持田繁『PKO新時代』岩波書店，1997年

第25講
前田寿『軍縮交渉史1945年～1967年』東京大学出版会，1968年
藤田久一『軍縮の国際法』日本評論社，1985年
城戸正彦『戦争と国際法』嵯峨野書院，1993年
黒沢満『核軍縮と国際平和』有斐閣，1999年
杉江栄一『ポスト冷戦と軍縮』法律文化社，2004年
黒沢満（編）『軍縮問題入門〔新版〕』東信堂，2005年

第26講
石本泰雄『中立制度の史的研究』有斐閣，1958年
宮崎繁樹『戦争と人権』学陽書房，1978年
城戸正彦『戦争と国際法』嵯峨野書院，1993年
藤田久一『国際人道法〔新版〕』有信堂，1993年
竹本正幸『国際人道法の再確認と発展』東信堂，1996年
村瀬信也・真山全（編）『武力紛争の国際法』東信堂，2004年

5．日本で開設されている国際法学習に役立つ主要インターネットサイト
国際法文献検索システム（国際法外交雑誌に掲載された主要文献目録（国際法）をもとに制作したもの，広島大学法学部西谷研究室）：
　　　　　　　　　　　http://yamato.eco.hiroshima-u.ac.jp/illrs/
日本の国際法判例（国際法外交雑誌に連載中の『日本の国際法判例』のインターネット版。国際法・法学関係リンク集も充実）：
　　　　　　　　　　　http://www.asahi-net.or.jp/~dh6n-tnk/
日本国際法学生協会（国際法模擬裁判大会を運営している大学生の団体）：

http://www.geocities.co.jp/CollegeLife-Library/3240/

外務省ホームページ：

http://www.mofa.go.jp/

東北大学法学部　国際法関係ページへのリンク集：

http://www.law.tohoku.ac.jp/link/intlaw-j.html

索　引

ア　行

アイスランド漁業管轄権事件　255
アグレマン　158
アゴー　240
アタッシェ　159
アドホック裁判官　263
アパルトヘイト条約　76
油汚染損害民事責任条約（1969年）　248
アフリカ
　——人権裁判所　75
　——の年　212
　——非核兵器地帯条約（ペリンダバ条約）
　　296
アラバマ号事件　260
あらゆる形態の人種差別の撤廃に関する国際条約（人種差別撤廃条約）　185
安全保障理事会　200, 258, 263, 264, 269, 273
アンチロッチ（D. Anzilotti）　55, 247

意思主義的解釈（主観的解釈）　46
移住労働者保護条約　193
一元論　55
1503手続　75, 197, 198
1235手続　197, 198, 199
「一貫した反対国」理論　17
一般
　——慣行　15
　——国際法　3
　——最恵国待遇　216
　——住民　306, 307, 308
　——的受容　58, 195, 196
　——的な性格を有する意見（general comment）　192, 194, 196

委任状　162
インスタント国際法　16

ヴァッテル　7, 266
ウエストファリア条約　6
浮かぶ領土　163
宇宙活動　145
　——法原則宣言　16, 19
宇宙救助返還協定　149
宇宙空間平和利用委員会（COPUOS）　146
宇宙憲章　146
宇宙残骸物（space debris）　151
宇宙条約　16, 145, 146
宇宙損害責任条約　149
宇宙のマグナ・カルタ　146
宇宙物体登録条約　149
ウティ・ポッシデティス（uti possidetis：現状維持）の原則　109

永世中立　311
ABM（弾道弾迎撃ミサイル）　49
エストラーダ主義　101
「遠隔探査」（リモート・センシング）　151
沿岸国　132
エンタープライズ（事業体）　141

欧州経済共同体（EEC, 現在 EC）　71
欧州原子力共同体（EAEC, 通称 EURATOM）　71
欧州石炭鉄鋼共同体（ECSC）　71
応訴管轄（forum prorogatum）　261, 262
オゾン層保護のためのウィーン条約　43

カ 行

外交関係条約　156
外交関係の開設　99
外交官等保護条約　157
外交使節団　156
外交的庇護　160, 176
外交的保護　193, 249
　──権　73, 249
外交伝書使　160
外交封印袋　160
外国人財産
　──の国有化　214
　──の収用　242, 243
外国人の権利宣言　167
解釈宣言　37
海賊行為　128
海底非核化条約　296
海洋自由の原則　6
海洋自由論　121
海洋油濁防止条約　231
加害条項（ベルギー条項）　170
化学兵器禁止条約　297, 304
核実験事件　263
　──判決　23
核不拡散条約　291
核兵器　304, 305
過失責任主義　247
加重投票制度（weighted voting system）
　87
割譲　108
加入（accession）　36
ガブチコヴォ・ナジマロス計画事件　52
ガルシア・アマドール　240
カルタヘナ議定書　43
カルボ条項　250
カロライン号事件　268
簡易手続部　263
環境改変技術使用禁止条約　298

「環境保護に関する南極条約議定書」（南極環境議定書）　155
慣行一元説　16
勧告的意見　264, 305
慣習国際法　15
干渉（intervention）　88
「関税及び貿易に関する一般協定」
　（GATT）　215, 221
簡略形式による条約　35

危険責任　247
気候変動に関する国際連合枠組条約
　236
気候変動枠組み条約　43
旗国主義　126, 132
既婚女性国籍条約　186
北大西洋条約機構（NATO）　164, 284, 285
　──軍地位協定　164
客体説（所有権説）　106
客観責任主義　247
旧敵国条項　48
旧日米安保条約　165
旧ユーゴ国際刑事裁判所　76
強行規範（ユス・コーゲンス）　10, 29, 53, 187, 188
強制措置　269, 273, 274, 276, 280, 287, 311
共存の国際法　13
協定永住　168
京都議定書　43, 237
京都メカニズム　237
協力の国際法　13
極東国際軍事裁判所　157
拒否権　270, 274, 275, 276
儀礼使節団　156
緊急特別総会　275, 279
近代国際法　4

空域自由説(自由空説) 112
空域主権説 112
空間説(権限説) 106
国の航空機 164
国の代表者に対する強制(coercion) 28
グリーンランドとヤン・マイエンとの海域画定事件 140
グロチウス 6, 244, 247, 266
軍艦 163
軍産複合体(military industrial complex) 295
軍事的強制措置 273, 274, 311
軍事目標主義 304, 305
軍縮 288
——義務 289
——特別総会 78
君主主義的正統性の原則 99
軍隊 163
群島航路帯通航権 118
群島水域 110
軍備規制 289
軍備縮少 289
軍用航空機 163

経済協力開発機構(OECD) 226
経済権利義務憲章 19, 86, 216
経済社会理事会 173, 182, 190, 197
経済制裁 272, 275, 276, 277
経済通貨同盟 92
経済的自決権 83, 213
経済的,社会的及び文化的権利に関する国際規約(社会権規約) 61, 183
形式的法源 14
継続追跡権 130
結果の義務 245
ケルゼン(H. Kelsen) 56
原始法 12
原子力事故の早期通報に関する条約 236

原子力事故又は放射線緊急事態の場合における援助に関する条約 236
原爆訴訟 305
原爆判決(下田事件) 73

合意の自由 13
合意は守られなければならない(pacta sunt servanda) 23, 42
公益の原則 214
公海 121
——自由の原則 121
——に関する条約 231
航空機の不法な奪取の防止に関する条約 170
航空協定 120
公使 159
交渉(negotiation) 31, 255
交戦団体 67
——承認 103, 302, 303
交戦法規 299, 300, 301, 302, 303, 306, 308
高等弁務官 159
高度回遊性魚種 133
後発的履行不能 51
公平義務 310
衡平と善 17
衡平の原則 139
神戸英水兵事件 163
後法は前法を廃す 44
後法は前法を破る 13
拷問禁止委員会 190
拷問等禁止条約 75, 191, 193
国際運河 114
国際海事機構(IMO) 231
国際海底機構 141
国際海洋法裁判所 74
国際河川 114, 227, 228, 233
——委員会 229
国際関心事項(a matter of international

concern) 9, 89, 189
国際機構条約法条約　24
国際行政連合　8
国際刑事裁判所　10, 157
──規程　76
国際公序 (international public order)
10, 90
国際司法裁判所(ICJ)　12, 14, 176, 258,
259, 260, 261, 262, 270, 282, 305
──規則　262
──規程　254, 261, 262, 264
国際人格　67
国際人権規約　175, 183, 196, 203
国際人権章典 (International Bill of
Human Rights)　183
国際地役　114
国際通貨基金 (IMF)　87, 215
国際的武力紛争　302, 303
国際農業開発基金 (IFAD)　87, 215
国際犯罪　248
国際標準主義　167, 239, 240
国際復興開発銀行 (IBRD:世界銀行)
87, 215
国際紛争平和的処理一般議定書　257
国際紛争平和的処理条約　252, 256, 260
国際紛争平和的処理に関する一般議定書
253, 254
国際紛争予防除去　257
──宣言　256
国際法委員会　17, 24, 188
国際貿易機関 (ITO)　221
国際捕獲審検所設置に関する条約　74
国際民間航空機関 (ICAO)　120
国際民間航空条約 (シカゴ条約)　119
国際礼譲　3
国際連合 (国連)　180, 273
──安全保障理事会　257
──イラク・クウェート監視団
 (UNIKOM)　283

──LDC 会議　217
──海洋法条約　140, 234, 257
──加盟承認条件事件　18
──環境開発会議 (地球サミット)
236
──環境計画(UNEP)　231, 232, 235
──カンボジア暫定統治機構
 (UNTAC)　69, 200, 286, 287
──カンボジア先行ミッション
 (UNAMIC)　286
──緊急軍 (UNEF-Ⅰ)　279, 280,
281, 282
──軍　274, 284
──軍事監視団 (UNMOGIP)　279
──軍縮特別総会　291
──軍地位協定　165
──経済社会理事会　196
──憲章　180, 182, 186, 188, 198,
200, 253, 257, 258, 264, 268, 269, 273,
275, 277, 281, 283
──公海漁業実施協定　133
──工業開発機関 (UNIDO)　215
──国際法委員会 (ILC)　41, 240
──事務総長　255
──食糧農業機関 (FAO)　231
──人権委員会 (Commission on
Human Rights)　180, 183, 197, 198,
199, 200
──人権高等弁務官　199
──人権高等弁務官事務所　197
──人権小委員会　197
──人権章典　182
──総会　173, 174, 175, 187, 234,
259, 263, 264
──大学本部協定　69
──停戦監視機関 (UNTSO)　279
──特権免除条約　69, 264
──ナミビア独立支援グループ
 (UNTAG)　286

索　引　327

──難民高等弁務官事務所（UNHCR）172，173，174
──人間環境会議（ストックホルム会議）231
──のある種の経費事件　259
──のある種の経費に関する勧告的意見　19，282
──東ティモール暫定行政機構（UNTAET）　70，286
──東ティモール支援ミッション（UNMISET）　287
──平和維持活動等に対する協力に関する法律（PKO協力法）　287
──貿易開発会議（UNCTAD）　215
──保護軍（UNPROFOR）　284，285
──本部協定　69
国際連盟　179，257，271，272，273，279，311
──規約　253，254，260，261，267，272
──規約第16条適用の指針　272
国際労働機関（ILO）　174
国籍継続の原則　250
国籍裁判官　263，264
国内管轄事項　166，178，187，188，189，198
国内的救済　193，205
──（完了）の原則　249
国内標準主義　167，239
克服し得ない不知　266
国有化（nationalization）　242
コスモス954事件　151
古代国際法　4
国家結合　67
国家元首　156
国家承認　93
国家責任条文草案　240
国家の基本権　80
国家の経済的権利義務憲章　242

国家免除　84
国家領域　106
国家連合　67，91
好ましからざる人物　159
コモンウェルス　92
コルフ海峡事件　117
婚姻同意最低年齢登録条約　186
混合仲裁裁判所　74
コンゴ国連軍（ONUC）　279，280，281，282
コンスタンチノープル条約　23
コンチネンタル・ライズ　137

サ　行

細菌（生物）兵器禁止条約　297，304
最恵国待遇　86，168，172
在瀋陽総領事館事件　162
採択（adoption）　32
裁判拒否（denial of justice）　167，243，244
裁判権免除　84
裁判不能　17
在ペルー日本大使公邸占拠事件　160
詐欺（fraud）　28
錯誤（error）　27
30年戦争　6
サンタ・マリア号事件　129

自衛権　81，268，269，270，271
ジェイ条約　260
ジェノサイド条約　38
──留保事件　19
シカゴ国際民間航空条約　164
自決権　82，184
自決原則　9
時効　108
事実主義　99
事実上の承認（de facto recognition）　96

事情の根本的な変化　51
使節法　5
自然法　6
持続可能な開発　236
持続可能な発展（sustainable development）　218, 220
実質的法源　14
実定法　7
自動執行性　60, 195, 196
自動的留保　40, 262
児童の権利委員会　190
児童の権利条約　191
司法的解決　253, 257, 259
市民的及び政治的権利に関する国際規約（自由権規約）　60, 170, 183
──の選択議定書（第1選択議定書）　184, 193
市民法　4
事務使節団　156
事務総長　257, 258, 279, 280, 282, 286
社会権規約　183, 184, 190, 194
──委員会　183, 190
自由権規約　184, 191, 192, 193, 194, 196
自由権規約人権委員会　190, 191, 192, 194, 196
──の一般的意見24（52）　40
自由権規約第1選択議定書　75
集合的承認　97
重商主義政策　6
周旋（good offices）　253, 255, 256, 258
集団安全保障　265, 271, 272, 273, 276, 277, 290, 311
──体制　278
──と中立　311
集団殺害（ジェノサイド）　187
集団的自衛権　269, 270
自由地帯事件　51
自由通航権　118

主権　6, 81
──的権利　125
──免除　84
手段・方法の義務　245
ジュネーヴ諸条約　301, 302, 303, 306, 308, 309
ジュネーヴ法　301
上位規範は下位規範を破る　14
少数者保護条約　179
少数者保護枠組条約　195
常設国際司法裁判所（PCIJ）　14, 259, 260, 261, 262
常設仲裁裁判所　260
尚早の承認　96
常置使節団　156
上部シレジア仲裁裁判所　74
条約法条約　90
条約法に関するウィーン条約　188, 206, 257
植民地独立付与宣言　19, 212
女子差別撤廃委員会　186, 190
女子差別撤廃条約　75, 191, 193
女子に対するあらゆる形態の差別の撤廃に関する条約（女子差別撤廃条約）　186
──の選択議定書（女子差別撤廃条約選択議定書）　186
女性参政権条約　186
女性深夜労働条約　186
署名（signature）　32
ジラード［相馬ヶ原］事件　165
自力救済　12
深海底原則宣言　19
深海底制度　140
──実施協定　142
深海底を律する原則宣言　140
神官法　5
人権理事会（Human Rights Council）　199
新国際経済秩序（NIEO）　9, 86, 215

索　引　329

——の樹立に関する宣言　86, 215
審査 inquiry　253, 256, 258
紳士協定　20
人種隔離政策（アパルトヘイト）　185
人種差別撤廃委員会　185, 190
人種差別撤廃条約　75, 185, 186, 191, 193
人種差別撤廃宣言　185
身上連合　91
真正な連関（genuine link）　250
神聖ローマ皇帝　5
信託統治地域　69
人道的干渉（humanitarian intervention）　88
新日米安保条約　165
人民自決権　9
人類の共同財産　9
人類の共同の財産（common heritage of mankind）　140
人類の使節　148
人類の敵　129

スアレス　266
スエズ運河　115
ストックホルム宣言　235
ストラドリング魚種　133
砂川事件　64
スピル・オーバー　150
すべての移住労働者とその家族の権利の保護に関する国際条約（移住労働者保護条約）　174

制限免除主義　85
静止衛星軌道　150
政治犯罪人不引渡の原則　169
正戦論　8, 266, 268
正統主義　99
征服　108
政府承認　99

政府専用機　164
生物多様性条約　43
生物の多様性に関する条約　235
勢力均衡　271
ゼーリング事件　171
世界気象機関（WMO）　231
世界人権　203
——宣言　183, 184, 187, 190
世界貿易機関（WTO）　221
——協定　222
世界保健機関（WHO）　231
赤十字国際委員会　301
セクター主義（sector principle）　153
絶対王政国家　5
絶対的無効　28
絶対免除主義　84
絶滅のおそれのある野生動植物の種の国際取引に関する条約（ワシントン条約（CITES））　235
全員一致制度（unanimity rule）　87
全員同意原則（unanimity rule）　38
先決的抗弁　263
全権委任状　158
戦時国際法（jus in bello）　266, 299
漸進的発達　17
船籍国（旗国）　126
先占　108
——の法理　6
戦争の違法化　9, 299, 300
戦争の犠牲者の保護　301
戦争法　299, 300
戦争放棄に関する条約（不戦条約）　23
戦争モラトリアム　9, 267, 272
選択条項　261, 262, 263
——受諾国　260
——受諾宣言　12
宣伝の効果説　93
戦闘手段・方法の規制　301, 303
セントピータースブルグ宣言　304

船舶による汚染の防止のための国際条約
　（MARPOL 条約）　231
戦略攻撃兵器削減条約（モスクワ条約）
　295
先例拘束性の否定　18

総会　257, 258
総加入条項　301
相互主義　12, 86
創設的効果説　93
相対的無効　27
相当の注意（due diligence）　167, 244
　——義務　244
双方可罰性（double criminality）の原則
　169
総領事　162
　——館　162
ソフト・ロー　19
空の国際化（空の自由）　119

タ　行

タールヴェーク（Thalweg または
　Talweg）の原則　109
第1次戦略兵器削減条約（START Ⅰ）
　293
第1追加議定書　302, 303, 304, 305,
　306, 307, 308, 309
大韓航空機撃墜事件　120
対抗措置　246
第五福竜丸事件　122
大使　159
対人地雷禁止条約　298
対世的義務　10, 89
第2次国連ソマリア活動（UNOSOM Ⅱ）
　285, 286
対日講和条約　165
第2追加議定書　302, 303
逮捕状事件　158
第4世界　215

大陸縁辺部（コンチネンタル・マージン）
　137
大陸斜面　137
大陸棚　134
　——条約　135
　——の外縁　136
　——の境界線　138
代理公使　159
大量破壊兵器　305
代理領事事務所　162
多国籍軍　277, 285
多数決制度（majority rule）　87
たばこ規制枠組み条約　43
単一要素説　16

地域的国際法　3
地位協定　164
チェルノブイリ原発事故　236
チェンバー方式　144
治外法権　157
地下核兵器実験制限条約　291
地球益　10
地方的事実上の政府　303
チャハル事件　177
中央アジア非核兵器地帯条約案　297
仲介（居中調停, mediation）　255, 256,
　258
仲裁裁判　253, 257, 259, 261, 262
駐在武官　158
中米司法裁判所　261
　——設置に関する条約　74
中立義務　309, 310
中立法　299, 300, 302, 309, 310
チュニジア・リビア大陸棚事件　140
長距離越境大気汚染条約（ECE（ヨーロッ
　パ経済委員会）条約）　224, 225, 226,
　228, 237
超国家的（supranational）　83
張振海事件　170

索　引　331

朝鮮戦争　274, 300
調停 conciliation　253, 257
直接放送衛星　150
直線基線方式　19
地理的不利国　125

追跡権　130
通過通航権　118
通報制度　190, 192, 193, 194
月協定　149

停戦監視団　278
定着性生物資源　136
締約国会議（Conference of the Parties）43
テキサコ事件　260
デブリ　152
テヘラン米人質事件　160, 254
天然資源に対する永久的主権　83, 213
天然のと富と資源に対する永久的主権原則　9
添付　108

等位理論（調整理論）　57
等距離・中間線　139
東南アジア諸国連合（ASEAN）　211
東南アジア非核兵器地帯条約（バンコク条約）　296
東部グリーンランド事件　22
登録（registration）　35
特定主義　169
特定通常兵器使用禁止制限条約　298, 304
特定の事態の発生を防止する義務　245
特別永住　168
特別国際法　3
特別裁判部　263
特別使節団　156
　　——条約　156

特別法は一般法を破る　13, 44
独立権　81
ドッガーバンク事件　256
特権免除　157
トリー・キャニオン号事件　234
トリーペル（H. Triepel）　55
トレイル熔鉱所事件（Trail Smelter case）107, 224, 234

ナ　行

内国民待遇　168, 172
内水　110
内戦　301, 302, 303
内的自決（体制選択の権利）　94
内乱（内戦）　103
内陸国　125
77ヵ国グループ　215
ナミビア理事会　69
南極あざらし保存条約　155
南極海洋生物資源保存条約　155
南極鉱物資源活動規制条約　155
南極条約　153
　　——体制　154
南南問題　217
南北問題　212
難民条約（難民の地位に関する条約）172, 173, 175, 176, 177
難民の地位に関する議定書（難民議定書）172

ニカラグア事件　15, 253, 270, 271
二元論　55
西周助　2
日米安全保障条約　269
日米行政協定　165
日米地位協定　165
日米領事条約　161
日米和親条約　7
日韓地位協定　168

日韓併合条約　29
日ソ領事条約　162
入港国　132
ニュールンベルグ原則　157
ニュールンベルグ国際軍事裁判所　157
2要素説　16
認可状　162
人間環境宣言　19

後に生じた慣行　46
ノックス条約　256
ノッテボーム事件　250, 263
ノッテボームルール　262
ノルウェー漁業事件　17
ノルウェー公債事件　262
ノン・ルフールマン（non-refoulement, 送還禁止）の原則　167, 170, 173, 176, 177

　　　　　ハ　行

ハーグ平和会議　252, 260, 266, 300, 301, 304, 305
ハーグ法　301
ハーグ陸戦規則　304, 305, 307
背信行為　305, 306
排他的経済水域　9, 123, 124
発展の権利　218
　——に関する宣言　219
パトリモニアル海　124
パナマ運河　115
ハマーショルド　278, 279
パラレル方式　142
パルマス島事件　110
パレスチナ　79
バンキング方式　142
万国公法　2
犯罪人引渡し　167, 169, 170, 207
　——に関するモデル条約　171
バンジュール憲章　210

バンツースタン（「ホームランド」）　95
反徒（自由戦士）　98, 302, 303
汎米慣行　38
万民法　2

非核三原則　297
非核兵器地帯　295
東アジアの非核地帯化　297
引渡しか，訴追か（aut dedere aut judicare）　170
非軍事的強制措置　269, 311
非交戦国（non-belligerent）　310
非国際的武力紛争　302
庇護権　175
庇護事件　3, 176
避止義務　309, 310
非自治地域　78
批准（ratification）　33
非植民地化　184
被治者の同意　100
人と人民の権利に関するアフリカ裁判所　210
ビトリア　266
ピノチェト事件　157
非法律的合意　20
非法律的紛争（政治的紛争）　253, 254
「評価の余地」理論　207
平等権　85

フィラルティガ事件　63, 187
フェアドロス（A. Verdross）　56
force に関する宣言　29
不可侵性　157
副領事　162
　——館　162
不遵守手続き　44
不戦条約（ケロッグ・ブリアン条約）　253, 267, 268
付託合意（コンプロミ compromis）　12,

261
復仇　80, 306, 308
物上連合　91
不必要な苦痛　304
部分的核実験禁止条約　291
普遍国際法　3
普遍的義務　10, 81, 89
附庸関係　91
ブライアン条約　257, 267
武力不行使原則　9
ブルキナファソ・マリ国境画定事件　110
ブルントラント委員会　220
プレア・ビヘア事件　28
文民条約　301, 306, 308
分離権　94

併合　108
平時国際法　299
米州機構（OAS）　207, 208, 209
米州人権委員会　208, 209
米州人権裁判所　208, 209
米州人権条約　177, 193, 208
米ソINF廃棄条約　293
米中軍用機接触事件　164
平和維持活動　278, 279, 280, 281, 282, 283, 284
平和維持軍　278, 279, 287
平和強制部隊（peace-enforcement units）　276, 283, 284, 285, 286
平和的解決義務　9
平和のための結集　279
　　──決議　274, 275
平和への課題（An Agenda for Pease）　200, 274, 276, 282, 283, 284
　　── 追補　286
ペルソナ・ノン・グラータ　159
ベルナドッテ伯殺害事件　71
便宜置籍船　126
変型　58, 195

包括的核実験禁止条約（CTBT）　294
法源　14
封建世界　5
報告制度　186, 190, 191
防止義務　310
法的信念　15
　　──一元説　16
法典化　17
法の一般原則　14
法の欠缺　17
法律上の承認（de jure recognition）　96
法律的紛争　253, 254
ポーター条約　252, 267
ボーダン　6
保護関係　91
補償の原則　214
北海大陸棚事件　15, 136, 140, 255
　　──判決　139
捕虜　307, 308
　　──資格　301
　　──条約　301, 307, 308, 309
本務領事官　162

マ 行

マーストリヒト条約　226
マクリーン事件　168
マルテンス条項　304
マンガン団塊（マンガン・ノジュール）　140

ミグ25事件　164
未承認国家　98
水鳥の生息地として国際的に重要な湿地に関する条約（ラムサール条約）　235
箕作麟祥　2
南太平洋非核地帯条約（ラロトンガ条約）　296
未臨界実験（臨界前核実験）　294
民間航空機　164

民衆訴訟（actio popularis）　90
民主主義的正統性の原則　100
民族解放戦争　9, 78, 105, 301, 303, 307
民族解放団体　303, 307

無害通航権　116, 118, 163
無許可放送（海賊放送）　130
無差別戦争観　8, 266, 271, 299, 300, 310
無差別の原則　214
無主地　8
無に帰すよりもむしろ有効となるように（ut res magis valeat quam pereat）　46

明示的合意　11
明示の承認　96
名誉領事官　162
命令的干与（dictatorial interference）　88
メイン号事件　256
メイン湾境界画定事件　140

黙示的権限（implied power）　46, 72, 83
黙示的権能　281
黙示的合意　11
黙示的国家加担説　244
黙示の承認　96
目的論的解釈　46
黙認義務　310
モルテンセン対ピータース事件　63
モンゴル非核兵器地位（status）　296
文言主義的解釈（客観的解釈）　46
モンテビデオ条約　95
モントリオール議定書　43

ヤ　行

有害廃棄物の国境を越える移動及びその処分の規制に関するバーゼル条約　235
友好関係宣言　16, 78, 81, 253
ユーマンス事件　241
ユン・スギル事件　170

ヨーロッパ
　——共同体（EC）　66, 226
　——共同体（EC）条約　83
　——経済委員会（Economic Commission for Europe＝ECE）　225
　——公法　7
　——国家体系　4
　——司法裁判所　65
　——社会憲章　203
　——審議会（Council of Europe）　175, 195, 202, 203, 204, 206, 226
　——人権委員会　203, 204, 205
　——人権裁判所　171, 177, 196, 204, 205, 206, 209, 261
　——人権条約（人権及び基本的自由の保護のための条約）　170, 171, 176, 177, 193, 194, 195, 196, 203, 204, 205, 206, 207, 209, 210
　——連合　65
予防外交（preventive diplomacy）　278, 279, 282, 283

ラ　行

ラウターパクト（H. Lauterpacht）　56
ラテン・アメリカ核兵器禁止条約（トラテロルコ条約）　295
ラヌー湖事件　107, 260

利益保護国　309
陸戦の法規慣例に関する規則（ハーグ陸戦規則）　300

索　引　335

立憲主義的正統性の原則（トバール主義）
  100
リビア・マルタ大陸棚事件　16
　──判決　15
留保　37
領域権　82, 106
領域内庇護宣言　175, 177
領海　110
　──条約　19
　──200カイリ　124
領空　109
領事　162
　──官　162
　──館　162
　──代理　162
　──封印袋　162
領水　109, 110
領土　109
両立性の基準（compatibility test）　19,
  39
臨検　128

ルネッサンス　5
ルワンダ国際刑事裁判所　76

礼砲　157
歴史的湾　111
連合市民権（citizenship of the union）
  92
連邦　67, 91
連盟規約　267

ローマ法王　5
ロカルノ条約　267
ロスター　77
ロチュース号事件　19, 127
ロッカビー事件　277

ワ　行

枠組み条約（framework convention）
  42

| 講義 国際法入門 [新版] | 《検印省略》 |

2001年4月20日　第1版第1刷発行
2004年4月30日　第2版第1刷発行
2006年5月10日　新　版第1刷発行

著　者
月川倉夫
家正治郎
戸田五吾
岩本誠文
末吉洋

発行者　中　村　忠　義

発行所　嵯　峨　野　書　院
〒615-8045　京都市西京区牛ヶ瀬南ノ口町39　電話(075)391-7686　振替 01020-8-40694

© Tukikawa, Ie, Toda, Iwamoto, Sueyoshi, 2006　　　西濃印刷㈱・兼文堂製本

ISBN4-7823-0444-7

R〈日本複写権センター委託出版物〉
本書の全部または一部を無断で複写複製（コピー）することは，著作権法上での例外を除き，禁じられています。本書からの複写を希望される場合は，日本複写権センター(03-3401-2382)にご連絡ください。

国際法 [新版]

城戸正彦 著

4-7823-0191-X　'94

航空関係の研究で定評のある著者が，長年にわたる研究の成果と最近の国際法の動向をふまえ，大学向けテキストとして初めて上梓した一般国際法概論。国際化が進むなかで，とくに領海問題，航空法，条約法など，現代人にとって必須の基本知識を簡潔平易に解説。

Ａ５・上製・265頁・定価2625円（本体2500円）

現代国際法

東　泰介・家　正治
小川直樹・瀬川博義
松本達也・萩原重夫　共著

4-7823-0188-X　'94

緊密化を増す国際社会，経済大国日本の役割もますます大きくなってきた。経済摩擦，民族紛争，南北格差等々……。国際社会の平和と安全を守るために，わたしたちがなすべきことは？　本書は，その答えを探すための基礎体力を養うであろう。

Ａ５・並製・200頁・定価2100円（本体2000円）

テキスト国際法

瀬川博義　編著

4-7823-0261-4　'98

地球上で国際関係の法的な問題ほど難しいものはない。国際社会が複雑になればなるほど，それに伴って諸国間の関係も複雑になってくる。本書は，最新の事例・判例を取り入れながら，国際法の理論を，明確かつ平易に説明した最新内容の基本概説書。

Ａ５・並製・224頁・定価2310円（本体2200円）

嵯峨野書院